BRASIL,

UM PAÍS DE NEGROS?

JEFERSON BACELAR & CARLOS CAROSO
(organizadores)

BRASIL,
UM PAÍS DE NEGROS?

2ª edição
1ª reimpressão

Rio de Janeiro
2007

Copyright© 1998
Jeferson Bacelar
Carlos Caroso

Edição
Cristina Fernandes Warth

Coordenação editorial
Heloisa Brown

Organização
Jeferson Bacelar
Carlos Caroso

Revisão
Wendell S. Setúbal

Diagramação
Esteio

Capa
Trovatto Design

Todos os direitos reservados à Pallas Editora e Distribuidora Ltda. É vetada a reprodução por qualquer meio mecânico, eletrônico, xerográfico etc., sem a permissão por escrito da editora, de parte ou totalidade do material escrito.

CIP-BRASIL. CATALOGAÇÃO-NA-FONTE
SINDICATO NACIONAL DOS EDITORES DE LIVROS, RJ

B83
2ª ed.
1ª reimp.

Brasil, um país de negros? / organizado por Jeferson Bacelar e Carlos Caroso. –2ª ed. – Rio de Janeiro : Pallas; Salvador, BA : CEAO, 2007.

ISBN 978-85-347-0215-7

1. Brasil – Relações raciais. 2. Negros – Brasil – Identidade racial. I. Bacelar, Jeferson. II. Caroso, Carlos. III. Universidade Federal da Bahia, Centro de Estudos Afro-Orientais.

98-1811

CDD 305.800981
CDU 316.356.4(81)

Pallas Editora e Distribuidora Ltda.
Rua Frederico de Albuquerque, 56 – Higienópolis
CEP 21050-840 – Rio de Janeiro – RJ
Tel./fax: (021) 2270-0186
www.pallaseditora.com.br
pallas@pallaseditora.com.br

SUMÁRIO

INTRODUÇÃO / 7

1. O OLHAR ESTRANGEIRO SOBRE AS RELAÇÕES RACIAIS

1.1. O olhar forasteiro: seduções e ambigüidades das relações raciais no Brasil — *Livio SANSONE* / 17

1.2. O olhar estrangeiro: americanos e brasileiros — *George Reid ANDREWS* / 27

1.3. O Brasil, paraíso ou inferno para o negro? Subsídios para uma nova negritude — *Femi OJO-ADE* / 35

1.4. Carro do ano, celular, antena parabólica: símbolos de uma vida melhor? — Ascensão social de negros-mestiços através de grupos culturais em Salvador — O exemplo do Olodum — *Petra SCHAEBER* / 51

2. A QUESTÃO RACIAL À LUZ DA PSICOLOGIA E ANTROPOLOGIA VISUAL

2.1. A construção da identidade do afro-descendente: a psicologia Brasileira e a questão racial — *Ricardo Franklin FERREIRA* / 71

2.2. "Só se vê na Bahia": a imagem típica e a imagem crítica do Pelourinho afro-baiano — *Osmundo de Araújo PINHO* / 87

3. DISCURSO ESCRAVO E TERRA DE NEGROS

3.1. O mato e o mar: apontamentos para uma arqueologia do discurso escravo — *Martin LIENHARD* / 113

3.2. "Remanescentes de Quilombos" do Rio Erepecuru: o lugar da memória na construção da própria história e de sua identidade étnica — *Eliane Cantarino O'DWYER* / 125

3.3. Herança Quilombola: negros, terras e direitos — *Neusa Maria Mendes de GUSMÃO* / 143

4. NEGROS E ÍNDIOS: RELAÇÕES INTERÉTNICAS E IDENTIDADE

4.1. A invisibilidade imposta e a estratégia da invisibilização entre negros e índios: uma comparação — *Adolfo Neves de OLIVEIRA JÚNIOR* / 165

4.2. Apresentando: índios e negros na Serra do Umã — *Rodrigo de Azeredo GRÜNEWALD* / 175

4.3. Uma questão de sangue — *Edwin REESINK* / 187

4.4. "O Toré é coisa só de índio": mudança religiosa e conflito entre os Kiriri — *Sheila BRASILEIRO* / 207

5. POLÍTICA RACIAL

5.1. Dilemas nada atuais das políticas para os afro-brasileiros: ação afirmativa no Brasil dos anos 60 — *Jocélio Teles dos SANTOS* / 221

5.2. Identidade do afro-descendente e sentimento de pertença a *networks* organizadores em torno da temática racial — *Ronilda I. RIBEIRO* / 235

5.3. As relações entre a Academia e a militância negra — *João Baptista Borges PEREIRA* / 253

6. AFIRMAÇÕES DA CULTURA NEGRA

6.1. Negros de todas as cores. Capoeira e mobilidade social — *Sonia Duarte TRAVASSOS* / 261

6.2. A música no processo de legitimação da cultura negra contemporânea — *Antonio Jorge Victor dos Santos GODI* / 273

INTRODUÇÃO

Sob a égide do Centro de Estudos Afro-Orientais e com a participação da Faculdade de Filosofia e Ciências Humanas, Departamento de Antropologia, Mestrado em História (órgãos da Universidade Federal da Bahia), Secretaria de Cultura e Turismo do Estado da Bahia, Fundação Gregório de Mattos, Instituto Geográfico e Histórico da Bahia e Fundação Joaquim Nabuco, foi organizado em Salvador, entre os dias 17 e 20 de agosto de 1997, o V Congresso Afro-Brasileiro[1]. O evento contou com 662 participantes inscritos, entre os quais 45 estrangeiros de diversos países, propiciando a realização de 3 Sessões Plenárias, 14 Mesas-Redondas e 22 Grupos de Trabalho (com um total de 291 comunicações), além de Painel sobre Anemia Falciforme, Fórum do Povo-de-Santo, 4 Cursos, 7 Oficinas e uma ampla Mostra de Vídeos Etnográficos.

Alguns dos trabalhos apresentados no V Congresso Afro-Brasileiro são publicados em dois livros, respectivamente **Brasil: Um País de Negros?** e **Algumas Faces da Tradição Afro-Brasileira**. As obras organizadas pelos coordenadores do evento versam sobre temáticas complementares, buscando estender para um público mais amplo um pouco da reflexão, das idéias e das polêmicas que envolveram os congressistas. Por questões eminentemente práticas, um dos livros reuniu trabalhos que abordaram direta ou

---

1. A Comissão Organizadora do V Congresso Afro-Brasileiro, presidida pelo Vereador João Carlos Bacelar, foi composta por Jeferson Bacelar, Carlos Caroso, Júlio Braga, Eulâmpia Reiber, Maria Inês Côrtes Oliveira, Francisco Senna e Consuelo Pondé de Senna. A realização do Congresso só foi possível graças ao apoio recebido do Governo do Estado da Bahia, através de suas Secretarias de Cultura e Turismo e da Justiça e Direitos Humanos, Prefeitura Municipal de Salvador, através da Fundação Gregório de Mattos, Câmara Municipal de Salvador, Fundação Ford, CNPQ, CAPES, Baneb, Fundação Palmares e FAPEX, aos quais queremos reiterar os nossos agradecimentos.

tangencialmente a questão racial no Brasil[2], tendo o outro se dedicado principalmente, mas não exclusivamente, às questões relacionadas à religiosidade afro-brasileira e suas tradições. Torna-se evidente que para a sua viabilização, contra a nossa vontade, foi imperativo deixar de fora um sem-número de relevantes contribuições que enriqueceram a realização do Congresso.

Os quatro trabalhos iniciais deste livro que tematiza as relações raciais, trazem, de maneira plural, contribuições significativas sob a forma como os estrangeiros vislumbram as relações raciais na sociedade brasileira. No primeiro, o italiano Livio Sansone avalia criticamente a forma etnocêntrica como os pesquisadores estrangeiros, visando impor categorias, perspectivas e agendas dos seus países de origem, têm interpretado as relações raciais no Brasil. Procura, por sua vez, demonstrar que foi seduzido pelas "ambigüidades" das nossas diferenças raciais, onde pode o Brasil tanto ser visto como "um paraíso ou um inferno racial". Diálogo dos mais frutíferos com Livio Sansone provoca o texto do americano George Reid Andrews, ao estabelecer que se, por um lado, os pesquisadores norte-americanos no seu itinerário individual refletem o imaginário nacional, por outro, são absorvidos e tornam-se dependentes da forma de compreensão das relações raciais expostas pela literatura brasileira. Demonstra assim que o "olhar de fora", ironicamente, reflete o "olhar de dentro", ou seja, a produção intelectual brasileira. Aposta na importância da continuidade dos estudos comparativos e nos resultados frutíferos do "olhar de fora", para norte-americanos e brasileiros.

O trabalho do nigeriano Femi Ojo-Ade é a voz do ativista vendo negativamente tanto o "sonho norte-americano" quanto o "paraíso racial" brasileiro. Expõe uma visão crítica generalizada de governos, inclusive sobre as ditaduras africanas, sociedades, forma de utilização de culturas, acadêmicos, personalidades, enfatizando o avanço do racismo no Brasil e nos Estados Unidos. Para ele, somente com a consciência da negritude e a unificação de todos os povos negros — ancestrais e da diáspora — será possível a luta contra a opressão e o racismo neste final de século XX. O texto final deste capítulo, da alemã Petra Schaeber, analisando o

---

2. Este livro somente se tornou viável devido ao apoio da Fundação Ford.

bloco cultural Olodum, afasta-se da perspectiva de Femi Ojo-Ade, ao vislumbrar positivamente a utilização da cultura pelos negros baianos. Para ela, o Olodum exerce forte influência cultural e política, sendo um grande veículo de denúncia da questão racial, propiciando aos seus participantes aumento dos rendimentos, prestígio social e até mesmo benefícios afetivos. Mas, não obstante todos os aspectos positivos evidenciados, conclui que, devido ao racismo, a ascensão social continua sendo um fenômeno individual.

No segundo capítulo, tratando da questão racial à luz da Psicologia e Antropologia Visual, inicialmente Ricardo Franklin Ferreira faz um levantamento, a partir de 1987, de todos os artigos, periódicos, dissertações de mestrado, teses de doutorado e livre-docência de Psicologia das bibliotecas da USP e PUC de São Paulo. De 4.911 trabalhos apenas 12 incluíam a temática dos afro-descendentes e destes apenas três foram publicados, concluindo, após circunstanciada análise, por caracterizar a omissão e atitude discriminatória dos pesquisadores da Psicologia em relação aos afro-brasileiros. Já no trabalho seguinte, Osmundo de Araújo Pinho desenvolve instigante reflexão teórica e metodológica em torno da Antropologia Visual, a partir de investigação realizada na zona do Pelourinho, em Salvador. Embora tenha seu trabalho prejudicado pela ausência das imagens fotográficas, o autor sustenta de forma convincente a sua argumentação interpretativa, questionando os princípios de representação e os pressupostos "positivistas" da prática narrativa etnográfica.

O terceiro capítulo se inicia com o artigo do pesquisador suíço Martin Lienhard, que busca, desde a África até o Brasil, passando pelo Caribe, esboçar uma "arqueologia do discurso escravo" dos bantos e de seus descendentes culturais. A exploração dessas "histórias", seja na África, seja nas Américas, acaba por revelar dois espaços decisivos na cosmologia dos seus protagonistas ou vítimas: o mar e o mato. O artigo seguinte, de Eliane Cantarino O'Dwyer, é um relato da pesquisa de campo realizada entre os grupos "remanescentes de quilombos" na fronteira amazônica, no município de Oriximiná, no estado do Pará. A construção etnográfica da autora, foi marcada pelo cotejo com o relato de viagem de Otille Coudreau, que juntamente com o marido realizou expedição na região nos finais do século passado. No seu contato com as comunidades emerge a memória dos quilombolas, propiciando, como o próprio título do seu trabalho anuncia, a construção da própria história e de sua identidade étnica. O trabalho que conclui este capítulo, apresentado por Neusa Gusmão, é uma reflexão analítica sobre a realidade dos negros brasileiros no mundo rural. Histórias singulares, mas todas marcadas pelo passado escravo e pela constituição da terra como território negro. E no presente, a defesa da terra, constantemente ameaçada pelos grupos dominantes e seus interesses, torna-se a defesa do ser negro. E para isso as comunidades "mergulham para dentro de si mesmas em busca de todos os nexos que suas diferentes histórias registram para dizer, confirmar o que são, qual é o seu lugar". Diante do potencial de conflito vivenciado por suas comunidades, os negros no meio rural evidenciam a sua mobilização, na luta jurídica pela terra. Concluindo, mostra que "esforços conjuntos entre grupos, comunidades e movimentos da sociedade civil têm conduzido a luta quilombola a algumas conquistas". Preconceito e discriminação, no campo social, e ausência de direitos, no campo jurídico, constituem, para a autora, o universo da experiência negra no meio rural e um desafio para todos que pretendem construir uma sociedade plural e democrática no Brasil.

 O quarto capítulo focaliza, sobretudo nos três primeiros artigos, um campo ainda pouco explorado pela Antropologia brasileira: a relação entre negros e índios na constituição de etnicidades. Trabalhos elaborados por antropólogos que trabalham com sociedades indígenas, todos procuram mostrar a complexidade das relações interétnicas em realidades marcadas pela presença de populações mistas. Dois deles apresentam contribuições de grande valia no plano teórico-metodológico, enquanto os dois outros, de caráter monográfico, mostram como populações mistas, com predominância do componente ameríndio, reivindicam o seu status jurídico de índio e reatualizam sua etnicidade. No primeiro caso, inicialmente, Adolfo Oliveira Júnior aborda a forma como antropólogos que trabalham com comunidades negras rurais e aqueles que trabalham com comunidades indígenas, em especial no Nordeste, tratam da questão da atualização da identidade étnica. Para o autor, os antropólogos que trabalham com grupos negros, ao tratar da invisibilização exclusivamente como processo impositivo da sociedade englobante, negligenciam o aspecto situacional/contextual da atualização da identidade negra, excluindo de sua categorização da etnicidade dos grupos a possibilidade de papéis sociais não necessariamente a partir do recorte da "negritude". Já os antropólogos que trabalham com grupos indígenas enfatizam o aspecto situacional/ contextual, com a respectiva atualização de papéis sociais, não necessariamente definidos pelo recorte étnico. Entretanto, "não se detêm na análise da sociedade englobante em si mesma". Assevera, assim, que a partir de estudos comparativos dos respectivos enfoques poderiam emergir muitos aspectos submersos da atualização da identidade negra e indígena.

No mesmo plano, Edwin Reesink, mostra a partir de monografias de sociedades indígenas a emergência da categoria sociocultural "sangue", como responsável pela transmissão de qualidades físicas e comportamentais. A gradual "mistura" com brancos e, particularmente, com negros, implica a permanência de preconceitos e discriminação. Considera assim que o processo de assimilação e continuidade das sociedades indígenas tem como vetores explicativos a relação sangue-raça-etnia. Embora admita a necessidade de investigações mais aprofundadas, vislumbra a possibilidade do complexo de noções que estabelece, sobretudo a "questão do sangue", como presentes no "Nordeste inteiro e em todos os grupos indígenas". Conclui, propondo que "por essa via de investigação de transmissão de qualidades fisico-morais, podemos pensar numa ponte para constelações comparáveis na sociedade hegemônica, tanto no mais geral, como no que se refere, mais especificamente, à questão do racismo contra o negro".

Rodrigo Grünewald mostra a presença do negro na constituição de uma comunidade indígena na Serra do Umã, no sertão de Pernambuco. A partir de trabalho de campo e documental, esboça a formação histórica da comunidade e o processo de construção da sua etnicidade. Se, por um lado, os negros estão presentes na constituição étnica dos Atikum-Umã, o grupo focalizado, por outro, segundo o autor, provavelmente por estratégia de autopreservação, mantiveram-se invisíveis e misturados à população em geral. O último trabalho deste capítulo mostra como uma população mestiça, através do critério de pertencimento étnico, transmuta-se em índio. Aborda o povo indígena Kiriri, localizado nos municípios de Banzaê e Quijingue, no estado da Bahia, enfocando basicamente a adoção do ritual do Toré, um símbolo de união e legitimação étnica dos índios do Nordeste. Para a autora, o Toré extrapola o campo estritamente religioso, sendo um campo privilegiado de expressão das relações de poder. Demonstra como a disputa pelo controle do ritual constitui-se no elemento primordial do processo que culminaria na divisão do povo indígena em duas facções. Eclodem tensões e conflitos que inviabilizam a pressuposição de uma unidade do povo indígena.

A partir de 1995 um novo fato confere outra dinâmica às perspectivas da população negra: pela primeira vez, desde a Abolição da escravatura, o Estado brasileiro reconhece a existência de racismo em nosso país. A questão da cidadania para o negro torna-se um elemento presumível da agenda governamental, sendo criado, com a participação de membros da comunidade negra, o Grupo de Trabalho Interministerial para o Desenvolvimento de Políticas Públicas para a Valorização da População Negra. Tem início então, de forma mais definida, a elaboração de propostas, com o possível apoio oficial, para a criação de leis que compensem a incontável dívida para com os afro-brasileiros. Jocélio Teles dos Santos, de forma providencial, chama a atenção, através do seu artigo, que o aceno oficial para a adoção de medidas compensatórias não é um fenômeno novo no país, já tendo sido aventadas propostas na década de 60, em pleno regime militar. Analisa de forma contextualizada o período e demonstra que as posições contrárias à discriminação positiva, são semelhantes às posturas dos anos 90. Reticente em relação aos desdobramentos das políticas de ação afirmativa no Brasil, conclui questionando se não estaríamos hoje sendo seduzidos "por um canto simplesmente simbólico".

Ronilda Ribeiro mostra os mecanismos de exclusão dos afro-descendentes na sociedade brasileira que impossibilitam uma real inserção social, política e econômica e a construção de uma auto-imagem positiva. E a sua reflexão se voltará exatamente para as dificuldades que as pessoas negras encontram para a construção de sua identidade. Concebe que o orgulho de ser negro somente emergirá do resgate da importância das etnias africanas na construção do nosso processo civilizatório. Porém, esta perspectiva estará conjugada à luta contra o racismo e isto se dará através de grupos organizados para definir estratégias e políticas de combate à discriminação racial. A partir de experiências concretas derivadas da comunicação globalizada, segundo a autora, esta proposta deve alcançar um caráter internacional, através de redes de conexão, que favoreçam a organização de megagrupos constituídos pelos africanos e seus descendentes.

Concluindo este capítulo, João Baptista Borges Pereira expõe de forma esquemática as relações entre a Academia e a Militância Negra. Embora sem referir-se ao V Congresso Afro-Brasileiro, onde foi um dos protagonistas da Sessão Plenária com a mesma denominação do seu artigo, a mais tensa e polêmica de todo o evento, não deixa de salientar que o atual momento "gera problemas e coloca questões novas tanto para a Militância como para a Academia". Mas, conclui, com elegância e propriedade: "Transformá-lo num encontro fecundo e positivo para ambas é um dever moral que a ambas se impõe".

A década de 1980 constitui um importante marco para a capoeira, que encontrou um grande espaço de revitalização, refletindo a dinâmica interna das relações raciais e políticas prevalecentes na sociedade brasileira. Se, por um lado, ela agregou cada vez mais indivíduos de camadas sociais, meios culturais e origens raciais diferenciadas, por outro, como forma de legitimação, os grupos buscaram reafirmar, através da tradição inventada, uma identidade negra da capoeira. Em seu artigo, Sonia Duarte Travassos, expõe este amplo processo, e, a partir de pesquisas que vem realizando no Rio de Janeiro, mostra a dinâmica da construção de papéis da capoeira e dos capoeiristas. Constata a aludida historicidade – com a ênfase nos mestres fundadores – e a substancialização do jogar capoeira, com discursos repletos de concepções biologizantes e místicas. E que embora não o enuncie explicitamente, serão estes elementos de caráter simbólico que proporcionarão, sobretudo aos negros, uma valorização na afirmação da capoeira como modo de sobrevivência e mesmo de mobilidade social. Inclusive propiciando, conclui, que centenas de brasileiros saiam do país vendendo um dos nossos produtos mais "autênticos".

No último artigo do livro, Jorge Victor dos Santos Godi, trata, com consistente argumentação, da legitimação da cultura negra e o sucesso da música afro-carnavalesca na ambiência contemporânea de Salvador. A partir de matrizes internacionais, de forma contextualizada, Godi credita tal processo em grande parte ao cosmopolitismo e à disseminação de variáveis tecno-comunicacionais a determinarem uma nova sociabilidade. Porém, o amplo mercado conquistado pela música de raízes negras, não significou uma ampla ascensão social para os segmentos negros. Mas, o autor não deixa de ressaltar o importante "papel social da música enquanto poderosa moeda de negociação cultural", além de uma "certa dinâmica social que o mercado do lazer propicia aos atores negros".

As coletâneas que organizamos evidentemente não conseguem reproduzir o clima, a sociabilidade, o contato prazeroso, bem como a tensão, as discussões, algumas vezes calorosas, que marcaram o V Congresso Afro-Brasileiro, porém, e este é o nosso objetivo, espelha a diversidade, a pluralidade e o propósito maior de reflexão em função da construção de uma sociedade mais justa e menos desigual racialmente.

Jeferson BACELAR & Carlos CAROSO

CAPÍTULO I

*O OLHAR ESTRANGEIRO SOBRE
AS RELAÇÕES RACIAIS*

O OLHAR FORASTEIRO
Seduções e Ambigüidades das Relações Raciais no Brasil

Lívio SANSONE*

> O que aqui "se destrói", são apenas os contrastes fortes e, por isso, perigosos. ... Alguém que acabou de fugir da absurda exaltação da Europa, saúda aqui a ausência completa de qualquer odiosidade na vida pública e particular, primeiramente como coisa inverossímil e depois como imenso benefício (Zweig, 1960, p.9).

Para que haja relações raciais ou relações interétnicas há que ter "raça" e "etnicidade"? Quer dizer, para entender as relações entre negros e brancos no Brasil é preciso lançar mão e sermos inspirados, sobretudo, por termos empregados nas sociedades onde as relações raciais são polarizadas ou parte dos recursos são repartidos na base de critérios étnicos?

As construções culturais e as categorias nativas que informam boa parte das relações sociais são categorias que podem ser tanto mutáveis como tenazes. Normalmente, todo sistema de classificação racial ou étnica é visto, por quem o utiliza no dia a dia, como a única forma correta de classificar indivíduos ou grupos em termos étnicos e raciais (cf. Rodriguez and Cordero, 1992, p.524).

Não obstante a força da crença nativa nestas categorias, a maioria dos pesquisadores sabe que o seu significado não é universal, mas é o produto de um tipo específico de relações raciais. As relações entre negros e não-negros, a identidade negra e a noção de "comunidade negra", "cultura negra" e até "música negra" não

---

* Vice-diretor Científico do Centro de Estudos Afro-Asiáticos. Devo agradecer muito às sugestões de Luiz Cláudio Barcelos, Marcelo Bittencourt, Elielma Ayres e Angela Figueredo. Evidentemente, a responsabilidade de tudo quanto é apresentado neste ensaio fica somente com o autor.

são sempre as mesmas em todos lugares (países). Por exemplo, a simples noção do que é ser "negro", ou quais são os fenótipos negros, não é universal. Como demonstra Wade (1993), no caso da Colômbia, um país com um sistema de classificação racial parecido com o Brasil, trata-se de noções passíveis de mudanças no decorrer do tempo ou a depender do contexto. Muitas das especificidades destas relações só se tornam visíveis comparando-as com a situação alhures.

Nos estudos étnicos, a comparação das relações raciais sempre foi muito importante. Contudo, toda e qualquer comparação traz implícita ou explicitamente o olhar do pesquisador, que é informado por três importantes fatores:

a. a sua agenda político-cultural;

b. o contexto sociocultural do qual ele provém – por exemplo, a tradição colonial do próprio país;

c. o seu *background* etno-racial ou, dito melhor, a sua consciência étnica – o seu "gosto étnico". Calcular a importância deste terceiro fator significa problematizar o *insiderism* biológico – a tendência, dentro das ciências sociais contemporâneas, pela qual as melhores ou até as únicas interpretações de um fenômeno sociocultural são aqueles dos nativos, dos *insiders*.

Estes três fatores pesam tanto para os pesquisadores negros – entre os quais se encontram diferentes idéias de negritude, produtos de diferentes áreas culturais – como para os brancos que, afinal, são, historicamente, a grande maioria dos viajantes, diplomatas, cosmopolitas e, hoje, dos cientistas sociais estrangeiros no Brasil e no resto da América Latina.

Neste sentido, é importante evitar interpretações monolíticas e introduzir, na avaliação da pesquisa sobre relações raciais e cultura negra no Brasil, elementos do debate sobre a descolonização do olhar do pesquisador.

De qualquer forma, a história da pesquisa sobre etnicidade e relações raciais brasileiras mostra que existe uma tradição de reflexão entre o Brasil e a outra grande sociedade ex-escravocrata no Novo Mundo, os EUA. As relações raciais no Brasil, como em outros países da América Latina, são definidas por muitos como "ambíguas" porque em outro lugar, provavelmente nos EUA, estas relações estariam se dando de forma mais nítida e unívoca. No discurso hegemônico dentro das ciências sociais, o Brasil, e em geral a América Latina, tem se tornado uma categoria resto no que diz respeito às relações interétnicas e à emancipação de grupos discriminados racialmente.

A forma (neo)marxista de pensar a emancipação e libertação das classes sociais oprimidas – pela qual o proletariado tinha que se assumir, redescobrindo os próprios interesses específicos, tornando-se "para si" – entrou em crise há pelo menos quinze anos, junto com o enfarto do socialismo real e com a perda de poder e prestígio do pensamento neo-marxista no meio acadêmico. Curiosamente, à crise desta forma de pensar a emancipação do proletariado corresponde uma sua sobrevivência e até popularização, de forma "invertida" e, de fato, contrária ao pensamento de classe, na tendência a pensar a emancipação dos grupos racialmente oprimidos segundo a aplicação do modelo pelo qual a integração só pode acontecer de forma justa depois que o grupo em questão se identifica e organiza como tal. Trata-se de uma tendência presente há décadas tanto no pensamento social como no político. Muitos dos ditos novos movimentos sociais (por exemplo, o movimento feminista e o movimento gay, mas também os movimentos juvenis e/ou estudantis), têm praticado a cultura do autocentramento particularístico, como estratégias para fortalecer o grupo e depois confrontar com o resto da sociedade.

É preciso que as pesquisas comparativas sobre os sistemas de relações raciais sejam retomadas, considerando estes aspectos. Em primeiro lugar, é importante ter consciência de que este intercâmbio é desigual. Há pelo menos duas décadas, os EUA inspiram o Brasil muito mais do que o Brasil os EUA. Diversos setores da sociedade brasileira, a mídia e até a pequena burguesia urbana olham para os EUA à procura de inspiração. Entre os cientistas sociais e os intelectuais em geral, a postura quase hegemônica mudou do antiamericanismo para a identificação nos EUA do melhor futuro possível para o Brasil. Uma mudança que se reflete, entre outras coisas, na popularidade dos artigos xenófilos do comentarista Gilberto Dimenstein no jornal Folha de S.Paulo. Em suma, mudaram tanto a orientação cultural de um grupo importante de brasileiros, que se tornou mais internacional, como o tipo e o volume dos fluxos internacionais. Ademais, estes fluxos crescem, agora, refletindo um interesse muito maior dos brasileiros em conhecer os EUA do que dos americanos em conhecer o Brasil. Temos, então, que contestar o uso instrumental e indevido dos EUA no Brasil e, embora acredite que aconteça bem menos, o uso indevido do Brasil nos EUA. Nenhum dos dois países pode ser descrito como uma "casa dos horrores".

Este desequilíbrio nos intercâmbios, somado à baixa qualidade dos mesmos, parece reforçar a tendência discutível de interpretar as relações raciais em outras sociedades segundo categorias, perspectivas e agendas do país de origem do pesquisador. O que deveria interessar nestes estudos comparativos, não é definir qual é o país racialmente melhor ou pior, mas aprender a lógica que rege as relações de um e do outro, na convicção que não existem eldorados raciais, se não na utopia que os cientistas devem e podem imaginar. Até então, o intercâmbio de olhares tem sido estabelecido como um diálogo entre surdos e mudos ou entre arrogantes e tímidos – de ambos Hemisférios. Normalmente, este diálogo tem sido baseado demais no eixo EUA–Brasil e, ademais, tem sido construído na base de uma caricatura, uma simplificação excessiva dos dois países. Há muitos outros sistemas de relações interétnicas, próximos ou distantes, para os quais o Brasil deve olhar, e muitos outros pelos quais o Brasil pode ser observado. Neste sentido, é necessário incentivar o intercâmbio com os EUA, mas também com outras sociedades da América do Sul e Europa.

Como mencionei anteriormente, outro fator que influencia o olhar "colonial" de muitos pesquisadores estrangeiros é a agenda política destes indivíduos; a procura de respostas aos dilemas político-culturais do país de proveniência do pesquisador, que inspira tanto o tema a ser pesquisado quanto a perspectiva que escolhe. É evidente que o interesse e as prioridades dos pesquisadores variam através da história das ciências sociais. Ademais, é bem maior o número de pesquisadores contemporâneos – ser cientista social é menos expressão de um status de elite. Além disso, a emoção tropical ou o exotismo brasileiro procurado pelos pesquisadores no Brasil muda bastante. Talvez os pesquisadores se deparem com um Brasil menos exótico do que antes. Mais do que um país completamente diferente dos outros países ocidentais do Hemisfério Norte, o Brasil pode hoje aparecer como um país cheio de contrastes sociais e culturais, macio e duro ao mesmo tempo – um Brasil que alguns definem de "extremo Ocidente".

A respeito da agenda político-cultural dos pesquisadores americanos e franceses, as duas nacionalidades mais representativas na história dos pesquisadores estrangeiros nas ciências sociais brasileiras, podem ser feitas algumas breves considerações ou generalizações. Entre os americanos existe dificuldade em pensar a modernidade no plural. Por essa visão, a modernidade que não se desenvolver nos moldes dos EUA somente se daria de forma apocalíptica. Entre os franceses que têm pesquisado a cultura negra e as relações raciais no Brasil, percebe-se traços do *mal d'Afrique*: os afro-brasileiros são vistos mais como depositários de algo que, no fundo, é africano e que o contexto cultural brasileiro tende a miscigenar, do que como atores de uma cultura nova e, necessariamente, sincrética. Ambas as posturas acabam negando que a negritude possa existir no plural e restringindo os horizontes da pesquisa e a curiosidade dos pesquisadores, ou até pré-confecionando os "achados" da pesquisa.

É evidente que muitas das coisas ditas acima também se aplicam no meu caso. Cheguei ao Brasil movido pela curiosidade e pela procura de alguma coisa nova. Depois de pesquisar na Inglaterra, Holanda e Suriname, países com relações raciais tidas como mais ou menos polarizadas, o meu projeto acadêmico era contribuir para a reforma dos estudos étnicos, pesquisando uma grande sociedade cujas relações raciais não se davam no molde essencialista — disso eu era e sou convicto. Cheguei ao Brasil logo após ter obtido um PhD holandês, sendo eu italiano, um país com uma reduzida e diferente história de colonização, um país bastante marginal no que diz respeito aos paradigmas mundiais hegemônicos nas ciências sociais. Um país que, no cenário internacional, conta infinitamente menos do que EUA e França, a não ser, talvez, no que diz respeito à culinária.

O que me seduzia e ainda seduz nas relações raciais brasileiras é a cordialidade (real) e a mestiçagem. A descoberta de que há outro tipo possível de relações raciais no Ocidente. Relações onde ao racismo se associa a ausência de polarização ou de categorias classificatórias de cunho essencialista. Onde somente uma parte dos pretos assumem a própria negritude, "tornando-se negros". Onde tão pouco parece se querer investir de forma política na etnicidade. Contrário à maioria dos antropólogos, eu sempre me senti seduzido por relações sociais e raciais onde as divisas são pouco claras, de cunho "ambíguo". Por isso gostei do Brasil, embora, muitas vezes, seus intelectuais prefiram descrevê-lo como um país cujas injustiças se baseiam em diferenças raciais claras. Esta minha preferência pela "ambigüidade" não quer dizer que não acredite que existam horrores dionisíacos ou que tudo aquilo que é organizado segundo moldes apolíneos manifesta um caráter autoritário.

Em suma, a minha posição é que no Brasil ainda se pode demonstrar tanto o paraíso como o inferno racial. Que o Brasil é um "coração de mãe", plausível de qualquer explicação, onde todo mundo consegue corroborar suas hipóteses iniciais. Inclusive eu, é claro. Nesta grande reserva de "biodiversidade" sociocultural, neste depósito de fortes emoções tropicais, neste lugar onde se pode experimentar com sonhos fracassados ou nunca brotados no outro Hemisfério, se consegue comprovar o que alhures nem poderia ser apresentado como hipótese. Oh, que país generoso, diria o finado Stefan Zweig. O grande espaço de manobra, para nós curiosos forasteiros, é facilitado pelos poucos mecanismos de cobrança e pela onipresente xenofilia no meio acadêmico brasileiro. A contrapartida desta postura é a desconfiança que, às vezes, se percebe com os estrangeiros que, como eu, resolvem se instalar na Academia brasileira. Como já nos alertava Gramsci, há uma tradicional dificuldade na burguesia das últimas províncias do Império em achar equilíbrio entre xenofilia e xenofobia. E o Brasil é uma dessas províncias do Império.

A minha sugestão é procurar um equilíbrio entre "lusofília" e "lusofobia". Entre achar o sistema racial brasileiro, e, em geral, todas as relações sociais criadas pela obra colonial lusitana – tendência mais bem manifesta na obra de Gilberto Freyre e seus epígonos; ou achar este sistema brasileiro endemicamente pior do que outros, como fazem uma série de pesquisadores, entre outros, Thomas Skidmore. Tento superar a absurdidade que associa as tentativas de interpretação da lógica das relações raciais com uma postura, de fato, ufanista. Por um lado, a minha abordagem interpretativa procura juntar curiosidade pela lógica interna do sistema de classificação racial, com uma visão dos conflitos e injustiças nas relações raciais brasileiras. Por outro lado, me oponho à abordagem pouco interpretativa que está centrada na "lusofobia" – na idéia de que as relações raciais no Brasil seriam atrasados e intrinsecamente geradoras de opressão para com os não brancos. Preocupa-me e irrita, nos autores que, aqui, por motivo de brevidade, rotulo como "lusófobos", a facilidade com que utilizam termos como "ambíguo" para definir o sistema de classificação racial brasileiro. É uma postura que me lembra do uso e abuso do termo "falsa consciência", com o qual, até há uns quinze anos, muitos carimbavam o que, nas classes subalternas, tivesse cheiro de "ideologia".

Estou convicto que o único paraíso racial é aquele que nós conseguimos imaginar; para isso necessitamos de curiosidade, sentido de inquietude e noção dos limites do próprio país. Necessitamos também nos confrontar com o dilema inevitável que se põe entre universalismo (cujo centro geopolítico nem sempre consegue ser fortemente hegemônico) e relativismo cultural (pelo qual cada sociedade se autojustifica). Ambos podem ser vistos como os eixos portadores do pensamento ocidental. Acredito que tanto o universalismo como o seu alter ego, o relativismo, e o bojo das categorias essencialistas que ambos empregam, não passarão o milênio sem vivenciar uma crise profunda.

Mais do que posicionar-se neste embate entre conceitos titãs, me parece mais útil aprender a lidar com o diferente, tendo consciência de que o gosto pessoal, no caso do étnico, esteja tão próximo das nossas entranhas quanto no caso da comida, da noção de beleza física e de felicidade.

A minha preocupação central tem sido entender porque no Brasil não existe ódio racial de forma politicamente organizada. Um olhar discreto, intersticial e curioso é, talvez, o que precisamos para entender estes "segredos étnicos". Nem por isso podemos esquecer das nossas agendas políticas. Bom seria, porém, torná-las explícitas. A experiência de países mais etnicamente polarizados pode ensinar muito ao Brasil, país tão racialmente desigual. De outro lado, quem sabe, a experiência "ambígua", sincretizante e ao mesmo tempo (duramente) universalista de um país como Brasil, no qual as relações raciais se dão ao longo de linhas relativamente negociáveis e pouco rígidas, possa ser útil para relativizar algumas certezas étnicas de outras sociedades. Em outras palavras, a experiência de sistemas polarizados pode ser útil ao explorar os limites de sociedades menos etnicizadas, mas o contrário também é verdadeiro.

É somente através da comparação que o absurdo da construção cultural da raça pode ser compreendido – através de exercício de desconstrução e desnaturalização. É preciso desconstruir tanto os olhares essencialistas como aqueles do universalismo formal. Só assim poderemos contribuir para revelar alguns "segredos étnicos", tanto aqueles do país pesquisado como aqueles do país de origem do pesquisador.

Temos que contestar muitos dos postulados da antropologia afro-americana e dos *Black Studies* (nos EUA, hoje em dia, são chamados também de *African Studies*) por causa de seu provincianismo e etnocentrismo — o enfoque quase absoluto sobre a ecumenia anglo-falante, não obstante esta área cultural representar somente uma parcela das áreas culturais das relações raciais.

Assim é que encontraremos maneiras de combater a discriminação racial levando em consideração tanto circunstâncias locais como as forças da mudança global. É claro que os EUA, e quase tudo o que eles produzem, mesmo seus opróbrios, são bastante populares na periferia do Novo Mundo. Os EUA são vistos, de forma constante, como um modelo. Ademais, muitas instituições norte-americanas apresentam os EUA para fora como um modelo a ser seguido. Tanto as entidades federais como a mídia, as fundações filantrópicas e os agentes comerciais deste país acabam fazendo propaganda dos EUA em termos de gerenciamento do Estado, padrões de consumo, respeito aos direitos individuais e direitos das minorias. O apelo desta propaganda, às vezes feita de forma implícita e mais freqüentemente feita com tom de auto-suficiência, parece ser mais forte na América Latina do que na Europa – onde os EUA também são sinônimo de brutalidade contra os mais fracos (penso na campanha contra a pena de morte nos EUA). As políticas da identidade – a idéia que uma sociedade socialmente justa tem que ser formada por um conjunto de grupos culturalmente e/ou etnicamente diferenciados entre si – ou melhor, o que ainda existe desta bandeira na realidade das políticas públicas tem se tornado um lema importante para os muitos progressistas norte-americanos no meio acadêmico. Tudo isso junto a uma notável ausência de capacidade de fazer autocrítica e de contextualizar as soluções encontradas. A forma pela qual as identidades seccionais e diacríticas estão se desenvolvendo, ou deveriam estar desenvolvendo nos EUA é vista como um modelo a ser exportado para países que, até então, têm vivenciado de diferente forma a criação de identidades.

Esta exportação de regras sobre as quais se baseiam as identidades sociais nos EUA é mais acentuada ainda quando se fala de "raça", em particular, nos caso dos afro-americanos. Se diferenças de ordem local ou nacional são normalmente aceitas no caso dos movimentos feminista e gay (é consenso que sexo e gênero são construções relacionais que devem ser analisadas dentro do próprio contexto), mais ainda com relação ao movimento operário (por definição, o mov. operário é tanto local como internacional), a possibilidade que a identidade negra e o movimento negro se desenvolvam mantendo especificidades locais coagula muito menos consenso (Bairros, 1996). Muitas vezes se postula uma igualdade transnacional em termos de condição social, posição racial e sentimentos pessoais. Esta igualdade de posição é atribuída a dois fatores de coesão: à origem africana dos ancestrais ou ao fenótipo e ao tipo de vivência que este deveria providenciar universalmente (um tipo de cicatriz psicológica). De fato, esta postura está imbuída das velhas e novas formas de naturalizar a diferença, baseadas na existência da "raça". Compreender a variedade das relações raciais que envolvem brancos e negros, e da cultura e identidade negra em regiões diferentes, pode ajudar-nos a desconstruir a crença ou noção de "raça" e o racismo.

Estamos nos deparando com um paradoxo. Num mundo que é sempre mais biologicamente mestiço e culturalmente creolizado, se redescobre a etnicidade, o singularismo e até o essencialismo. Este paradoxo se percebe também no Brasil. Frente ao aumento do número de mestiços, em diferentes âmbitos da sociedade se começa a conferir, finalmente, o devido status aos negros; frente à secularização da sociedade, certos grupos redescobrem o candomblé (nas variantes menos sincretizadas com o catolicismo popular). Nos lugares onde isso é ainda uma tendência incipiente, como na Europa, se fala de creolização e mestiçagem como de importantes bens que podem preservar o mundo da barbárie. No Brasil, onde mais do que tendências, trata-se de um dado histórico e fundador de amplos aspectos da vida social, parece que poucos intelectuais querem enfrentar o desafio da mestiçagem – fenômeno que abala tantas tipologias e teorias. É uma pena porque o Brasil – e no mundo há mais "Brasis" do que países com sistemas raciais polarizados – poderia e deveria ensinar muito aos cultores dos estudos étnicos, tanto àqueles que gostam de Apolo como àqueles que, como eu, preferem Dionísio.

Referências bibliográficas

BAIRROS, Luiza. Orfeu e poder: uma perspectiva afro-americana sobre a política racial no Brasil. *Afro-Ásia*, n. 17, p.173-186, 1996.

RODRIGUEZ, Clara, CORDERO-GUZMAN, Hector. Placing race in context. *Ethnic and Racial Studies,* v.15, n.4, p.523-542, 1992.

WADE, Peter. 'Race', nature and culture. *Man,* n.28, p.1-28, 1993.

ZWEIG, Stefan. *Brasil, país do futuro*. Rio de Janeiro: Civilização Brasileira, 1960 [1941].

O OLHAR ESTRANGEIRO
Americanos e Brasileiros

George Reid ANDREWS [*]

Na minha proposta inicial para a Mesa, sugeri uma reflexão sobre várias perguntas relacionadas com o projeto intelectual de estudar o Brasil de fora, e a participação dos estrangeiros no mundo intelectual e político brasileiro. Mas quando chegou o momento de organizar o meu pensamento sobre o assunto, encontrei uma série de complexidades inesperadas na tarefa de definir exatamente o que é o "olhar de fora".

Quem é que olha o Brasil de fora? Supõe-se que são os pesquisadores estrangeiros, os brasilianistas, que vieram ao Brasil para estudar, neste caso específico, as questões raciais e que tantas contribuições deram ao desenvolvimento do nosso conhecimento do modelo racial brasileiro. Alguns dos seus nomes são bem conhecidos: Roger Bastide, Donald Pierson, Pierre Verger, Marvin Harris, Charles Wagley, Thomas Skidmore, Peter Fry, Carlos Hasenbalg e outros mais. Outros são menos conhecidos aqui no Brasil, mas também fizeram as suas contribuições, especialmente à literatura norte-americana: penso, por exemplo, em Franklin Frazier, Ruth Landes, Carl Degler, Pierre-Michel Fontaine, o irmão Anani[1] e outros mais. Essa tradição dos pesquisadores estrangeiros continua – e eu diria que está se aprofundando – nesta geração atual, representada aqui hoje pelos distintos colegas e amigos presentes na mesa.

De vez em quando os pesquisadores de fora, e especialmente nós, pesquisadores americanos, somos culpados de utilizar no nosso

---

[*] Professor do Depto. de História da Universidade de Pittsburgh.

1. Anani Dzidzienio.

trabalho e de importar para o Brasil idéias, perspectivas e teorias baseadas na experiência dos nossos próprios países, que pouco ou nada têm que ver com a realidade brasileira. Esta crítica não é totalmente errada. Produzidos e formados numa outra sociedade e numa outra comunidade intelectual, é lógico que vamos trabalhar com os conceitos e esquemas correntes naquelas sociedades, e que só dificilmente vamos sair deles. Mas não vejo a importação dessas idéias e perspectivas para o Brasil como um fenômeno particularmente nocivo ou ameaçador ao país. Ao contrário: as atividades intelectuais sempre se beneficiam pelo confronto e os debates entre diferentes teorias, metodologias e visões do mundo. O processo de intercâmbio intelectual ajuda a todos os participantes; e se os esquemas com os quais trabalham os estrangeiros realmente são impróprios para o Brasil e não têm aplicação, então a nossa obra será devidamente rejeitada e esquecida, e com toda razão.

Mas acho também que os críticos que nos culpam de importar idéias alheias ao Brasil se esquecem, ou não reconhecem, que o processo de importação nunca opera num sentido só. Não pode: as importações precisam ser pagas pelas exportações – quem mais sabe disso do que o Brasil? –; e mesmo que a metáfora do comércio exterior não tenha uma aplicação automática ao comércio das idéias, nos estudos das relações raciais eu diria que o Brasil tem um forte balanço a seu favor. E da seguinte maneira: às vezes tenho a impressão que nós, os pesquisadores estrangeiros, somos vistos no Brasil como os donos poderosos de uma alta formação acadêmica, grande infra-estrutura acadêmica e imponentes conhecimentos teóricos e metodológicos. As pessoas que chegam a nos conhecer de perto, porém, logo aprendem que esta imagem dourada está bem longe da realidade. Somos pessoas como quaisquer outras, confusas, preocupadas, lutando desesperadamente para entender o mundo que nos rodeia; e para nós, aqui no Brasil, esta luta é mais desesperada ainda. Chegamos ao país com alguns conhecimentos muito básicos da história, geografia, cultura, costumes e língua – sobre a língua, nem falar! – e as nossas universidades esperam, a partir desses conhecimentos, que são mais ou menos no mesmo nível de qualquer criança brasileira de dez anos, a elaboração de um projeto de pesquisa que vai explicar, com o devido rigor acadêmico, uma dimensão importantíssima e profundamente complexa da sociedade brasileira.

Como vamos fazer isso? Bem, vamos diretamente para as obras dos mais importantes autores brasileiros, procurando – mais uma vez, desesperadamente – as bases de uma compreensão básica dos fenômenos que estamos tentando pesquisar. Absorvemos uma grande quantidade de literatura brasileira e trabalhamos tendo por base diretamente aqueles autores. Somos franca e abertamente dependentes deles para o nosso conhecimento da realidade brasileira; e este processo se pode ver claramente em todos os livros importantes escritos por autores norte-americanos, pelo simples fato de que um livro sobre o Brasil não pode chegar a ser reconhecido como válido e importante se não incorpora e integra a literatura brasileira. Assim, por exemplo, o livro tão influente do historiador Frank Tannenbaum, *Escravo e cidadão*, é basicamente uma reformulação e aplicação a toda América Latina das idéias de Gilberto Freyre; e Freyre é igualmente visível no trabalho de Donald Pierson e de Marvin Harris. Nos anos 70, o saudoso Florestan Fernandes tem o mesmo papel nos livros de Carl Degler, Thomas Skidmore e Robert Toplin. E agora, nos anos 90 estamos presenciando uma onda de livros e artigos escritos por estrangeiros que foram inspirados e informados em grande parte pela obra pioneira de Nelson do Valle e Silva e Carlos Hasenbalg.

Assim, o suposto olhar de fora realmente não é tão de fora como parece, porque está baseado, inteiramente ou em grande parte, na produção intelectual brasileira. É justamente por isso, eu acho, que os nossos trabalhos em geral não são rejeitados por nossos leitores e colegas brasileiros. O seu grande conteúdo doméstico – quer dizer, o alto grau em que nos aproveitamos da literatura brasileira – faz o nosso trabalho relevante e aparentemente interessante para o público brasileiro – muito mais interessante, diga-se de passagem, do que para o público norte-americano. Nos Estados Unidos, estes temas são debates acadêmicos; aqui no Brasil são parte das vidas das pessoas. Não são teoria, não; são carne e osso.

De qualquer modo: quando somos acusados de ter importado para o Brasil idéias alheias à realidade nacional, a ironia é que quase todas essas idéias nós encontramos nas obras dos nossos interlocutores brasileiros. Mas aqui chegamos a um segundo nível de complexidade: que os autores brasileiros a quem recorremos, por sua vez, foram fortemente influenciados pelos seus contatos com as experiências do mundo de fora. A obra de Gilberto Freyre e, mais recentemente, a de Nelson do Valle e Silva e Carlos Hasenbalg, são o produto direto dos seus estudos de pós-graduação nos Estados Unidos; Florestan Fernandes foi também influenciado por seus contatos com os sociólogos ligados à Universidade de Chicago e pela sua aprendizagem com Roger Bastide. Os críticos novamente nos dirão que nós, estrangeiros, respondemos às obras destes homens justamente por causa das suas influências estrangeiras. Mas não somos apenas nós quem reconhece a importância da obra destes autores, mas o mundo acadêmico brasileiro em geral.

Dadas estas realidades, chega a ser cada vez mais difícil manter a distinção entre os dois olhares, um de fora e outro de dentro. Nós de fora estamos sempre tentando aproveitarmo-nos dos conhecimentos e da visão dos de dentro; e os pesquisadores de dentro têm uma longa história de aproveitarem-se das importações intelectuais do mundo de fora. Parece inegável que este processo de intercâmbio foi enormemente benéfico para ambos os grupos, os brasileiros e os estrangeiros, e para o desenvolvimento dos nossos conhecimentos do modelo racial brasileiro. Tão benéfico, de fato, que é uma pena, realmente, que os estudos da situação racial nos Estados Unidos não têm experimentado o mesmo processo de intercâmbio – e isto apesar do fato de que o motivo principal dos pesquisadores americanos virem ao Brasil é quase sempre não o conhecimento da situação racial brasileira, mas a melhor compreensão da situação racial dos Estados Unidos. Paradoxalmente, vimos ao Brasil numa tentativa de olhá-lo de dentro; mas o que realmente estamos fazendo é sair dos Estados Unidos para tentar olhá-lo de fora.

Só em raras ocasiões, como, por exemplo, no estudo comparativo de Carl Degler, chega a ser explícito este motivo. Mas acho que o desejo de ver com mais clareza a experiência racial dos Estados Unidos, utilizando o Brasil como um contra-caso ou caso comparativo, motivou quase todas as obras sobre as relações raciais brasileiras produzidas por autores americanos. Se esta hipótese é correta, esta prática de utilizar o Brasil como um pano de fundo obviamente provoca inquietudes. Se o nosso interesse principal são as condições raciais no nosso próprio país, até que ponto vamos levar realmente a sério a realidade brasileira? E de fato, o uso do Brasil como um contracaso para entender os Estados Unidos pode levar a certos abusos, como, por exemplo, nos anos 30 até os anos 60, um período durante o qual quase todos os autores norte-americanos, no desejo de montar uma crítica o mais dura possível aos Estados Unidos, aceitaram o mito da democracia racial e apresentaram a situação racial brasileira como mais benigna do que realmente era. Mais recentemente, alguns observadores têm comentado que hoje em dia alguns autores norte-americanos cometem erros no sentido reverso, apresentando as condições raciais no Brasil como bastante piores do que realmente são. Não concordo com tal crítica, mas aceito que ela não é completamente sem justificação.

No fim das contas, porém, os perigos metodológicos de utilizar o Brasil como um contracaso para atender melhor aos Estados Unidos não me preocupam muito. O nosso trabalho nesse sentido será útil e válido só no grau em que a nossa análise da situação brasileira for honesta e fiel à realidade empírica. Se não trabalharmos com o cuidado e o rigor devido, as nossas pesquisas serão plenamente inválidas e desaprovadas pelo mundo acadêmico. E ao mesmo tempo, as vantagens de tentar olhar o nosso próprio país de fora são muito grandes. Se me permitem citar um exemplo do meu próprio trabalho – sempre o narcisismo! –, alguns anos atrás fiz uma comparação de vários indícios estatísticos da desigualdade racial no Brasil e nos Estados Unidos, examinando diferenças raciais no emprego, salários, expectativa de vida etc. As minhas conclusões foram que até os anos 50 o Brasil tinha sido a mais equitativa, racialmente, das duas sociedades. Mas entre 1960 e 1990 as desigualdades raciais diminuíram sensivelmente nos Estados Unidos, enquanto que permaneciam estáveis, ou em alguns aspectos cresceram, no Brasil, com o resultado de que durante os anos 60, 70 e 80, a posição respectiva dos dois países mudou, com os Estados Unidos tornando-se mais equitativo, e o Brasil mais desigual.

Além da visão do Brasil que esta comparação nos deu, revelou também a enorme importância das políticas governamentais de ação afirmativa e igualdade de oportunidades nos Estados Unidos, no sentido de reduzir as desigualdades raciais no nosso país. Olhando essas políticas no contexto dos Estados Unidos, os seus críticos podem dizer que os seus impactos não foram muito grandes e o seu custo político alto demais. Mas, olhando a experiência dessas políticas de fora, com uma perspectiva comparativa, vemos as conseqüências de *não* ter políticas compensatórias, como aconteceu no Brasil, e os altos custos da continuação de grandes desigualdades raciais.

Assim, sou francamente a favor de olhar o meu país de fora; tão a favor que quero animar os brasileiros a lançarem-se ao mesmo projeto. E, de fato, alguns brasileiros já estão se formando como norte-americanistas. Um número crescente de professores e alunos brasileiros tem vindo para o nosso país, patrocinados pelo CNPq, Fundação Ford, suas próprias universidades ou outras entidades, para estudar as relações raciais ou outros aspectos da vida norte-americana. A minha universidade hospedou três alunos brasileiros doutorando-se em sociologia, com especialização em assuntos raciais; em outro campo, um professor da USP passou o ano passado no nosso departamento de Ciências Políticas realizando uma pesquisa interessantíssima, comparando a filosofia e atuação dos próceres da independência brasileira e norte-americana. Ele foi aos Estados Unidos para pesquisar o lado norte-americano da comparação; mas estudando Thomas Jefferson, James Madison e Alexander Hamilton, obviamente a sua perspectiva e atitude a respeito de José Bonifácio, Gonçalves Ledo e outros próceres se modificou e muito. Observe-se também o livro recente de Célia de Azevedo, baseado na sua tese de doutoramento em Columbia University, comparando os abolicionistas brasileiros e norte-americanos. Ela utiliza os abolicionistas norte-americanos para montar uma crítica muito séria das limitações do abolicionismo brasileiro; a sua aceitação do racismo e especialmente o abandono dos seus esforços logo depois da abolição, deixando os libertos sem defesa contra os donos da terra e, alguns anos depois, o estado oligárquico da República Velha .

Acho que, como os autores norte-americanos dos anos 40 e 50, que tanto queriam acreditar na possibilidade de uma democracia racial no Brasil, Azevedo apresentou os abolicionistas norte-americanos como mais progressistas e heróicos do que eles em realidade eram. Mas, também como os norte-americanos que vieram e vêm ao Brasil, o motivo principal de Célia não foi entender os abolicionistas norte-americanos, mas de olhar os abolicionistas brasileiros de fora e de uma nova perspectiva – e aqui ela foi bem-sucedida.

Assim, em conclusão, o olhar de fora não é, realmente, o olhar das pessoas que vêm para estudar um outro país. É o olhar dos que saem do seu próprio país para conhecê-lo melhor e que nunca deixam de olhar para trás, para a sua terra. Esperamos que nós, os estrangeiros, e vocês, os brasileiros, consigamos continuar neste projeto tão rico e frutífero de olhar os nossos países simultaneamente de dentro e de fora.

O BRASIL, PARAÍSO OU INFERNO PARA O NEGRO?
Subsídios para uma Nova Negritude

Femi OJO-ADE[*]

Aproximação do paraíso racial

Antes de chegar a este congresso importantíssimo, eu viajei da África aos Estados Unidos de avião, fazendo escala no famoso aeroporto de Schippol, em Amsterdam. Passei lá mais ou menos sete horas e tive a oportunidade de observar o viver do povo holandês. Como em outros aeroportos europeus que conheço, o Schippol recebe menos passageiros negros que brancos. Vocês diriam que isso é normal, simplesmente porque nós, negros, não vivemos na Europa. Não obstante, esta verdade fica anormal quando eu lhes digo que, no Schippol, os negros estão muito visíveis, como limpadores. Eu os vi em todas as esquinas, a vassoura na mão, a tristeza no rosto, estes símbolos da escravidão moderna.

Ao chegar a Nova Iorque, eu vi muito mais negros passageiros, mas também muitos outros com a vassoura na mão, marginalizados de uma sociedade orgulhosa de sua suposta civilização superior. O pessoal da imigração e da alfândega do aeroporto John F. Kennedy presta atenção especial aos passageiros negros. Tiram radiografia de suas bagagens e fazem geralmente uma inquisição racista baseada no preconceito da culpabilidade de todos os negros.

Fui ao balcão da VARIG, a companhia aérea que usei pela primeira vez em 1979, quando viajei a São Paulo[1]. Os empregados

---

[*] Professor do St. Mary's College of Maryland.

[1]. No ano de 1979, a Universidade de Ifé (hoje Universidade Obafemi Awolowo) decidiu estabelecer convênios com algumas universidades brasileiras. Eu era

representam um caleidoscópio de cores, o que me lembra uma palestra de um colega brasileiro durante um congresso americano sobre a cultura afro-brasileira: segundo ele, há mais de quarenta matizes dentro do povo brasileiro[2]. Seria resultado da famosa democracia racial? De todo jeito, eu não vejo nenhuma cara negra no balcão da VARIG em Nova Iorque. Somos dois negros entre os passageiros. Quando nós jantamos, a comissária de bordo dá a meu vizinho branco uma lata de coca; para mim, apenas um copo. Troco de vôo em São Paulo. Uma menina se recusa a sentar-se perto de mim e seu pai, envergonhado, me apresenta desculpas. Finalmente, chegamos ao aeroporto de Salvador de Todos os Santos, cidade negra e capital da Bahia, estado africano do Brasil. Eu e outros congressistas gozamos das boas-vindas de um grupo de anfitriões maravilhosos. Para mim, é a segunda chegada em três meses. Salvador seria minha cidade, negra, apaixonada, humana. O ônibus nos leva ao hotel. Observo, como sempre, esta beleza africana dos seres humanos e da natureza. Todavia, tenho simultaneamente uma impressão estranha de que a africanidade baiana, sua negritude, fica superficial, remota, contestável, contraditória e confusa. Há mais ou menos quinze anos que visito Salvador; porém o laço de raça e de cultura não pode eliminar o sentido de alienação, o fato de que sou estrangeiro, que não posso pertencer a esta terra, que este povo, o meu povo, não me quer.

Passei uma temporada de quatro meses aqui na Universidade Federal da Bahia (UFBa) como professor visitante

---

chefe do departamento de línguas estrangeiras e fiz a viagem para começar o trabalho de base. Ao final, Ifé tem agora convênios com três universidades do Brasil: São Paulo, Brasília e Bahia. A decisão de Ifé foi conseqüente à presença da cultura africana (precisamente ioruba) no Brasil. Preciso dizer também que Ifé tem, há muitos anos, um programa de estudos da língua portuguesa e manda alunos ao Brasil para uma temporada essencial à licenciatura universitária.

2. O congresso aconteceu na Universidade da Flórida, em 1993. Os organizadores, Larry Crooke e Randal Johnson, estão preparando um livro das comunicações, *Black Brazil: Culture, Identity, and Social Mobilization* (Los Angeles: UCLA Press, 1998).

(de setembro de 1996 até fevereiro de 1997)³. Eu passeava no Pelourinho, acompanhado de outros africanos vestidos como eu, em roupas africanas. Lembro-me dos sussurros engraçados de nossos irmãos brasileiros diante desses africanos... Certo que eles dizem que a África é sua pátria⁴, mas a África fica distante.

É o fato que eu confirmo na cerimônia de abertura deste V Congresso Afro-Brasileiro. Um dos oradores eminentes fala do "passado africano...[e do] futuro brasileiro". Ouço, nessa palavra, que a África não deve fazer parte do futuro dos brasileiros que, todavia, estão desejando e precisando da presença africana para exercer sua humanidade dentro de uma sociedade racista. Uma segunda observação: apesar de o embaixador de Angola estar lá na alta mesa com outras personalidades, ele não diz nada. O embaixador da Nigéria está sentado ao lado, com outras pessoas menos importantes; ele também não diz nada. Então, os organizadores conferem à África apenas o papel de observador.

Reflexões sobre a idéia de paraíso racial

Acho que a maneira de descrever o tema de nossa mesa-redonda já expressa a distância, desejável na opinião de alguns, entre nós, africanos, e os afro-brasileiros. Como definir o "olhar estrangeiro"? Quem é "estrangeiro"? Os africanos, apesar da alienação de que falei, será que somos absolutamente estrangeiros ou precisamos aceitar a condição como normal e permanente? E como descrever o brasileiro que olha a condição do negro de maneira estrangeira? Falo do *outsider* que não empatiza com as

---

3. A temporada foi realizada graças ao Magnífico Reitor da Universidade e a outros colegas e amigos, como os professores Cid Teixeira, Jeferson Bacelar, Ana Rosa Ramos e Ieda Machado dos Santos. Eu dei aulas a alunos de pós-graduação sobre a literatura negra e foi o primeiro curso desse tipo na vida da UFBa, universidade de uma comunidade onde os negros constituem quase noventa por cento da população.

4. Alguns brasileiros me reconhecem como autor do romance *Mama África*, editado em Salvador em 1989. No Pelourinho, a música mais popular é o reggae, sobretudo os discos afrocêntricos de Bob Marley.

vítimas negras. Ora, a idéia do "olhar estrangeiro" me parece expressar uma atitude brasileira: nação brasileira bem querida tanto pelo branco como pelo negro que, ele também, não se chama negro!

Para mim, a alienação entre nós, africanos e afro-brasileiros, constitui um problema que precisamos resolver. Então, eu quero contemplar a sociedade brasileira do ponto de vista de um irmão para quem se torna primordial o destino de todos os afro-brasileiros. A pergunta que faço é a seguinte: há no Brasil um paraíso racial? A resposta depende da definição da palavra *paraíso* e também de quem a está fazendo. Terra de paz, de prosperidade e de progresso; de harmonia e de amor, onde reinam a igualdade e a justiça. Muita gente crê nisso tudo como verdade irrefutável, e alguns indivíduos sempre têm esse sonho. Li um livro interessante: *African-American Reflections on Brazil's Racial Paradise* (Reflexões afro-americanas sobre o paraíso racial do Brasil), do americano David J. Hellwig. Recomendo a vocês, pela sua clareza e perspectiva histórica e, precisamente, do ponto de vista de nossos irmãos e irmãs vivendo na nação mais avançada tecnologicamente do mundo, e também o país onde existe um racismo que se compara ao brasileiro. O livro de Hellwig tem três partes: a primeira parte afirma o "mito" do paraíso racial durante o período de 1900-1940; a segunda parte, de 1940-1965, fala da disputa do mito; a terceira, sobre o período de 1965 até hoje, afirma a recusa do mito. Decidi usar as idéias deste livro porque os afro-americanos e eu, como os afro-brasileiros, compartilhamos a mesma herança, e nós somos todos filhos da Mãe África. No livro de Hellwig, vemos a evolução das idéias, o que mostra o crescimento da consciência dos negros, de sua negritude.

Até os anos 40, os negros geralmente concordavam com o ex-presidente americano, Theodore Roosevelt, que, viajando pelo Brasil em 1913, concluiu que não havia preconceito racial no país. Um estadista brasileiro, muito orgulhoso, disse a Roosevelt que o Brasil resolveu o racismo pela integração dos negros: "Nós fizemos tudo para absorver todos de cor..., para não os deixar absorver-nos. Não encorajamos a segregação ou o ostracismo, como fazem os cidadãos de seu país. Nosso objetivo é fazer o negro homogêneo, para que ele se integre conosco. O que fazem os brancos americanos com o negro é um caminho perigoso. Vocês fazem deles grandes inimigos da sua vida nacional. Você precisa lembrar que a raça negra é viril e que seu número aumenta a cada dia." (Hellwig: 29) Segundo esse grande estadista, o negro brasileiro não vai nunca pensar na vingança, ao contrário do americano.

Roosevelt visitou a galeria nacional de arte. Lá, viu uma pintura mostrando a evolução da raça negra, em quatro gerações: do negro puro e simples; ao claro; ao sempre mais claro, até o negro sem vestígio de sua raça, absolutamente absorvida a raça branca. Os observadores negros dos Estados Unidos concordavam com essa absorção, esse branqueamento, essa limpeza da raça, que afro-brasileiros como Abdias do Nascimento (1978) condenam como um aspecto desprezível do racismo. A miscegenação, passaporte para o paraíso branco brasileiro, foi elogiada por alguns negros americanos, porque, de modo diferente da situação americana, onde os brancos linchavam negros que apenas olhavam brancas, os negros brasileiros estavam encorajados a criar uma raça de mulatos. Alguns negros americanos proclamaram que a prole da mistura racial ficava "sábia e mais forte". (Hellwig: 36)

Além disso, muitos turistas elogiavam o Brasil, onde havia muitas oportunidades para o negro. Os negros americanos preferiam o Brasil à África para a imigração. O chefe da *African Blood Brotherhood*, Cyril Briggs, disse: "O Brasil é a terra da oportunidade exemplar para o negro. E também a terra do futuro." (Hellwig: 38) Outro negro, George Rambo, disse ao público da *Associated Negro Press*: "Os brasileiros são uma grande família, ficando juntos em igualdade e oportunidade absolutas. Acho que a América do Sul tem mais possibilidades." (Hellwig: 40)

Ora, quando chegou o momento de começar a imigração, as autoridades brasileiras não queriam os negros americanos, uma vez que milhares chegavam da Alemanha, da Itália e da Rússia. Então, o famoso "cadinho das raças" não foi tão harmonioso como a gente pensava. Um jornalista negro, Ollie Stewart, visitou o Brasil em 1940. Os títulos dos artigos que ele escreveu nos revelam muito sobre o país: "Homem negro encontra o preconceito brasileiro", "Um hotel não me quer", "Nos Estados Unidos se chama Jim Crow; no Brasil, Subterfúgio", "Para o Brasil, o cabelo é o mais importante", "Apenas criados brancos", "O exército brasileiro parece todo de cor." Stewart diz que milhões de negros do Brasil "não têm visão".(Hellwig: 103) Precisamos mencionar que outros negros rejeitavam impetuosamente a opinião de Stewart. Um advogado do mito, James Ivy, contrasta a definição psicológica americana da palavra "negro" com a definição etimológica e biológica do Brasil: "[no Brasil] um 'negro' se chama *preto*, uma pessoa evidentemente negra de cor."(Hellwig: 113) Lembro-me do dilema de um antigo aluno, diplomata em Brasília. Sua filha estava estudando na escola da capital brasileira, e sua professora preferia chamá-la de "morena". O pai preferia "negra". Nós sabemos que, até agora, os americanos designam como negro cada pessoa com uma gota de sangue negro. Naturalmente, para fugir do ódio racista, os negros de cor clara, com os olhos azuis e o cabelo loiro (!) podem "passar" (ao paraíso branco).

O honrado W.E.B. duBois, que terminou sua vida tumultuosa em Gana, faz parte do grupo que trocou de idéias sobre a condição do negro brasileiro. DuBois crê inicialmente no mito do paraíso mas, mais tarde, expressa a dúvida. (Hellwig:117-120) Outro grande nome, E. Franklin Frazier, passou muito tempo dizendo que o Brasil não tinha problema racial; mais tarde, escreveu sobre a presença do racismo no sul e que as relações raciais nos Estados Unidos e no Brasil tinham semelhanças. Frazier se interessava sobretudo pela sorte dos mulatos. "Em conseqüência do sistema de casta americana vir a ser menos eficaz por causa da urbanização e do desenvolvimento educacional e cultural do negro, é provável que a situação racial se aproxime da do Brasil."(Hellwig: 136)[5]

Desde 1965, os negros americanos mudaram de posição. Paraíso racial ou subterfúgio? Os pesquisadores brancos diziam

---

5. Outros críticos contestam a opinião de Frazier. Por exemplo, Herskovits (1943, pp. 394-404). Branco, Herskovits foi mais conciso que muitos negros no assunto da africanidade brasileira. Segundo Frazier, apenas havia influências africanas na cultura brasileira.

geralmente que os descendentes afro-brasileiros tinham mais possibilidades que os americanos (por exemplo, Elkins, 1959), principalmente pela disparidade entre os dois sistemas de escravidão. A mistura sociobiológica das raças e a patente ausência de segregação e violência no Brasil, pareciam apoiar o caminho lento e não violento do movimento afro-americano de direitos civis dos anos 50 e 60. Quando Martin Luther King Jr., foi assassinado, os jovens negros mudaram de tática e se tornaram violentos. Em conseqüência, se reexaminou a situação brasileira. O Brasil não era mais o Eldorado.

A idéia da beleza negra se está difundindo e a falta de consciência se vê como um grande problema para o negro. Também se vê o mito do paraíso racial como uma plataforma dos brancos liberais para rebaixar os negros, desenraizar a raça e seguir a política negrofóbica baseada num falso nacionalismo.

Um ponto de vista africano

Concordo com a maioria que defende esta nova posição crítica. Na realidade, há pouca diferença entre a estratificação social no Brasil e nos Estados Unidos. Há complementaridade, não exclusão, entre a opressão racial e de camadas sociais. O que distingue as idéias passadas dos afro-americanos das atuais, é o fato "americano". A palavra – digamos o nome do país – é símbolo de uma cultura que não cansa de proclamar sua suposta superioridade. O famoso sonho americano faz parte da vida dos afro-americanos. (Ojo-Ade, 1996) Através do sonho se encoraja o sono do negro diante de sua herança africana, diante desta herança chamada inferior. Isso se vê nas observações acima.

Acho que há semelhança entre o sonho americano e o paraíso brasileiro. Os dois mitos encorajam o negro a manter-se no exterior de sua herança africana. Enquanto os Estados Unidos estabelecem o sonho materialista para maravilhar seu povo, o Brasil cultiva o paraíso psicológico, jogando com a alma do povo para fazer desaparecer o fato do racismo. Entre as duas miragens, qual é a pior?

Para mim, é importantíssimo eliminar a distância entre nós, negros do mundo. Assim, vamos nos aproximar da condição do negro brasileiro como irmãos, do interior, para resolver juntos nossos problemas. Por exemplo, por que temos todas as disputas sobre os nomes? O negro brasileiro precisa chamar-se "negro", com orgulho, não assumir essas palavras – quem é "moreno"? – que expressam sutilmente ódio pela sua cor e sua cultura. O afro-americano já fica no estado de confusão frente à sua africanidade. Por que usar o epíteto se ele é verdadeira e absolutamente americano? Hoje, no final do século XX, existe uma grande discussão sobre a melhor palavra para descrever os africanos instalados nos Estados Unidos. São negros? Ou povo de cor? Ou afro-americanos? Se eles têm dúvidas do seu parentesco com a África, têm certeza da sua americanidade, não obstante o racismo mais implacável que nunca.

Os afro-americanos precisam usar positivamente a condição brasileira, para lutar contra o racismo e a marginalização do negro no mundo. Os dois grupos, os maiores da herança africana na diáspora, têm as mesmas raízes e enfrentam desafios semelhantes. Como diz a afro-americana Angela Gilliam: "Um escravo é um escravo. Não importa se um campo de concentração se chama 'centro de relocação' [nome de prisão onde se guardava os nipo-americanos], 'reservas' [para os índios] ou 'gueto' [para os negros]. Os títulos, local, ou nacionalidade não mudam os problemas e as soluções." (Hellwig:174)

A resposta à pergunta de saber se existe o racismo no Brasil é, sem dúvida, um sim ressoante. O paraíso, ao qual alguns já se referem sutilmente, é simplesmente uma camuflagem, uma invenção da imaginação hipócrita. Melhor ainda, seria uma utopia dos privilegiados, o que, para os negros, é um pesadelo. A miscigenação tem matado a consciência de muitos negros; o observador seria espantado pelo nacionalismo brasileiro de muitos negros. Sabemos que o nacionalismo é também comum dentro do povo afro-americano; só que, para estes, o complexo de superioridade tem referência material(ista), e isso não destrói sua negritude, ou seja, africanidade. Segundo minhas observações, há muita violência no Brasil, uma espécie de linchamento, diferente do modelo americano, mas igualmente eficaz em seu objetivo.

Onde estão os negros brasileiros? Eles não estão na televisão; só como jogadores de futebol, como atores desempenhando papéis secundários, como dançarinos nesses dias distintos (férias do inferno diário) do carnaval. Nem estão no avião. Nem na Câmara de Deputados. Nem na aula. Nem nos jornais. Nem no governo. Na verdade, o Brasil quer mostrar ao mundo a imagem de um país ocidental, moderno, civilizado, branco. Neste "paraíso" todos os elementos negros são marginalizados. A presença negra fica como uma aberração: você vai a Salvador como o turista vai a uma cidade estrangeira e, de uma maneira ou de outra, o soteropolitano tem uma condição do colonizado em sua própria cidade.

Vamos analisar algumas manifestações da africanidade brasileira para ver como é viável, e como pode servir à causa do negro brasileiro. A religião é um aspecto tão patente que o culto baseado no continente ancestral é como brincadeira de criança. O candomblé, para usar o termo genérico, é sem dúvida autêntico, e nós não queremos discutir tudo isso. O que fica problemático é que a religiosidade não se vincula à sobrevivência do povo: a presença, a preservação, o progresso de uma raça desumanizada e reduzida ao nível da penúria. Você não pode comer a religião. Você não pode determinar seu destino sociopolítico se você passa sua vida inteira no terreiro, sobretudo quando o culto é tratado como folclore, ou como a prisão reservada para os marginalizados que, tragicamente, não entendem esta situação de sem-poder. A religião não pode sobreviver fora das questões econômicas, políticas e sociais. O candomblé precisa agarrar o momento e usar seu poder espiritual para influenciar a vida dos negros na sociedade.

Outro aspecto da africanidade brasileira é a cultura, no sentido holístico: é a totalidade das experiências e essência de um povo, inclusive o passado e o presente, os dois combinados numa projeção ao futuro, para a sobrevivência do povo como parte simultaneamente integral e particular da humanidade.

Assim, a África não é só um passado que os negros podem esquecer – e ao qual se referem nos momentos de divertimento –, mas um presente, uma presença significando a continuidade útil a todos os africanos do mundo. Alguns diriam que a África, a África atual, ainda desperta seu orgulho, apesar de sua realidade: ditadura e corrupção. Contudo, acho que essa realidade pérfida se concretiza numa minoria de monstros, e que a maioria de africanos são vítimas. Ao nível do povo, os afro-brasileiros e os africanos podem e precisam reunir-se numa nova negritude, uma revolução afirmando a força do nosso povo.

A educação, se diz sempre, é a chave. Por que nossas crianças não têm lugar lá em cima no lugar ao qual elas pertencem? Por que não temos um Pelé na medicina, na engenharia, nas mais sérias indústrias? Por que não temos um presidente negro, visível, negro como pode ser o negro, e orgulhoso de o ser? Nós não precisamos continuar a servir como divertidores no campo de futebol, no teatro, nos terreiros de candomblé, no carnaval. Precisamos sair da vida da beira. Nós, negros, precisamos ir ao centro da vida e expressar nossa aversão para especialistas que explicam com a ciência o racismo, como se o fato de ser negro não seja problema humano em toda parte fora da nossa comunidade e, também, algumas vezes dentro da nossa comunidade confusa pelas idéias depravadas de uma civilização que é, na verdade, uma barbaridade.

Quando falamos da consciência negra no Brasil, pensamos no trabalho importantíssimo do Movimento Negro Unificado (MNU), organismo fundado nos anos 70 e potencialmente salvador dos oprimidos. A afro-americana Niani comenta: "O MNU pode ter um grande efeito na política brasileira... Suas atividades estimulam discussões invulgares [sobre o racismo brasileiro] apesar de que, em geral, a sociedade continua negando a existência deste problema. Em seu primeiro ano, o MNU despertou uma nova consciência racial e o orgulho numa seção pequena mas bem organizada da população afro-brasileira." (Hellwig: 226) Por outro lado, esta crítica afro-americana também escreve: "A existência de contatos interraciais [desse tempo] era uma fraude da realidade da desigualdade insuperável." (Hellwig: 236).⁶ A fraude continua até hoje. O MNU está bem organizado, mas pode melhorar muitos aspectos do organismo. Os porta-vozes falam sem parar. Infelizmente, só o falar não resolve problemas; a ação o faz. Parece-me que à retórica revolucionária do MNU falta o peso da convicção e da coordenação, para conduzir o povo à verdadeira liberdade. O Brasil é tão grande, tão mestiço em sua mentalidade, que o MNU tem uma obra dificílima na mão.

Conclusão: rumos para frente

O mais importante é que nossos irmãos e irmãs afro-brasileiros despertem mentalmente, que aceitem e afirmem sua negritude, primeiro, em se chamando "negros", com a certeza que a palavra exprime o orgulho na cor, na África, e na cultura afro-brasileira. A África seria então o ponto de apoio à luta pela verdadeira liberdade do nosso povo. Estou pedindo para os africanos construírem pontes através do Atlântico, cientes de que nenhum filho da África – no continente ancestral e na diáspora – poderá sobreviver ao assalto dos nossos opressores sem nossa força de povo unificado. A pior tragédia da escravidão reside na devastação psicológica: o negro de hoje tem lá em sua alma os vestígios da execrável opinião de inferioridade diante do outro implacável, o branco. Isso explica muitas ações do negro na sociedade racista. O africano precisa ter compaixão para compartilhar a carga de reabilitação do negro afro-americano e do afro-brasileiro. É interessante, e trágico, que na véspera do século XXI, o racismo esteja piorando tanto nos Estados Unidos como no Brasil. Simultaneamente, na África, as ditaduras, sintomáticas do neocolonialismo, ficam mais fortes que nunca. Ora, por que não nos unificar para a luta definitiva?

Estão se multiplicando os perigos que confrontam nossa luta, inclusive uma nova posição contestável, o "multirracialismo".

---

6. Citemos o famoso Gilberto Freyre como modelo do racismo mascarado pela imagem de um povo mulato. Para uma crítica dessa situação hipócrita, ver Fernandes (1969, p. 144).

O esporte americano tem um herói jovem, Tiger Woods. Seu pai é afro-americano, e sua mãe, coreana. Então, ele se chama "cablasiano", para combinar suas três raízes: caucasiana, negra e asiática (*Caucasian/Black/Asian*). A mim parece estranho que este negro talentoso veja a necessidade de dissimular a realidade de sua vida. O fato de começar sua invenção com a parte branca é muito significante. E já que ele usa a referência cultural para a raiz maternal, por que não fazer o mesmo para o lado paternal? Que nós nos entendamos bem: a idéia do multirracialismo segue o passo do racismo de uma sociedade elevando o elemento branco até o ideal humano. Então, o "negro multirracial" – caso de Tiger Woods – celebrando seu lado branco que, segundo ele, está esquecido pelos negros negrificados, é passível de culpa de um duplo pecado: contra a raça negra e contra a raça humana. Ele alegaria que a necessidade de proclamar a humanidade do negro não é o resultado do racismo branco. Ele esquece assim o fato de que, hoje mesmo, ao final do século XX, existem demasiadas manifestações deste racismo. Ele deve saber que sua tentativa de afirmar seu lado branco é precisamente um novo *passing*, a negação do componente negro, a ênfase sobre a presença branca, para entrar e desaparecer na sociedade branca. Infelizmente para o negro multirracial, tudo o conduz ao exílio, à alienação, ao dilema do marginalizado sem esperança de chegar ao paraíso exclusivista branco. Porque, como o diz Frantz Fanon, o branco criou o negro (1952, p.13); ele também criou o mulato, e "o negro multirracial" que, abatido por sua temporada neste mundo das vítimas, exprime o direito de afirmar-se filho dos felizes opressores. O que aconteceu no passado vai se repetir: o multirracialismo não resolverá nada; apenas vai fracionar a luta contra o racismo. Se Tiger Woods foge da bala psicológica do racista por meio de sua classe social e sua riqueza, ele se expõe todavia ao perigo de uma bala perdida. Na verdade, esse negro denegrificado é sempre negro no ponto de vista da sociedade racista.

Precisamos também solicitar ao governo do Brasil que faça menos obras de papel e mais de trabalho concreto, para dar poderes e justiça aos negros. Nós não queremos um falso paraíso racial onde a cor negra continua sempre em baixa. O governo precisa aceitar o fato do racismo branco e fazer tudo para desenraizá-lo, com ações que concretizem igualdade, justiça e uma vida na qual o rosto não faz com que o negro seja inferior; uma vida que crie possibilidades ao negro; uma vida sem privilégios ao branco. O Congresso Afro-Brasileiro de 1997 mostra outra vez que são pesquisadores brancos que estão falando sobre o negro. O governo é culpado de ter estabelecido esta situação vergonhosa. Alguns pesquisadores são culpáveis: linchadores acadêmicos, terroristas modernos, são representantes do imperialismo com o objetivo de dominar o negro. São os "irmãos superiores/civilizados ajudando o pobre negro incapaz de se ajudar". Assim, o negro é sempre objeto na mão do pesquisador magnífico, e nós podemos pensar na época da escravidão quando nosso povo foi propriedade do senhor da plantação. O negro precisa ser o senhor do seu próprio destino; não mais coisa, e sim ser humano; não mais espectador, e sim participante no grande jogo existencial.

O afro-brasileiro, porém, não pode efetuar sozinho este trabalho de re-humanização. O africano e o afro-americano têm a responsabilidade de unir-se com ele nesta luta verdadeiramente revolucionária. Até hoje, os pesquisadores só têm interesse em nos "reconstruir" após nos haver destruído, sem nos pedir autorização! O resultado: estudos analíticos, empíricos, digamos imperiais, e imperialistas. Por exemplo, quando um pesquisador, subvencionado por uma famosa fundação, pergunta a seu público "se o negro é tão inteligente como o branco", ele demonstra, pelo menos, uma ignorância absurda do essencial, porque já sabemos que a inteligência não tem base na raça. O pior é que o suposto universo moderno usa os detalhes dessas pesquisas racistas para julgar o negro. Nós, intelectuais negros, temos muito trabalho para fazer.

O lugar de onde vamos começar a luta é dentro da nossa comunidade, da nossa raça, porque alguns negros ainda se sentem brancos, civilizados, escravos do Ocidente implacável. Os africanos têm na cabeça o sonho americano que, infelizmente, é uma realidade horrível para os negros. Os afro-americanos, como americanos, compartilham tanto o sonho impossível como a obsessão de lutar sempre contra um inimigo. No passado, foi o comunista; hoje, após a Guerra Fria, a identidade do inimigo muda a cada dia. Um fato constante: o negro se vê tratado como inferior. O afro-americano, sempre americano, quer afirmar sua superioridade. Durante os meses passados, alguns negros dos Estados Unidos visitaram o Brasil. O venerável Jesse Jackson, chefe da "coalizão do arco-íris", organismo civil lutando pela emancipação econômica dos pobres, veio à Bahia onde almoçou e jantou com representantes do povo brasileiro, inclusive os líderes negros. Eu estava lá na Casa do Benin[7], observando a multidão entusiasmada pela personalidade americana. Ora, o que aconteceu após os discursos e os abraços? Eu acho que nada.

Outra personalidade foi lá no mesmo Pelourinho, antes de Jesse. Outro Jackson, o famosíssimo Michael, que cantou e cantou com "os nativos" (pensamos nos selvagens dos matos) ao gravar seu disco popular. O quase branco Jackson demonstrou a consciência negra fazendo isso? Ele usou a banda do grupo Olodum, já conhecida pelo público internacional. Então, os dois lados ganharam muitos dólares da cooperação. E o povo negro? Nada.

O que nos faz refletir sobre a cultura, distinta do divertimento e do círculo materialista. A vida do povo está cheia de ídolos que não sabem nada da cultura, força revolucionária para a sobrevivência do povo. Ser negro no mundo, viver a cultura negra, isto é baseado na nossa essência humana, nosso humanismo remontando até as raízes da nossa existência. Explica a sobrevivência da africanidade, apesar do programa de destruição preparado pelos opressores. Separação de nações, de famílias, dispersão sistemática para eliminar toda resistência. Ainda sobrevivemos na diáspora, mais fortes que nunca, sólidos nesta cultura negada pelo dono que lhe está tomando emprestado aspectos, sem dizer obrigado.

Devemos perguntar aos governos da África o que estão fazendo para resolver os problemas de nossa raça. A pergunta vai sobretudo ao governo da Nigéria, de onde chegaram muitos dos escravos (a nação ioruba é o berço da cultura diasporiana). O governo nigeriano não está fazendo nada para reconhecer o Brasil como país com raízes

---

7. Durante a minha temporada como professor visitante da Universidade Federal da Bahia, morei num apartamento em cima da casa do Benin, edifício simbólico da presença africana. A Casa tem um restaurante embaixo; também uma sala de exposição de arte e uma sala de conferência. A Casa está no Pelourinho, velha habitação dos escravos e lugar de seu enforcamento. Hoje, o Pelô se coloca como símbolo da liberdade.

africanas[8]. Se ele fizesse isso, o Brasil talvez se tivesse comportado de maneira recíproca e, ao mesmo tempo, exaltaria sua africanidade. Devemos ir além do comércio, do futebol, também do candomblé, até o ponto onde, igual ao contexto afro-americano, o Brasil negro e a África negra se esforçarão para expressar e explorar seus laços naturais. Falemos do exemplo da educação. A Universidade Obafemi Awolowo da Nigéria (Ifé), onde eu trabalhava, firmou acordos com três universidades brasileiras – São Paulo, Brasília e Salvador – há alguns anos. Os alunos da língua portuguesa da universidade nigeriana passavam temporada de seu "ano no exterior" aqui no Brasil, seguindo cursos e vivendo a cultura brasileira. Sua temporada na Bahia é de importância particular, por causa da africanidade deste estado[9]. Ora, infelizmente, apesar de nossas sugestões, os alunos de língua inglesa preferem ir aos Estados Unidos. Queria me referir ao convite recente para a minha permanência como professor visitante na Bahia. É um sinal positivo do que podemos fazer nos estudos da cultura africana. Contudo, me entristece a UFBa não ter programa acadêmico de estudos africanos. Sei que os alunos afro-brasileiros querem tal programa. Tenho fé que o Magnífico Reitor vai pensar em estabelecer logo esse programa.

Para terminar, quero afirmar a necessidade da cooperação entre africanos, afro-brasileiros, afro-americanos e todos os outros africanos da diáspora, em todas as facetas existenciais. Por que não temos nossas teorias nas pesquisas intelectuais? Os elementos de base estão lá na cultura africana. Com certeza, os euro-americanos vão propagando a superioridade de suas teorias. Do nosso lado, temos a responsabilidade de insistir sobre a eficácia das nossas teorias, da nossa cultura, da nossa unidade. Abdias do Nascimento nos informa do hábito das editoras brasileiras, de editar e traduzir em línguas estrangeiras apenas os autores e "cientistas" que "criaram a intricada rede de teorias superficiais, idealizando o branqueamento da raça brasileira". (cit. in Moore, 1995, p.101) Então, por que não

---

8. Na verdade, é uma questão de reciprocidade: o Brasil se comporta de maneira branca. Por outro lado, a Nigéria, com seu governo de raízes árabes, não quer encorajar a cultura ioruba. É uma situação infeliz, porque a Nigéria pode ser o centro muito forte da revolução negra no mundo.

9. Nota dos organizadores: no ano de 1998, o convênio com a UFBa (CEAO) foi reativado com a presença de sete estudantes nigerianos em Salvador.

estabelecermos nossas próprias editoras? Nossos grandes autores e pensadores, inclusive Aimé Césaire, e W.E.B. duBois, e Es'kia Mphahlele, e Abdias do Nascimento, sublimam a ausência da unidade negra e a enorme necessidade do engajamento na luta, nova mas velha, da raça. Nossa luta no século XXI será o que tem sido durante todo o século XX: a luta contra o racismo que não nos dá a possibilidade de assumir e de viver nosso destino humano.

Aos "civilizados", que dizem ser a classe a principal causa da condição do negro, respondemos com a palavra da pesquisadora afro-americana, Iva Carruthers: "A classe é um fator de importância; o racismo é o fator de causa. Se confundimos as conseqüências do racismo com o classismo e os interesses e sucessos dos indivíduos com o grupo, chegaremos em escuridão racial-étnica. Se escolhemos o caminho da escuridão racial-étnica num tempo em que outros povos do mundo inteiro estão defendendo sua identidade racial-étnica, optaremos pela autodestruição." (in Chilumgu, 1989, p.181).

Referências bibliográficas

CHILUMGU, Simeon W. *African continuities/L'Heritage africain*. Toronto: Teberi, 1989.

ELKINS, Stanley. *Slavery:* a problem in American institutional and Intellectual Life. Chicago: Chicago University Press, 1959.

FANON, Frantz. *Peau noire, masques blancs.* Paris: Seuil, 1952.

FERNANDES, Florestan. *The negro in Brazilian society.* New York: Columbia University Press, 1969.

HELLWIG, David J. *African-american reflections on Brazil's racial paradise.* Philadelphia Temple University Press, 1992.

HERSKOVITS, Melville J. *American Sociological Review*, n° 8, pp. 394-404, agosto de 1943.

MOORE, Carlos. *African presence in the Americas.* Trenton, NJ: Africa World Press, 1995.

NASCIMENTO, Abdias do. *O genocídio do negro brasileiro.* Rio de Janeiro: Paz e Terra, 1978.

OJO-ADE, Femi. *Of dreams deferred, dead or alive, African perspectives on African-American writers.* Westport, Ct: Greenwood Press, 1996.

CARRO DO ANO, CELULAR, ANTENA PARABÓLICA — SÍMBOLOS DE UMA VIDA MELHOR?
Ascensão Social de Negro-mestiços através de Grupos Culturais em Salvador – o Exemplo do Olodum

Petra SCHAEBER*

Resumo

Nos últimos vinte anos, a cultura afro-brasileira tem se apresentado como estratégia de sobrevivência para negro-mestiços[1]. Entre outros, são os blocos afros, grupos carnavalescos que surgiram nos anos 70 para denunciar o preconceito racial contra negros. No decorrer do tempo, alguns deles alcançaram notoriedade no cenário nacional e internacional de música. Entre os blocos afros é sobretudo o "Grupo Cultural Olodum", com suas práticas de administração e mercantilização, que cumpre um papel importante para a mobilidade social de jovens negro-mestiços. Os integrantes do grupo mostram as transformações nas condições de vida, primeiramente na aquisição de bens de consumo típicos de classe média, como celular, carro do ano ou parabólica. Mas, o que realmente define a posição social? Somente a conta bancária ou os símbolos de status? Este texto discute as possibilidades e limites de mobilidade social através de um grupo cultural oriundo do antigo gueto Pelourinho.

---

*Jornalista, Doutoranda na Universidade Livre de Berlim; Mestrado em Economia na Universidade de Colônia, Alemanha; membro do grupo de pesquisa S.A.M.BA, Bahia.

1. Preferi usar o termo negro-mestiço, mesmo pouco usado no Brasil, primeiro, porque abrange todo o universo de miscigenação afro-indígena-européia, e, segundo, porque não tem conotação pejorativa.

O mito da democracia racial

> "Com muita surpresa se nota que todas estas raças visivelmente separadas pela cor vivem em completa sintonia uma com a outra... O que em outros países só está manifestada no papel, a absoluta igualdade de cidadania na vida pública e privada, mostra seus efeitos na vida real, nas escolas, nos cartórios, nas igrejas, nas profissões e no serviço militar, nas universidades e no corpo docente: é muito emocionante de ver as crianças de todas as nuances da pele humana – de chocolate, leite e café – braço no braço saindo da escola, e este companheirismo de corpo e alma alcança até os degraus mais elevados, nas academias e cargos. Não tem limite de cor, nem nenhuma divisão em camadas e nada mais óbvio dessa convivência do que a ausência de qualquer palavra rebaixadora na língua." (Zweig, 1984, p.13)

Com poucos países se associa a idéia de homens das mais diversas cores vivendo em harmonia como com o quinto maior país do mundo. Mais ou menos como o escritor austríaco Stefan Zweig descreveu há 60 anos com entusiasmo no seu livro *Brasil — país do futuro*. Isso foi logo depois que o sociólogo brasileiro Gilberto Freyre deu uma base teórica ao mito da democracia racial com sua obra *Casa grande e senzala* (Freyre, 1992). Até hoje o Brasil mantém a imagem de país no qual as diferentes etnias vivem em harmonia, especialmente negros e brancos – mas a realidade foge destas simplificações. Será que Stefan Zweig deixou-se enganar tanto, será que ele foi vítima das idéias vigentes da época ou será que o livro realmente foi uma obra de encomenda do regime Vargas com o alvo de melhorar a imagem do Brasil no exterior[2]? Não é este o assunto em questão, mas de qualquer forma

---

2. Há várias interpretações em torno da elaboração do *livro Brasil — país do futuro* veja Drekonja-Kornat (1998).

o texto dele apresenta toda uma noção das formas das relações raciais.

As observações de Zweig estão certas de que, após a abolição da escravatura, não houve segregação das raças com base numa legislação separatista como nos Estados Unidos. Também é verdade que, tanto durante como depois da época colonial, a mestiçagem entre homens de origem africana, indígena ou européia no Brasil era muito mais intensa do que na América do Norte. No final do século passado, quando o país estava num processo de transformação para se estabelecer como nação independente, a teoria e a prática da ideologia de branqueamento, processo de "branquear" o povo brasileiro, ao longo do tempo através de miscigenação e migração européia, tornaram-se um dos fatores decisivos na formulação de uma identidade própria brasileira (entre outros, Hasenbalg, 1979; Ortiz, 1985; Skidmore, 1989). A idéia proposta pela obra de Gilberto Freyre, de uma convivência harmônica entre europeus, negros e índios, beneficiou especialmente o governo populista do presidente Getúlio Vargas para consolidar a sua influência. Alguns componentes da até então reprimida e em parte até proibida cultura negra – como a capoeira – foram elaborados como símbolos tipicamente brasileiros, principalmente o samba (Vianna, 1995). Desde os anos 30 o mito da democracia racial faz parte da auto-imagem do Brasil.

Quem chega ao Brasil, do exterior, mais cedo ou mais tarde se dá conta de que a maioria dos garis, dos trabalhadores na construção, dos estivadores no cais do porto, das empregadas domésticas e das faxineiras, dos cobradores de ônibus e das crianças na rua que limpam os vidros de carros tem pele escura – sendo na maioria das vezes descendentes de negro-mestiços. Nos cartórios, nos consultórios de medicina, nas universidades ou na assembléia de vereadores, na maioria das vezes domina a pele mais clara. Também nos hotéis de cinco estrelas, nos bons restaurantes e nos aviões, por exemplo, os brasileiros de pele escura são minoria.

Zweig enganou-se quando negou a divisão da sociedade em camadas, presumiu possibilidades iguais de educação e distribuição de renda e considerou a linguagem livre de preconceito racial – os dados sócio-econômicos mostram outra realidade (entre outros, Hasenbalg & Silva, 1988; Ibase, 1989; Datafolha, 1995). Os negro-mestiços estão apenas parcialmente integrados na economia formal e pertencem na sua maioria às camadas mais baixas da população, com renda de até dois salários mínimos. Eles representam uma fatia muito grande dos analfabetos (um em dois negros[3], cf. Ibase, 1989, p. 27) e somente 4% dos estudantes são negros (cf. Datafolha, 1995, p. 43). A mobilidade social no Brasil é fraca e a ascensão social fica mais difícil para a parcela negro-mestiça da população.

Não é somente no Brasil. Também na maioria dos outros países da América do Sul e do Caribe, e especialmente nos Estados Unidos, a divisão da sociedade em camadas está relacionada com sua composição racial e étnica. Todos estes países têm em comum pessoas de descendência européia pertencerem às camadas mais altas enquanto a larga base da pirâmide social é composta por pessoas de pele mais escura, descendentes de africanos ou indígenas.

Diferentemente dos outros países sul-americanos e dos Estados Unidos, os negro-mestiços não formam uma minoria na sociedade brasileira. Cerca de 45% dos brasileiros são das categorias "negra" e "parda" (Ibase, 1989). Relativamente tem quatro vezes mais negro-mestiços na população do Brasil do que afro-americanos nos Estados Unidos (Skidmore, 1992). Diferentemente dos Estados Unidos, onde as linhas de separação entre negros e brancos são mais nítidas, a identidade negra no Brasil continua sendo indefinida, dependendo da situação.

> "So, a person that in an English-speaking country in the America's is simply 'black', can be negro during carnival and when playing or dancing samba, escuro for his work-mates, moreno or negão (literally big black man) with his drinking friends, neguinho (literally little black man) for his girlfriend, preto for the oficial statistic and pardo in his birth certificate" (Sansone, 1994, p.11)

Os negro-mestiços brasileiros não se vêem nem são vistos como uma minoria étnica pelos brasileiros mais claros. A cidade

---

3. O termo negro é usado pelas categorias do IBGE.

da maior população negro-mestiça continua sendo Salvador, que tem, entre 2,5 milhões de habitantes 80% de negro-mestiços.

Mesmo pertencendo na sua maioria aos estratos de renda mais baixos, há um percentual pequeno de negro-mestiços que faz parte de uma classe média. É um número significativo de cerca de 7 milhões de negro-mestiços com uma renda familiar média de mais de US$2.300 (*Gazeta Mercantil*, 30.12.1997). Há pouco tempo esta parcela de consumidores foi descoberta por algumas empresas, como a linha de cosméticos O Boticário ou o fabricante de meias Tri Fil. E somente há cerca de um ano existe uma revista direcionada para este público no mercado. No estilo de moderna revista para mulheres, a revista *Raça* sai com uma tiragem de 150.000 exemplares dirigidos aos negro-mestiços.

As diferenças mais drásticas de renda entre negro-mestiços e brancos se apresentam no quadro de trabalho típico da classe média, onde os negro-mestiços são uma minoria (Hasenbalg & Silva, 1988; Ibase, 1989). Isto parece contrariar uma explicação muito comum no Brasil, de que a discriminação aos negro-mestiços não se dá por motivos raciais, mas sim sociais. No entanto, o componente racial se mostra claramente. Quando negro-mestiços ascendem socialmente, tendem a enfrentar uma situação extremamente discriminatória de remuneração. Mas mesmo com as grandes diferenças sócio-econômicas a situação racial no Brasil continua sendo pouco polarizada – diferente dos Estados Unidos, onde as maiores diferenças salariais se apresentam entre brancos e mestiços com baixo nível de educação.

O "racismo cordial"

"Os brasileiros sabem haver, negam ter, mas demonstram, em sua imensa maioria, preconceito contra negros", resume o resultado da mais ampla pesquisa nos anos 90 sobre preconceito de cor no Brasil (Datafolha, 1995, p.11). A pesquisa encomendada pelo jornal *Folha de S. Paulo* mostra que 89% dos brasileiros dizem haver preconceito contra negros, mas só 10% admitem ter um pouco ou muito preconceito. Porém, 87% dos entrevistados revelam algum preconceito em relação aos negros durante a pesquisa (Datafolha, 1995).

A maioria dos brasileiros, como já constatou Florestan Fernandes, "não evita mas tem vergonha de ter preconceito". Discriminação racial em geral não está abertamente admitida, porém idéias e comportamentos discriminatórios fazem parte do cotidiano. Nos anúncios de jornal pede-se uma "boa aparência" para um emprego – e refere-se a um fenótipo europeizado. Fala-se de "gente bonita" – e sabe-se que eles têm olhos claros e cabelo liso e nunca uma pele escura e cabelo duro. Especialmente as frases do dia-a-dia de conteúdo racista não deixam nenhuma dúvida, como, por exemplo, "negro bom é negro de alma branca" ou "negro, quando não faz besteira na entrada, faz na saída" e "as únicas coisas que os negros sabem fazer bem são música e esportes" etc.

O racismo brasileiro encobre-se em uma atitude cordial e demonstra sua cara especialmente quando a ordem social com uma base larga de negro-mestiços e uma pequena camada dominante está sendo colocada em questão. Isto acontece principalmente quando negro-mestiços ascendem socialmente. Na análise do Datafolha, mais de 60% dos negro-mestiços mencionaram ter sofrido discriminação no trabalho. Música e esporte são, até hoje, as áreas onde uma aptidão especial é atribuída aos negro-mestiços. Tanto nelas como nas religiões afro-brasileiras eles podem ocupar espaços de liderança sem se chocar com as expectativas vigentes.

São pouquíssimos os negro-mestiços que sobem até níveis mais altos da sociedade brasileira. O professor da Universidade de São Paulo, Milton Santos, empresários como Adson Carvalho do ramo da informática ou políticos como os senadores Abdias de Nascimento e Benedita da Silva, são até hoje exceções. Mesmo como ministro – ou talvez exatamente como ministro? – Edson Arantes do Nascimento, mais conhecido como o ídolo de futebol Pelé, depara-se de vez em quando com o racismo de alguns dos seus colegas, como, por exemplo, as declarações de conotação racista do então ministro dos transportes Eliseu Padilha de que Pelé e o asfalto seriam os pretos mais queridos dos brasileiros (*Folha de S.*

Paulo 28.6.1997, A Tarde 28.6.1997)[4]. Nos últimos anos, a discussão sobre racismo ganhou destaque no Brasil. O governo hoje em dia não se recusa mais a reconhecer o racismo como problema social. A constituição brasileira considera as diversas formas de racismo como crime inafiançável. O presidente Fernando Henrique Cardoso criou um grupo de trabalho interministerial para o desenvolvimento de políticas públicas, visando a valorização da comunidade negra. Uma de suas conquistas foi a inclusão de negros na propaganda oficial. Além disso, o governo atual reconheceu os direitos dos antigos quilombos.

A sociedade do celular

Cada sociedade tem uma estrutura específica de organização social. Nas sociedades ocidentais eram os estamento, mais tarde as classes, depois as camadas. Quando na Europa ainda havia os estamento, era fácil reconhecer a posição social de um indivíduo. Até o início do século 19, no Brasil havia ainda uma ordem social bem rígida: quem tinha a pele negra, era escravo, quem tinha a pele clara, Senhor. No decorrer deste século a integração dos antigos escravos na sociedade de classes apresentava novas problemáticas (entre outros, Fernandes, 1964; Ianni, 1988).

Com a crescente modernização e globalização, o nosso cotidiano diferenciou-se ainda mais. Não se reconhece mais de imediato a que estrato social um indivíduo pertence, sendo vários os fatores que definem sua posição social. Entre eles, os símbolos de status, como carro do ano, celular, relógio, roupa de grife ou tênis importado, funcionam como sinais e desempenham uma função especial para obtenção de prestígio social. Além disso, o bairro de moradia e os costumes de lazer funcionam como indicadores sobre a posição social tanto quanto o acesso à educação e ao mercado de trabalho. O exercício de direitos não-materiais, como, por exemplo, a influência na vida política e cultural ou o exercício de cidadania, é indício da posição social – como a presença na mídia ou na vida pública. Entre o universo das condições sócio-econômicas e o universo dos estilos de vida existem

---

4. O comentário foi feito durante um seminário em São Paulo.

várias interdependências e são estas interações que definem a posição social (Bourdieu, 1984).

Os símbolos de status estão cada vez mais cumprindo um papel de identificação social. Eles mostram melhores condições econômicas e assim rendem mais prestígio social. O símbolo de status de maior importância no Brasil é o carro. Carros importados (Mercedes, Audi etc.) ou jipes (Pajero, Mitsubishi etc.) parecem ser os modelos preferidos. É de muita importância trocar o carro de ano em ano e sempre estar com o modelo mais novo. Nos últimos anos, o celular virou moda e quanto menor, melhor. Tanto roupa de grife (jeans da Forum ou Zoomp, bermudas da Company etc.) como tênis importado (Reebok, Nike, Adidas) – entre os jovens negro-mestiços na Bahia, especialmente os tênis de basquete como os dos astros da NBA – funcionam como sinais tanto quanto os óculos escuros, relógios ou bonés. Entre os eletrodomésticos os mais importantes são um som potente e a televisão com antena parabólica.

Esta teia de relações fica mais complexa quando outro fator entra em cena: a cor da pele. Até hoje ela determina limites (Bacelar, 1989). Quase que "automaticamente" faz-se uma identificação da posição social. A cor negra está associada ao passado escravista e a características negativas. Estereótipos determinam as expectativas referentes às capacidades e à vida social. Entre outros, por exemplo: negro-mestiços têm suingue, são bons de cama e nos esportes. Normalmente presume-se que não são ricos, não moram em edifícios de luxo e casarões, não andam de carro grande, não costumam fazer viagens internacionais ou de avião, não visitam restaurantes finos e não se encontram nas praias da juventude dourada.

Para muitos negro-mestiços é importante corresponder às expectativas da sociedade dominante. Até certo ponto, pode-se dizer que os negro-mestiços em geral tendem a tomar mais cuidado com a aparência no espaço público. Por exemplo, é difícil imaginar um negro entrar sem camisa e descalço numa padaria de classe média branca enquanto seus compatriotas de classe média branca entram e saem sem "estar nem aí". O dorso dos negro-mestiços fora da praia e do trabalho pesado parece causar um certo desconforto ou até sinalizar uma ameaça.

Quanto mais ascendem socialmente, mais espera-se que os negro-mestiços se comportem conforme os valores dominantes da sociedade. Para muitos deles, a roupa de grife e outros símbolos são de grande importância. Eles funcionam como sinais para mostrar aos outros que conseguiram melhorar na vida. Mas apesar disto, continuam sendo alvos de discriminação racial. Só dois exemplos: quando um negro, que está no volante de um Tempra ou qualquer outro carro de luxo, for parado pela polícia, ou é motorista ou suspeito de ter roubado o carro. Quando um negro freqüenta uma festa privada num bairro de classe média, provavelmente enfrenta o estranhamento de várias pessoas diante de sua presença, que muitas vezes concluem: "só pode ser músico ou artista".

Eu sou negão – uma nova identidade negra

A partir dos anos 70, surgiram, inicialmente na Bahia, novas formas de expressão cultural como meio e símbolo de uma identidade cultural negra (Bacelar, 1989). Através dos blocos afros com suas músicas e danças, se construía uma estética negra própria. Os negro-mestiços usaram o espaço carnavalesco para denunciar o racismo camuflado. Os blocos afros cumpriram um papel importante na formação de uma auto-estima e nascia ali um novo movimento de resistência cultural[5] de negros. Elaborou-se uma identidade negra referida aos diversos elementos estéticos (cabelos trançados em vez de alisados, roupa "africana" etc.), além de tematizar o passado e sua herança africana na música e se pautar na referência política dos movimentos de libertação pan-africanos (Morales, 1990; Moura, 1987; Risério, 1981). Foram vários os seguidores do primeiro bloco afro, o Ilê Aiyê. Entre os mais importantes nos dias de hoje aponta o Olodum, o Ara Ketu, o Muzenza e o Malê Debalê[6]. O desenvolvimento da cultura negra e o do movimento negro foram fortemente influenciados pelas mudanças econômicas e políticas na Bahia e no Brasil. A partir

---

5. Resistência cultural ou cultura de resistência, veja Hofbauer, 1989.

6. Os nomes dos blocos afros são tirados de línguas africanas como o ioruba e o kikongo.

do final dos anos 50, a Bahia passou por um intenso processo de industrialização que teve como um dos efeitos a formação de uma classe de operários negros (Agier, 1992). Nos últimos 20 anos, os processos mundiais de globalização, em conseqüência do desenvolvimento rápido dos meios de comunicação com seus efeitos na indústria de lazer e juvenil, tanto como a expansão do turismo deixaram suas marcas no desenvolvimento de uma cultura negra moderna (Schaeber, 1996). Na medida em que a globalização das sociedades urbanas ocidentais contém elementos de homogeneização, ela oferece as possibilidades para o surgimento de novas subculturas étnicas e para a heterogeneidade cultural (Hannerz, 1989). A troca simbólica entre negro-mestiços, os processos de criação de novos estilos de música e estilos de vida por adolescentes jovens e negros, bem como o seu significado, estão tornando-se cada vez mais parecidos (Gilroy, 1993). Os astros da NBA são ídolos tanto de jovens adolescentes norte-americanos como baianos e a moda rapper está sendo recriada tanto lá quanto aqui.

Olodum – de grupo carnavalesco a empresa cultural

O Olodum foi criado em 1979, no Maciel/Pelourinho. No então abandonado Centro Histórico de Salvador, viviam os mais marginalizados da sociedade – ladrões, traficantes, travestis, prostitutas, quase todos negros. Os ensaios, primeiro no fundo do Teatro Miguel Santana, mais tarde no próprio Pelourinho, eram umas das poucas opções de lazer da comunidade; uma das raras oportunidades de participar do Carnaval dentro de um bloco. Uma modificação fundamental do Olodum ocorreu em 1983, com mudanças de pessoal e a reestruturação para o nome atual – "Grupo Cultural Olodum".

O ano de 1987 marca o estouro musical do Olodum. A canção "Faraó" foi a mais tocada no Carnaval da Bahia. Pela primeira vez, os grandes trios elétricos tocaram um trabalho de um bloco afro. Nascia o samba-reggae. Nessa época, a Bahia musicalmente ainda configurava, no Sul e no Sudeste do Brasil, a imagem de um Nordeste atrasado. O Olodum grava o primeiro disco "Olodum, Egito,

Madagascar", que vendeu mais de 50 mil cópias. A partir de então, o grupo lança anualmente um disco e confirma seu lugar de bloco afro mais bem-sucedido de Salvador.

Paul Simon veio à Bahia em 1988 em busca de novos e autênticos ritmos. A world music conquista o mercado mundial de música – etiqueta conferida a um novo estilo de música, composta de uma mistura de música ocidental pop com ritmos e instrumentos das diversas culturas. No 24º Festival de Jazz em Montreux, Suíça, realizado em 1990, ele apresenta o disco "The Rythm of the Saints". É a primeira viagem do Olodum à Europa. No mesmo ano gravou-se o videoclipe no Pelourinho, exibido em 140 países. A partir de então, o Olodum viaja anualmente à Europa, fazendo shows, participando de festivais etc. A originalidade e força de expressão encontra na Europa um mercado à procura de novos ritmos, diferentes dos já conhecidos, portadores de autenticidade: é a world music.

No Brasil, o Olodum consegue conquistar o gosto do público com diversas músicas. É a música "Requebra", que carimba o verão de 1993/94 e o CD "O movimento" traz o primeiro disco de ouro (100 mil exemplares), mais tarde até um disco de platina (250 mil).

Até meados dos anos 90 o Olodum pode ser considerado como o bloco afro mais bem-sucedido no Brasil e no exterior. Desde o início, o Olodum segue uma perspectiva global. Musicalmente o bloco se reconhece na herança do reggae e representante legítimo da música negra do Terceiro Mundo. Como parte da grande comunidade negra internacional, o Olodum luta contra o preconceito racial. No decorrer de 15 anos, o grupo carnavalesco com alguns poucos integrantes transformou-se numa organização que reúne centenas de pessoas nas diversas atividades. Embaixo do teto Olodum reúnem-se o Bloco de Carnaval, a(s) Banda(s) Show, as Bandas Mirim e Juvenil, a Escola Criativa (ECO), a Fábrica de Carnaval, o Bando de Teatro, a Editora etc.

Por enquanto, o último grande momento na trajetória do Olodum aconteceu em 1996: Michael Jackson, o megastar da música pop no final deste século, veio para o Pelourinho gravar um videoclipe com os percussionistas do Olodum.

Passando fronteiras com o Olodum

O Grupo Cultural Olodum é um dos blocos afros que se oferece para refletir sobre questões em torno da ascensão social de negro-mestiços. Não interessa aqui quem, como ou por que alguém conseguiu ascender socialmente através das atividades no Olodum. Gostaria de chamar atenção para os diversos assuntos entrelaçados nesta temática.

Num primeiro momento nos interessa a questão do aumento de renda através do grupo. É uma questão muito complexa, que se dá de formas diferentes. Vamos só arriscar um olhar de fora. Dinheiro no bolso torna-se visível com a aquisição de bens de consumo, que desempenham um papel de símbolo de status. Para muitos integrantes do Olodum, como para a maioria dos brasileiros, a compra de um carro novo teve maior importância. No Terreiro de Jesus, onde muitos integrantes da diretoria do bloco estacionavam os carros, os vários modelos de Monza, Omega ou Tempra foram sinais nítidos do sucesso, muito comentados pela comunidade negro-mestiça local. Mas também alguns percussionistas do grupo conseguiram comprar um carro, na maioria das vezes um modelo mais velho e menor. Constata-se uma diferença entre o grupo de diretores e o grupo de percussionistas. Aqui não interessa essa diferença, mas sim o fato de ter conseguido a aquisição que individualmente significa um grande avanço.

Em segundo lugar, foi a vez do celular que se tornou uma das mais importantes insígnias para mostrar as mudanças pessoais. Antes do celular, a maioria dos integrantes da diretoria usava o bip. O bip já demonstrava a importância adquirida do grupo e dos seus componentes. Entre as primeiras aquisições encontram-se também o som e a televisão com antena parabólica. No bairro humilde do Tabuão, perto do Pelourinho, por exemplo, a primeira casa a ter antena parabólica é de um percussionista e o som potente de outro músico pode ser ouvido até no cais do porto.

Fazer parte do Olodum facilitava atividades típicas da classe média e alta e com isto rendia prestígio social das mais variadas formas. De grande importância são as inúmeras viagens no Brasil e para o exterior. Desta forma, muitos percussionistas, cantores e diretores chegaram a conhecer as diferentes regiões do Brasil – São Paulo, Rio, Brasília etc. – e também os diferentes países da Europa, os Estados Unidos, Japão ou alguns países da África. Para a maioria deles foi a primeira vez que entraram num avião, forma de transporte tipicamente classe média e alta.

O grupo conseguiu ocupar também espaços "nobres", normalmente de difícil acesso para negro-mestiços, a não ser pela porta de serviço, como, por exemplo, hotéis de cinco estrelas, restaurantes e também os diversos ambientes de empresas e instituições políticas.

O prestígio social adquirido pelos integrantes do Olodum aparece também na crescente atração que o grupo exerce sobre outros negro-mestiços. O prestígio de fazer parte do grupo e as supostas ou reais melhorias das circunstâncias de vida através do grupo são de grande fascínio, principalmente diante de poucas opções.

Com o crescente sucesso, fazer parte do Olodum também beneficiava e facilitava projetos pessoais de alguns integrantes. Exemplo: depois de crescer com o grupo, dois cantores separam-se para seguir uma carreira solo. Debaixo do teto do Olodum era possível despertar mais interesse, tanto da mídia como, em geral, para projetos já desenvolvidos; por exemplo, a fama do grupo tornou mais conhecido nacionalmente o trabalho do estilista que desenhava as fantasias ou as idéias sobre o conceito educacional de pedagogia interétnica implantada na Escola Criativa. Evidentemente que nestes casos sempre se trata de relações ambíguas, porque houve benefícios para ambos os lados.

No auge do sucesso, mimado pela mídia, qualquer trabalho no Olodum dava mais prestígio, seja como secretária, balconista ou telefonista. Contatos com empresas, instituições políticas, representações diplomáticas e a imprensa. O Olodum orgulhosamente adota uma forma de trabalhar em grande estilo – a diretoria numerosa, as reuniões, as entrevistas coletivas de imprensa etc. Imagina-se que um emprego de tal prestígio no Olodum dificilmente pode-se comparar com a situação de trabalho de alguns integrantes que, sem escolaridade formal completa, trabalhavam como guardador de carro ou ajudantes na funerária.

Até no nível afetivo, fazer parte do grupo traz benefícios para alguns integrantes. Muitos percussionistas citam o fato de poder namorar mais. Com o Olodum parece ser mais fácil namorar com pessoas de outro nível social ou até do exterior. Houve até casos de começar uma vida nova como, por exemplo, o percussionista que em 1994 viajou com o Olodum para a Europa, abandonando o grupo em seguida para casar-se com uma alemã.

As melhores condições econômicas possibilitam a aquisição de símbolos de status, mas isso não necessariamente significa melhoria na posição social. Os integrantes do Olodum continuam sendo negro-mestiços numa sociedade preconceituosa. Tanto no volante do carro importado como no avião ou no hotel de luxo a maioria conta casos de discriminação racial. Para ascender socialmente, precisam mais que dinheiro.

A influência política e cultural, tanto como a representação na mídia e o processo de formação de opinião, estão entrelaçadas com esta questão. É nisto que o Olodum também se distingue de outros grupos de música ou carnavalescos, como as escolas de samba. A denúncia do preconceito racial tem praticamente a mesma importância para a identidade e as atividades do grupo como a música. Os blocos afros originaram-se do protesto racial, no qual a música foi o veículo de denúncia.

Desta forma alguns integrantes do grupo fazem (ou faziam) parte de grupos culturais e políticos do movimento como o Grupo de Trabalho Interministerial e a Fundação Palmares. O Olodum procura manter relações com políticos nacionais e internacionais. Integrantes do Olodum participam de congressos e debates sobre questões raciais, como, por exemplo, do V Congresso Afro-Brasileiro, ou fazem palestras em universidades e casas de cultura, tanto no Brasil como no exterior.

A representação na mídia e a participação no processo de formação de opinião são outros fatores que possuem uma ligação com a posição social. O Olodum conseguiu ocupar espaços nobres na mídia, como as "páginas amarelas" da revista *Veja* ou o programa de entrevista de Jô Soares e os usa para a denúncia.

O uso da mídia no caso do assassinato de um percussionista por um PM em outubro de 1994 é um exemplo marcante para a possibilidade de pressão pública provocada pelo Olodum. Observando a realidade baiana, tem-se a impressão de que a rápida punição do PM foi provocada pela pressão pública e pelo prestígio do grupo (*A Tarde* 25, 26, 27, 28.10.1994; 21, 24.11.1996).

A caminho de uma sociedade sem discriminação?

Com o movimento dos blocos afros, a discussão sobre racismo tomou novos rumos. Com o sucesso da música, estes grupos culturais começaram a oferecer estratégias de sobrevivência para negro-mestiços, com a ampliação de atividades fora do circuito de Carnaval. Os blocos afros, num primeiro momento, oferecem possibilidades de mobilidade social através das "típicas" carreiras de música e cultura. Mas eles se diferenciam pela combinação de música com atividades culturais e políticas para denunciar o preconceito racial. Isso influencia tanto no número como no quadro de atividades.

A transformação do Olodum de grupo carnavalesco a "holding cultural" (Dantas, 1994) é um processo singular entre os blocos afros. Hoje, a música é "um" produto da marca Olodum, que pode ser considerada uma das poucas empresas "negras" do Brasil. Olodum vende camisas, bonés e cosmética, faz propaganda para o estado da Bahia e bancos, edita livros, tem um site na Internet e oferece franquia. Intercâmbio cultural com Europa, cursos nos Estados Unidos e palestras no Brasil – e de uma certa forma até o discurso anti-racista tornou-se mercadoria.

Levando em consideração as grandes diferenças individuais, tanto entre as pessoas que desempenham a mesma função no grupo (como, por exemplo, percussionista) quanto os diferentes níveis de atividades no grupo, pode-se resumir que o grupo oferece possibilidades de mobilidade social. Isto fez com que o grupo tenha-se tornado interessante também para muitos outros negro-mestiços.

Mas cuidado! Prestígio social não significa o mesmo que reconhecimento social. Parece até que tem de duvidar de uma verdadeira ascensão social. De que maneira exatamente se dão as diversas formas de mobilidade social, ou se elas são passageiras ou duradouras, isso não cabe aqui nem pode já ser avaliado, por causa do pouco tempo. Para uma futura avaliação há que se ter em vista também quais foram as outras reais oportunidades. Que possibilidades existem para um jovem negro-mestiço sem educação formal completa e renda familiar mínima no Brasil?

O racismo complica e impede a ascensão social de negro-mestiços de formas diferentes. Ele funciona como barreira de mobilidade social. Ele acompanha negro-mestiços especialmente quando conseguem ascender. Com dinheiro no bolso podem-se satisfazer desejos de consumo e adquirir símbolos de status, mas isso não garante o reconhecimento na sociedade. O acesso a espaços que até então "pertenciam" à classe média e alta branca continua ainda vetado. Áreas como a influência política e cultural e a representação na mídia continuam sendo dominadas por esta parcela da sociedade brasileira. Ascensão social, sobretudo, continua um fenômeno individual.

Ultimamente, a discussão do papel da política pública no combate à discriminação racial tomou novos rumos. "Affirmative Action" como nos Estados Unidos ou um sistema de quotas foram discutidos. Parcelas do movimento negro reivindicaram a reparação de danos causados pela escravidão. A discussão é muito complexa. Uma simples adaptação do sistema norte-americano parece ser complicada diante da situação racial brasileira sem limites definidos de quem é e quem não é negro (Sansone, 1995). Especialmente numa sociedade onde a discriminação racial faz parte do dia-a-dia, simples medidas econômicas não trazem automaticamente uma integração à sociedade.

Referências bibliográficas

AGIER, Michel. Novos status e outros novos negros. Questões de identidade entre trabalhadores baianos. *Série Toques*, Salvador, CRH/UFBa, nº1, 1992.

BACELAR, Jeferson. *Etnicidade.* Ser negro em Salvador. Salvador: Ianamá, 1989.

BOURDIEU, Pierre. *Distinction.* A social critique of the judgement of taste. Cambridge MA: Harvard University Press, 1984.

DANTAS, Marcelo. *Olodum* – de bloco afro a holding cultural. Salvador: Olodum, 1994.

DATAFOLHA. *Racismo cordial.* A mais completa análise sobre preconceito de cor no Brasil. São Paulo: Ática, 1995.

DREKONJA-KORNAT, Gerhard. Warum hat Stefan Zweig das Brasilien-Buch geschrieben? In: SAINT SAUVEUR-HENN, Anne (org.) *Zweimal verjugt-die deutschsprachige Emigration und der Fluchtweg Frankreich Lateinamerika 1933-1945.* Berlim: Metropol Verlag, 1988, pp.133-139.

FERNANDES, Florestan. *A integração do negro na sociedade de classes.* São Paulo: Ática, 1978.

FREYRE, Gilberto. *Casa grande & senzala.* Rio de Janeiro: Record, 1992.

GILROY, Paul. *The black atlantic*: modernity and double consciousness. Londres: Verso, 1993.

HANNERZ, Ulf. Culture between centre and periphery: toward a macroanthropology. *Ethnos,* n. 54, 1989, pp. 200-216.

HASENBALG, Carlos. SILVA, Nelson do Valle. *Estrutura social, mobilidade e raça.* São Paulo: Vértice, 1988.

HASENBALG, Carlos. *Discriminações e desigualdades raciais no Brasil.* Rio de Janeiro: Graal, 1979.

HOFBAUER, Andreas. *Afro-Brasilien* – vom "Quilombo" zum "Quilombismo". Vom Kampf gegen die Sklaverei zur Suche nach einer neuen kulturellen Identität. Frankfurt: Verlag für interkulturelle Kommunikation, 1989.

IANNI, Octávio. *Escravidão e racismo.* São Paulo: Hucitec, 1988.

IBASE. *Negros no Brasil, dados da realidade.* Petrópolis: Vozes, 1989.

MORALES, Anamaria. *Etnicidade e mobilização cultural negra em Salvador.* Salvador: FFCH/UFBa, 1990. (Dissertação de mestrado)

MOURA, Milton. Faraó, um poder musical. *Cadernos do CEAS,* nº112, Salvador, 1987, pp. 10-29.

ORTIZ, Renato. *Cultura brasileira e identidade nacional.* São Paulo: Brasiliense, 1985.

RISÉRIO, Antônio. *Carnaval ijexá*. Salvador: Corrupio, 1981.
SANSONE, Livio. 1994: The local and the global in todays Afro-Bahia. Revised version of the paper presented in the CEDLA/CERES WORKSHOP POPULAR Culture: beyond historical legacy and political innocence. 20-23. Sept. 1994, Amsterdam.
_____. 1995: Mudar o imutável. Políticas públicas e desigualdade racial no Brasil e em alguns outros países. *Encontro da Anpocs*, 19, Caxambu, 21 a 27 de outubro de 1995. (Artigo apresentado no GT 19 "Relações raciais e etnicidade")
SCHAEBER, Petra. Os efeitos da globalização sobre a música baiana e o *management* da identidade étnica neste processo. In: *Reunião Brasileira de Antropologia*, 20, Salvador, 14 a 18 de abril de 1996 (GT 19 "Música, cultura e sociedade: pesquisas recentes em estudos musicais no Brasil").
SKIDMORE, Thomas. *Preto no branco* – raça e nacionalidade no pensamento brasileiro. Rio de Janeiro: Paz e Terra, 1989.
SODRÉ, Muniz. *A verdade seduzida* – por um conceito de cultura no Brasil. Rio de Janeiro: Codecri, 1983.
VIANNA, Hermano. *O mistério do samba*. Rio de Janeiro: Zahar, 1995.
ZWEIG, Stefan. *Brasilien, Ein Land der Zukunft*. Frankfurt M.: Suhrkamp Originalausgabe Stockholm, 1984 (1941).

Jornais e Revistas:

A Tarde   25/26/27/28.10.1994, 21/24.11.1996
                 28.6.1997

Folha de S. Paulo (FSP)   28.6.1997
Gazeta Mercantil   30.12.1997
Veja   9.6.1993

CAPÍTULO 2

A QUESTÃO RACIAL À LUZ DA PSICOLOGIA E ANTROPOLOGIA VISUAL

A CONSTRUÇÃO DA IDENTIDADE DO AFRO-DESCENDENTE
A Psicologia Brasileira e a Questão Racial

Ricardo Franklin FERREIRA [*]

Em vários países, entre os quais o Brasil, constatamos uma expressiva presença demográfica de afro-descendentes. No Brasil, país de maior população negra fora da África, os valores ancestrais africanos estão presentes e muito atuantes no processo de desenvolvimento da identidade e da cidadania. Conforme o último censo, na população brasileira a porcentagem de pessoas negras gira em torno de 44,29%. Entretanto, como o brasileiro está submetido a uma "ideologia do branqueamento", muitas pessoas (cuja constituição contém características raciais do negro), ao responderem aos quesitos do recenseamento, negam tais características, o que vem determinar um índice que não reflete, de fato, o perfil étnico-racial do povo brasileiro, permitindo supor que seja bem superior ao oficialmente apresentado. Uma das grandes ironias nacionais é o fato de os negros serem discriminados como "minoria" quando, na realidade, constituem um grupo cujo número atinge metade ou mais da população brasileira.

O homem de origem africana e seus valores foram sistematicamente associados a qualidades negativas pelo europeu, antes mesmo do "descobrimento" do Brasil e do processo de colonização. Deve-se ter em mente que em torno de meados do século XIV a grande agência legitimadora de valores e práticas humanas foi a Igreja que, ainda com os olhos postos na África, procurou regulamentar a ação dos cruzados e colonizadores,

---

[*] Núcleo de Psicoterapia Cognitiva de São Paulo, Universidade de São Paulo (USP).

legitimando invasões, saques e escravidão, sobre negros e sarracenos (Ribeiro, 1995).

O processo de negação da importância dos elementos das cosmovisões de matriz africana, nessa sociedade onde o ideal branco de ego determina aos afro-descendentes o desenvolvimento de auto-imagem negativa acompanhada de auto-estima rebaixada, contribui bastante para gerar condições subumanas de existência, que tendem a perpetuar-se, num processo de exclusão sustentado por complexo mecanismo social.

A constante retroalimentação do preconceito por parte de agências importantes no processo de socialização e formação da identidade e da cidadania, tais como a mídia (Lima, 1992) e a educação formal e informal (Nascimento, 1991), favorece a redução, ou mesmo negação, da importância da presença africana em nosso país.

Neste trabalho, parte integrante de pesquisa mais ampla, a partir de periódicos brasileiros de psicologia, dissertações de mestrado, teses de doutorado e livre-docência, procurei identificar como os psicólogos brasileiros, através de seus trabalhos, vêm se posicionando frente a essa temática.

Cabem as perguntas: que participação vem desempenhando a psicologia brasileira no processo de manutenção ou reversão do quadro aqui descrito? Em que medida poderá vir a favorecer ao afro-descendente o desenvolvimento de uma identidade afirmada positivamente?

Creio serem estas questões relevantes, tendo em vista que a psicologia tem um papel fundamental como disciplina incluída no grupo das ciências que, por sua vez, são ainda as instâncias legitimadoras das "verdades instauradas" em nossa civilização. Assim, a psicologia, como todas as outras ciências, não somente descreve fenômenos mas, mais que isso, seu discurso constitui pessoas. Neste sentido, acredito ser importante verificar, através dos trabalhos desenvolvidos em seu âmbito, se está favorecendo a constituição e manutenção de auto-imagem e auto-estima rebaixadas nos afro-descendentes ou, por outrso lado, favorecendo o processo de reversão desses problemas e contribuindo para a constituição de cidadãos saudáveis sob o ponto de vista psicológico.

Fiz um levantamento e análise de todos os artigos de periódicos brasileiros de psicologia das bibliotecas da USP e PUC de São Paulo, dissertações de mestrado, teses de doutorado e de livre-docência destas mesmas universidades, a partir do ano de 1987, e entre o total analisado foram ressaltados aqueles cujo conteúdo contivesse referência à temática do afro-descendente — artigos sobre matrizes africanas, preconceito contra o negro, discriminação racial, identidade racial etc.

Os periódicos, as dissertações e as teses

Foram analisados 3.862 artigos em 30 títulos de periódicos, 656 dissertações e 393 teses de psicologia, num total de 4.911 trabalhos, o que pode ser verificado na Figura 1.

Figura 1. Comparação dos números de artigos, dissertações e teses de psicologia consultadas (USP; PUC-SP)

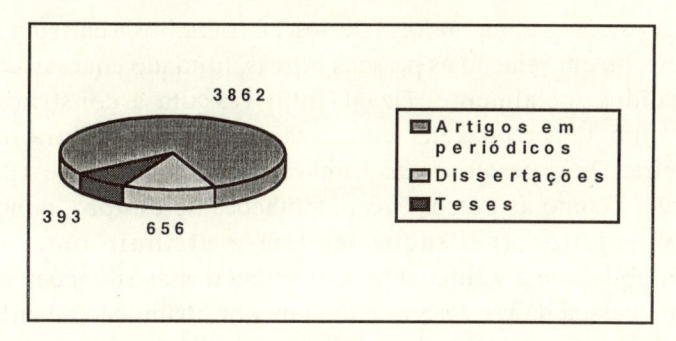

Nestes 4.911 trabalhos, foram encontrados somente 12 que incluíam a temática do afro-descendente, sendo sete artigos de revista, duas dissertações de mestrado, três teses de doutorado (veja a Figura 2). Torna-se importante fazer uma ressalva. Efetivamente havia somente três trabalhos publicados. Os outros nove referiam-se a resumos de apresentações em congressos da Sociedade Brasileira para o Progresso da Ciência, dissertações e teses, todos não publicados. Entretanto, optei, no presente estudo, por examinar a totalidade dos 12 trabalhos, publicados ou não.

Figura 2. Comparação entre o número de trabalhos voltados para a temática do afro-descendente em relação ao número total de trabalhos de psicologia analisados

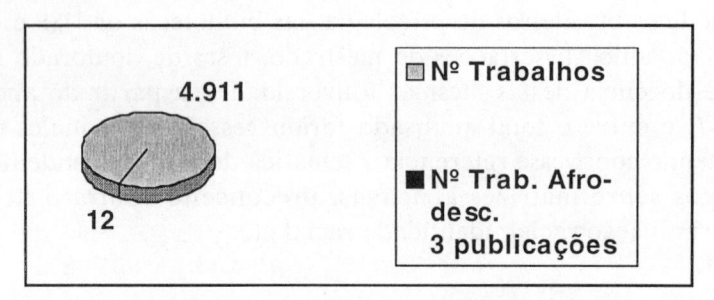

```
4.911                    ☐ Nº Trabalhos

                         ■ Nº Trab. Afro-
   12                      desc.
                           3 publicações
```

Faço agora uma análise destes 12 trabalhos, articulados em seis temas, para que possamos ter um perfil do que a psicologia vem descrevendo, bem como suas sugestões de atuação no referente à temática em pauta.

Preconceito e discriminação

A psicologia, na maioria destes 12 trabalhos, reafirma haver preconceito em relação às pessoas negras, fundado em estereótipos construídos socialmente. Piza (1995) ressalta a construção do estereótipo de personagens femininas negras na literatura juvenil brasileira. Duas pesquisas de Tamayo e outros (1987a e 1987b), estudando como as pessoas vêem situações de estupro, concluem que os sujeitos analisados tendem a atribuir uma maior responsabilidade à vítima pela ocorrência dessas situações se esta for uma pessoa da raça negra e uma menor atribuição de culpa ao estuprador. Na mesma direção, há uma maior atribuição de responsabilidade ao estuprador se este for negro. São resultados que para mim ressaltam a forma perversa que o preconceito toma e "sua legitimação pelo saber oficial".

Preconceito e escola

Um estudo de Hutz & Rampon (1988) procurou avaliar a influência das diferenças raciais e de gênero no resultado do teste do desenho da figura humana, aqui usado como teste de inteligência, uso que, para os autores, é apropriado para crianças de baixo nível socioeconômico. Foram avaliados meninos e meninas, brancos, mulatos[1] e negros. Entre os resultados, um deles aponta diferenças significativas entre raças, ou seja, as crianças brancas apresentaram melhores resultados no teste do que crianças mulatas e negras, isto é, a criança negra "demonstrou ser menos inteligente que a branca". Os autores afirmam que embora os resultados apresentem consonância com outros trabalhos, quanto às diferenças de inteligência entre raças, há certa preocupação com suas conclusões, apontando a necessidade de outros estudos que investiguem a influência de outras variáveis na explicação do fato.

Este trabalho me fez refletir sobre a função do trabalho científico na formação das identidades dos cidadãos. Os achados da ciência têm uma função de legitimação das verdades estabelecidas pelo grupo cultural a que pertencemos e certamente suas conclusões passam a fazer parte das verdades do senso comum. Trabalhos como este, apesar de sua elegância metodológica, se apresentados de forma isolada, sem serem submetidos a uma crítica mais consistente em relação aos instrumentos usados para "medir" a inteligência, podem criar o risco de "confirmar" estereótipos negativos sobre a população negra e integrarem o processo de retroalimentação da discriminação sobre essa população.

Outro trabalho de um destes autores, Hutz (1988), sugere que os estereótipos em relação à pessoa negra já vêm se desenvolvendo em crianças, desde a época escolar. Investigando as atitudes de crianças brasileiras, na faixa etária de 4 a 6 anos, com relação à cor, conclui que as crianças brancas, sistematicamente, apresentam um forte viés pró-branco, isto é, tendem a atribuir ações socialmente desejáveis a personagens brancas em histórias a elas narradas, e um forte viés anti-negro, atribuindo ações socialmente indesejáveis a personagens negras. As crianças negras também demonstram expressivo viés pró-branco, porém não demonstram viés anti-negro. O autor sugere que não há conflito para a criança branca responder pró-branco e anti-negro. Entretanto, as crianças negras, nos itens

---

1. Expressão usada pelos autores do artigo.

que envolvem situações socialmente desejáveis, podem estar refletindo um reconhecimento da situação privilegiada que os brancos ocupam na sociedade. Nos itens que descrevem situações socialmente indesejáveis, as crianças negras apresentam respostas que evitam a caracterização de um viés anti-negro, sugerindo haver um conflito mais intenso para estas crianças e, conseqüentemente, suas respostas reflitam uma rejeição ao preconceito.

Foi realizado um estudo, por Kajihara (1995), com crianças deficientes mentais de 10 a 17 anos, estudantes de classes especiais, para examinar relações raciais na escola. Ao avaliarem a percepção de si mesmos, do professor e dos colegas de classe, tanto os escolares brancos quanto os negros não demonstram comprometimento da auto-imagem ou problemas na relação com o professor e colegas de classe. São resultados que aparentemente indicam uma direção contrária à de outros trabalhos, pois sugerem que, no caso destas crianças, as relações interpessoais entre os pares não parecem ser problemáticas. Pode-se deduzir que essas crianças negras não apresentaram uma auto-imagem negativa ou dificuldades no relacionamento, o que comumente ocorre com crianças negras na fase escolar, como pode ser verificado através da literatura na área da educação (Valente, 1995; Pereira, 1987; Teodoro, 1987; Barbosa, 1987).

Preconceito e relações de trabalho

Dois estudos voltaram-se para o preconceito nas relações de trabalho. Teixeira (1992) procura ressaltar experiências de discriminação racial e resistência negra no mercado de trabalho e Azevedo (1988) descreve uma pesquisa que investigou as relações entre empregadas domésticas e suas patroas. A autora percebeu diferenças nos discursos dessas mulheres. Essas diferenças podem ser entendidas sob a luz, simultaneamente, da ideologia racista e da ideologia sexista que permeiam as relações entre elas. Aponta que há um estranho silêncio sobre a questão do racismo, que tende a ser negado tanto no discurso das empregadas quanto no das patroas. Além disso, há uma clara tendência por parte das empregadas em afirmar a desigualdade, contrapondo-se aos discursos das patroas que enfatizam os aspectos de igualdade.

Preconceito e publicidade

Um dos trabalhos preocupou-se com o uso que seus resultados poderiam ter no sentido de minimizar o preconceito alimentado pela publicidade. Junqueira e cols. (1994) realizaram pelo Centro de Estudos e Pesquisas do PROCON uma pesquisa que visava levantar subsídios para processo de Ação Civil Pública contra discriminação racial contida em propaganda veiculada através de *out-doors* da Benetton, em que aparecem duas meninas – uma de raça branca e outra de raça negra. Os resultados mostraram uma tendência dos entrevistados em perceber conteúdos discriminatórios e desabonadores da raça negra contidos na foto/propaganda, demonstrando que, potencialmente, pessoas podem estar sofrendo violações de seus direitos ao exercício pleno de cidadania. As informações publicadas nos *Resumos da 46ª Reunião da SBPC*, entretanto, não permitem que se tenha uma visão mais precisa sobre a metodologia empregada. Dessa forma, os resultados apontados, de que a foto provavelmente contém aspectos discriminatórios, devem ser vistos com reserva. Para se assumir que esta propaganda esteja favorecendo o preconceito, teríamos de ter informações se o método empregado distinguia aspectos da foto que desvalorizavam explicitamente a imagem do negro da possível projeção do preconceito que as pessoas entrevistadas já carregavam consigo. Creio ser importante essa ressalva, pois quaisquer estímulos podem favorecer a que uma pessoa projete seu preconceito, não sendo imprescindível que tais estímulos contenham informações que evoquem diretamente aspectos raciais. O preconceito, assim como os diversos conteúdos da percepção, é uma construção socialmente mediada, de uma pessoa em relação à outra, determinada por características da pessoa discriminada, porém, principalmente, por parte das crenças da pessoa que discrimina.

Matrizes africanas

Dois estudos, entre seus vários objetivos, ressaltaram e valorizaram matrizes africanas. Lima (1991), através do discurso de alguns mestres, faz uma descrição fenomenológica da capoeira Angola. Ribeiro (1987), num trabalho intercultural com mulheres brasileiras e nigerianas-ioruba, estudou as atitudes com relação à vida *pós-morte* e as posturas desenvolvidas em função dessas atitudes ante o próprio envelhecimento.

Militância negra e estratégias de combate à discriminação

Entre os 12 estudos, aquele cuja preocupação pareceu voltada para uma identidade negra afirmada positivamente foi o de Souza (1991). A autora procurou conhecer a organização e o funcionamento de dois grupos do Movimento Negro e verificar os efeitos do grupo sobre a formação da identidade de seus participantes. Constatou que a participação no grupo levou o militante a recuperar os valores da cultura e da história do negro. Isto permitiu, através de um processo de reconstrução interior, uma revisão de padrões introjetados e o resgate da identidade racial. O grupo de militância passa a ser o ponto de referência, ao oferecer segurança para o enfrentamento da discriminação. Ambos os grupos demonstraram a obtenção de conquistas sociais, culturais e políticas, além de favorecerem a sobrevivência e conservação de valores, símbolos e mitos da cultura africana.

Hipóteses

O número de trabalhos voltados às questões dos afro-descendentes (12) – apenas três publicados – num universo de 4.911 estudos, causou várias indagações. O que poderia tal número, tão reduzido, estar refletindo?

1. Para um amigo, pesquisador e doutor em psicologia, a quem consultei, este dado poderia sugerir que o "psicólogo não tem preconceito racial". Isto explicaria a quase ausência de trabalhos voltados para os afro-descendentes. Se for este o caso, então a psicologia estaria negando uma diferença que efetivamente existe nas pessoas desta população. Quando uma pessoa discrimina outra, de maneira intencional ou não, agindo com base em estereótipos, a apreciação da semelhança é violada. Uma outra alternativa sugere que, quando um amigo branco nega o impacto do preconceito na vida do amigo negro, o reconhecimento da

singularidade, através da experiência, é negado. Rosen (1992) refere-se a essas ocorrências denominando-as de "experiências de desconexão". Estas tendem, nos relacionamentos pessoais, a provocar a falência nas relações inter-raciais e a favorecer a manutenção da discriminação de um grupo de pessoas sobre outro com características raciais diferentes. Assim, sob esta ótica, a ausência de ênfase nas especificidades raciais do afro-descendente, nos trabalhos de psicologia, pode sugerir que a psicologia brasileira corre o risco de estar favorecendo "experiências de desconexão" e, portanto, a serviço da manutenção da discriminação. Não creio ser uma hipótese absurda, pois é uma postura completamente alinhada com o apregoado discurso oficial, de que vivemos uma verdadeira "democracia racial", que camufla as diferenças para que os preconceitos não sejam admitidos.

2. Outra hipótese que poderíamos levantar é a de que o número pequeno de trabalhos reflete um "desinteresse por parte do psicólogo" para com esta população. Se isto for verdadeiro, parece que estamos fazendo uma "psicologia branca" que exclui pelo menos a metade dos brasileiros. Creio que neste caso existem variáveis socioeconômicas que poderiam explicar tal fato. Vários pesquisadores voltados para a problemática do negro brasileiro, entre eles Clóvis Moura (1988), nos apontam o quanto esse grupo é desprivilegiado economicamente. Paralelamente a isto, dados levantados até 1995 mostram que a maioria dos psicólogos dedica-se ao consultório particular (Abreu, Appolinário e Ferreira, no prelo). Sabemos que o atendimento psicoterápico é muito caro, exigindo uma demanda por parte de pessoas de bom poder aquisitivo e, levando-se em conta o exposto acima, pode-se entender um possível desinteresse por parte do psicólogo pela população negra, pois, com raras exceções, os indivíduos desse grupo têm pouca possibilidade de recorrer aos serviços aos quais o psicólogo mais se dedica – a clínica – por não poderem pagar os honorários.

3. Uma terceira hipótese pode ser levantada. As variáveis "raça e origem étnica não são consideradas relevantes" no estudo do homem. Se essa concepção fosse assumida como verdadeira, os psicólogos estariam na contramão da história da ciência. Hoje

coloca-se sob suspeita a própria forma de inteligibilidade do real estabelecido pelo paradigma da ciência moderna. Além disso, já desde o final do século XIX este modelo de ciência vem sendo questionado, tanto em relação aos seus pressupostos epistemológicos quanto em relação ao seu método (Santos, 1989). Os diversos discursos científicos atualmente, na pós-modernidade, assumem que o comportamento humano, seja o dos sujeitos de estudo, seja o do próprio cientista, é um fenômeno fundamentalmente histórico e que as concepções desenvolvidas sobre o indivíduo são construções cuja validade é limitada pela cultura, pelo lugar e pelo momento em que foram desenvolvidas. Assim, as verdades passam a ser vistas como múltiplas, contextuais e ligadas às condições históricas e concretas do homem. Sob essa ótica, ao assumirmos a irrelevância das variáveis raça e origem étnica, estaríamos adotando uma concepção epistemológica objetivista, segundo a qual as particularidades são tidas como meros ruídos participantes dos fenômenos. Esta concepção, vale lembrar, vem sendo questionada há meio século. Tendo em vista a maioria dos trabalhos científicos da psicologia nestes últimos anos, podemos afirmar que muitos já têm assumido a historicidade e o relativismo cultural como constituintes dos processos humanos, porém a maioria deles ainda se baseia numa concepção epistemológica objetivista, em que o "diferente" de um certo padrão estabelecido não encontra lugar.

Conclusões

Tendo em vista a argumentação anterior, sugiro que o psicólogo, constituído no âmbito de uma cultura racista, inevitavelmente terá sua identidade construída e articulada em torno desses valores alimentados socialmente. Outrossim, em sua busca de sobrevivência encontra-se também submetido aos padrões do modelo socioeconômico vigente. Parece-me razoável supor que os psicólogos brasileiros tendem a não se dar conta da importância das variáveis raça e origem étnica, pois suas identidades, enquanto cidadãos, também são construídas em torno da idéia de que no Brasil não há preconceito, de que todas as pessoas são tratadas da mesma maneira e todos têm as mesmas oportunidades de mobilidade social. Além disso, ainda parecem demonstrar uma subjetividade que, constituída em torno de referências epistemológicas objetivistas, apresenta dificuldades para a afirmação da alteridade e a aceitação das singularidades.

Assim, o psicólogo, ao omitir-se em relação aos afro-descendentes, colabora, queira ou não, para manter viva a crença numa "democracia racial brasileira", e na suposta inexistência de preconceitos, ao mesmo tempo que demonstra desinteresse para com uma população cujo nível socioeconômico não permite acesso a seus serviços e volta-se, protegidamente, para seus próprios instrumentos e metodologias de trabalho na busca de essências verdadeiras e descontaminadas de existencialidades, que podem ser muito incômodas.

Sintetizando, o interesse dos pesquisadores da psicologia denota uma atitude discriminatória em relação ao segmento afro-descendente da população. Os estudos por mim analisados sugerem haver suspeitas de que o afro-descendente é menos inteligente; tem-se a expectativa de que pode representar uma ameaça social, como nos apontam os trabalhos de Tamayo e cols. (1987a e 1997b). A propaganda pode favorecer um processo de retroalimentação na manutenção desta imagem, que deve ser camuflada, pois pode-se sofrer um processo civil a partir de sua eventual exposição. Há, entretanto, saídas. Elas podem ser associadas às matrizes africanas, que podem ser afirmadas coletivamente através da participação em grupos de militância. Porém o psicólogo, com raríssimas exceções, parece voltado para suas metodologias e seus conceitos, mantendo uma atitude "politicamente correta" de não se envolver com estas questões.

É possível que a fenomenologia, em sua crítica à lógica da ciência moderna, a uma metodologia de um conhecimento científico que rejeita do âmbito do real tudo aquilo que não se subordina à sua noção de verdade, possa ser uma força instigadora para uma psicologia mais preocupada com o real do que com as representações e que considere seus efeitos na construção do conhecimento do homem comum.

O construtivismo, como já analisei em outros trabalhos (Ferreira, 1995, 1996), é uma metateoria que enfatiza a participação do indivíduo na criação das realidades pessoais às quais reage, tomando parte portanto de uma reciprocidade entre si mesmo e seu ambiente. Tem trazido contribuições para a compreensão de como as crenças pessoais do cientista estão incluídas em suas "verdades científicas". Assim, pode constituir-se numa referência crítica útil para o psicólogo avaliar suas conclusões, ou inconclusões, sobre o tema do afro-descendente.

Para Morin (1995), caminha-se para uma superação da ciência tradicional e de seu pensamento simplificador que rejeita o acidente, o específico, o aleatório, o individual. Propõe uma nova concepção que denomina de "pensamento complexo", submetida a três princípios. O primeiro, nomeado de "princípio dialógico", parte das descobertas da física contemporânea e sugere que a ordem e a desordem articulam-se, colaborando e produzindo organização e complexidade. Poderíamos relacionar estas idéias com as ciências humanas. Os aspectos de ordem e regularidade poderiam referir-se às características comuns do gênero humano, e o caráter de singularidade da pessoa relacionar-se aos aspectos acidentais e de desordenação que ocorrem dentro dessa regularidade. Este princípio sugere que esta dualidade deve ser mantida no seio da unidade, evitando-se a mutilação de uma das categorias, processo desenvolvido nas ciências, onde geralmente uma das categorias é reduzida à outra. O segundo princípio, o da "recursão organizacional", apóia-se no processo em que "os produtores e os efeitos são ao mesmo tempo causas e produtos daquilo que os produziu" (p. 108). No âmbito das relações sociais, por exemplo, este princípio sugere que a sociedade é produzida pelas interações entre os indivíduos e, ao mesmo tempo, retroage sobre os indivíduos, produzindo-os. É portanto um princípio que rompe com a concepção linear de causa-efeito, de produto-produtor, pois o produzido volta-se sobre o que o produziu, mantendo um ciclo autoconstitutivo, auto-organizador. É uma concepção que se articula com a proposta da construção social da realidade de Berger e Luckman (1972). O terceiro princípio é o "hologramático", que sugere que cada parte de um todo contém informações desse todo, como no caso do mundo biológico, onde cada célula contém a totalidade da informação genética do organismo. A idéia do holograma ultrapassa tanto o reducionismo que somente vê partes, quanto o holismo que tende a ver somente o todo. Cada um destes três princípios decorre do outro. Assim, se pensarmos nas diversas disciplinas científicas, sob essa ótica, e especificamente no caso das questões do afro-descendente, constataremos que a multidisciplinaridade é inevitável.

Numa direção semelhante, Santos (1989) sugere a superação das rupturas realizadas pelas ciências modernas entre o conhecimento científico e o conhecimento do senso comum. O conhecimento tecnológico, desenvolvido a partir do discurso das ciências, deve transformar-se em sabedoria de vida, discurso do senso comum. Propõe um modelo de aplicação do conhecimento científico (Santos, 1989), condizente com a pós-modernidade, que ele denomina de "aplicação edificante" e, entre algumas de suas características, ressalto as seguintes: a) os conhecimentos científicos devem voltar-se para uma situação concreta onde "quem aplica está existencial, ética e socialmente comprometido com o impacto da aplicação" (p. 158); b) a aplicação edificante procura novas alternativas de realidade, para isso, deslegitima formas institucionalizadas, pois estas tendem a promover violência em vez de argumentação, o silenciamento em vez de comunicação, o estranhamento em vez de solidariedade; c) é privilegiado o desenvolvimento de um *know-how ético* sobre o conhecimento técnico, que deverá ser o critério preferencial para as agências financiarem os trabalhos científicos; d) a aplicação dos conhecimentos tem que ser contextualizada tanto pelos meios como pelos fins, daí decorrendo que ao cientista se exige que fale tanto como cientista quanto como cidadão, ao discorrer sobre seu objeto de pesquisa.

Concluo com algumas palavras de Morin (1996), que questiona um conhecimento que não se pode partilhar e que permanece esotérico e fragmentado, afirmando que a ciência "deve reatar com a consciência política e ética" (p. 11). Talvez, com essa concepção passemos a, realmente, fazer uma psicologia que venha a exercer sua função social, no sentido de favorecer o desenvolvimento de identidades saudáveis e participar comprometidamente com o projeto humano.

Referências bibliográficas

ABREU, C. N. APPOLINÁRIO, F. & FERREIRA, R. F. Construtivismo terapêutico no Brasil: uma trajetória. In:FERREIRA, R. F. ABREU, C. N. (orgs.) *Psicoterapia e construtivismo* (no prelo).

AZEVEDO, S. Relações entre empregadas e patroas: a inter-relação do racismo e sexismo. *Psicologia e Sociedade,* v.2, nº 4, pp.157-159, 1988.

BARBOSA, I. M. F. Socialização e identidade racial. *Cadernos de Pesquisa,* nº 63, pp.54-55, 1987.

BERGER, P.L. LUCKMAN, T. *The social construction of reality:* a treatise in the sociology of knowledge. Harmondsworth: Penguin Books, 1972.

FERREIRA, R. F. Construtivismo na psicologia: a busca de um novo paradigma. *Cadernos de Estudos e Pesquisa - UNIP,* Ano 1, nº 1-2, pp.1-16, 1995.

_____ Um modelo de supervisão para a prática do construtivismo em psicoterapia. *Cadernos de Estudos e Pesquisa - UNIP,* Ano 3, nº 1-2, pp.1-20, 1997.

JUNQUEIRA, V. M. S. R. et al. Percepção da publicidade vinculada pela Benetton - menina branca e menina negra. *Resumos da SBPC, 46ª Reunião,* 46, p. 854, 1994.

HUTZ, C. S. Atitudes com relação à cor em crianças brancas, mulatas e negras. *Psicologia: Reflexão e Crítica,* v.3, nº 1/2, pp. 32-37, 1988.

HUTZ, C. S. RAMPON, M. Diferenças raciais e sexuais na produção de itens evolutivos no desenho da figura humana. *Resumos da SBPC, 40ª Reunião, 40,* 7, pp. 951-952, 1988.

KAJIHARA, O. T. As relações raciais entre alunos da educação especial: um estudo através do desenho cinético da escola. *Boletim de Psicologia,* v.45, nº 102, 1995, pp.105-115.

LIMA, L. A. N. *Capoeira Angola* - Lição de vida na civilização brasileira. São Paulo: Faculdade de Psicologia da Pontifícia Universidade Católica de São Paulo, 1991. 142 p. (Dissertação de mestrado)

LIMA, S. M. C. Preconceito anunciado. *Comunicações e Artes*, São Paulo, n° 27, maio 1992, p. 17.

MORIN, E. *Introdução ao pensamento complexo*. 2.ed. Lisboa: Instituto Piaget, 1995.

_____. *Ciência com consciência*. Rio de Janeiro: Bertrand Brasil, 1996.

MOURA, C. *Sociologia do negro brasileiro*. São Paulo: Ática, 1988.

NASCIMENTO, E. L. (org.). *A África na escola brasileira:* Relatório do 1° Fórum Estadual sobre o Ensino da História das Civilizações Africanas na Escola Pública. Brasília: Senado Federal, Gabinete do senador Abdias do Nascimento, 1991.

PEREIRA, J. B. B. A criança negra: identidade étnica e socialização. *Cadernos de Pesquisa*, n° 63, pp.41-45, 1987.

PIZA, E. S. P. *O caminho das águas:* estereótipos de personagens femininas negras na obra para jovens brancas. São Paulo: Faculdade de Psicologia da Pontifícia Universidade Católica de São Paulo, 1995. 145 p. (Tese de doutorado)

RIBEIRO, D. *O povo brasileiro:* a formação e o sentido do Brasil. São Paulo: Companhia das Letras, 1995.

RIBEIRO, R. *A mulher, o tempo e a morte:* um estudo sobre envelhecimento feminino no Brasil e na Nigéria. São Paulo: Instituto de Psicologia da Universidade de São Paulo, 1987. 237 p. (Tese de doutorado)

ROSEN, W. On the integration of sexuality: lesbian daughters and their mothers. *Work in Progress*, n° 56. Wellesley, MA, 1992. (Stone Center Working Papers Series)

SANTOS, B. S. *Introdução a uma ciência pós-moderna*. Rio de Janeiro: Graal, 1989.

SOUZA, I. S. *O resgate da identidade na travessia do movimento negro:* arte, cultura e política. São Paulo: Instituto de Psicologia da Universidade de São Paulo, 1991, 376 p. (Tese)

TAMAYO, A. BRANDÃO, T. C. BRAZIL, V. L. FONSECA, M. L. PERES, S. M. NETO, M. L. M. COSTA, M. C. P. Efeito da raça e provocação da vítima na atribuição de responsabilidade pelo estupro. *Resumos da SBPC, 39ª Reunião, 39*, p. 877, 1987(a).

TAMAYO, A. BRANDÃO, T. C. MAYRA, B. G. VIEIRA, T. J. G. BRASIL, K. C. T. R. GOMES, G. M. P. Atribuição de responsabilidade pelo estupro: Influência da idade da vítima e da raça do estuprador. *Resumos da SBPC, 39ª Reunião, 39*, pp. 877-878, 1987(b).

TEIXEIRA, M. A. S. B. *Disciplinação no trabalho e resistência na voz dos trabalhadores negros.* São Paulo: Faculdade de Psicologia da Pontifícia Universidade Católica de São Paulo, 1992. 208 p. (Dissertação de mestrado)

TEODORO, M. L. Identidade, cultura e educação. *Cadernos de Pesquisas*, nº 63, pp.46-50, 1987.

VALENTE, A. L. E. F. Proposta metodológica de combate ao racismo nas escolas. *Cadernos de Pesquisa*, nº 93, pp.40-50, 1995.

"SÓ SE VÊ NA BAHIA"
A Imagem Típica e a Imagem Crítica do Pelourinho Afro-Baiano

Osmundo de Araujo PINHO[*]

> *"Assim eu – uma vez mais o Ocidente odioso, a obstinada partícula subentendida em todos os seus discursos – gostaria de atingir um ponto de contato que o sistema que fez de mim isso que eu sou nega entre vociferações e teoremas."*
>
> Julio Cortázar

1. Introdução

Claude Lévi-Strauss, rememorando suas aventuras pelos tristes e distantes trópicos, destaca uma passagem que, segundo suas próprias palavras, exemplifica mais uma dessas *"manifestações estúpidas"* que sociedades ou grupos sociais alimentam e mantêm em contextos precários:

> *"...estou passeando, em Salvador, pela cidade alta, indo de uma à outra dessas igrejas que dizem ser 365, uma para cada dia do ano, e variadas no estilo e na decoração interior, à própria imagem dos dias e das estações. Estou concentradíssimo em fotografar detalhes da arquitetura, sendo perseguido de praça em praça por um bando de negrinhos seminus que me imploram: 'tira o retrato! Tira o retrato!' Ao final, comovido por mendicância tão gratuita – uma*

---

[*] Mestre em Antropologia Social (UNICAMP). Professor substituto da UFBa. Professor da FACS.

> *fotografia que jamais veriam, em vez de alguns tostões –, aceito bater uma chapa para contentar as crianças. Não ando cem metros e a mão de alguém se bate sobre o meu ombro; dois inspetores à paisana, que me seguiram passo a passo desde o início do meu passeio, informaram-me que acabo de cometer um ato hostil ao Brasil: essa fotografia utilizada na Europa, podendo talvez dar crédito à lenda de que há brasileiros de pele negra e de que os meninos de Salvador andam descalços."* (Lévi-Strauss: s.d., p. 28)

Os personagens envolvidos nesta cena dramatizam de maneira patética um modo ou modelo de encontro entre o antropólogo, observador metropolitano, europeu e ocidental, a autoridade colonial/colonizada e o "nativo", que entra e sai dessa história como um "motivo" ou elemento figurativo que ilustra ou ilumina o mal-entendido em questão. Toda a circunstância é mediada pela fotografia, ou melhor pelo ato de fotografar ou registrar. Primeiro, a arquitetura colonial portuguesa do Centro Histórico de Salvador (muito provavelmente esta cidade alta a que se refere Lévi-Strauss é o Centro Histórico de Salvador) e, depois, os "negrinhos seminus", imagem que roça o folclore de nossas piadas racistas. "Negrinhos seminus" continuam ainda hoje a saltitar no Centro Histórico de Salvador em torno de homens brancos com câmeras fotográficas que se interessam mais pelo conjunto arquitetônico do que por suas reivindicações entre cínicas e agressivas por dinheiro – um real! – ou por uma foto. O seqüestro da imagem como uma concessão às crianças que mendigam o direito de serem representadas e de figurarem em um álbum de fotos – que lhes parece uma lugar digno de se estar – que jamais verão, permanece como uma cena normal e razoável ainda hoje em Salvador. Nada mudou? Talvez.

Gostaria de discutir nesta apresentação, a partir de minha experiência de pesquisa no Pelourinho (Centro Histórico de Salvador), questões que, de certa forma, ganham visibilidade no trecho de *Tristes trópicos* citado acima. Questões que, nomeadamente, se referem:

1º – À relação entre duas séries de imagens utilizadas na apresentação formal dos resultados da pesquisa que realizei para obtenção do grau de mestre em antropologia social. Estas séries arbitrárias, formadas, em primeiro lugar, por imagens fotográficas realizadas por mim mesmo com o interesse de: i) documentar (preservar da deterioração do tempo da memória), ii) demonstrar (inserir a imagem no conjunto dos procedimentos de construção de minha autoridade como etnógrafo) e iii) desconstruir (criticar o modelo de senso comum que presidiria a leitura/visão do Pelourinho e de seus personagens); e, em segundo lugar, por imagens produzidas e veiculadas por agentes estatais ou privados de turismo.

2º – Às tensões e relações percebidas entre estas duas séries, matizadas pelo papel ambíguo do antropólogo como sujeito dividido – observador/analista exterior ao campo de poder e contradição que investiga e, ao mesmo tempo, "nativo" (afro-baiano) e portanto subalterno e minoritário em relação ao centro do poder e representação branco dominante.

3º – À construção de imagens que se balizam pela definição de um Outro e por sua incorporação, quer seja como objeto do discurso etnográfico, quer seja como objeto do discurso estereotípico.

É muito importante que eu logo antecipe que este artigo representa minha primeira investida sobre este campo que se chama Antropologia Visual e que, na verdade, procuro traduzir meu esforço para, através do questionamento e relativização de meu próprio trabalho no que se refere ao papel que a imagem nele desempenha, questionar injunções de poder e autoridade que se alojam na prática normal da investigação antropológica. Nesse sentido, este texto deverá conter mais perguntas e dúvidas do que respostas ou conclusões. O que a imagem fotográfica significa para o nosso trabalho? O que esta mesma significa do ponto de vista de um pesquisador que se esforça para chegar a bom termo com as fraturas que lhe são impostas por sua condição particular e estruturalmente definida de alguém que, como intelectual subalterno[1], está ao mesmo tempo dentro e fora do lugar de poder conferido pela prerrogativa

---

1. Isto é, que tomam sua condição de subalternidade como base para construírem o lugar de onde escrevem, como, por exemplo, Rosaldo (1989) ou Spivak (1987).

da interpretação/elocução (Featherstone, 1996)? Como as imagens produzidas sobre o negro no Centro Histórico de Salvador concorrem para demarcar o lugar do Outro estereotípico no interior do discurso hegemônico sobre a identidade baiana? Hipoteticamente falando (mas nem tão hipoteticamente assim), que fotos tirariam de Salvador um daqueles "negrinhos seminus", caso, anos depois, se tornasse um antropólogo?

2. Descentrando o Pelô

Antes de mais nada, convém informar rapidamente sobre a pesquisa que é a base para esta comunicação. A dissertação "Descentrando o Pelô: narrativas, territórios e desigualdades raciais no Centro Histórico de Salvador" (Pinho, 1996) procura reunir argumentos e informações em torno de alguns temas centrais associados ao Pelourinho. A renúncia à pretensão de transmitir a falsa impressão de totalidade orgânica ao Pelourinho justifica o título "Descentrando o Pelô", na medida em que a narrativa procurou descentrar-se ou fragmentar-se em função da atenção específica à própria fragmentação ou descentramento que, acredito, caracteriza não somente os processos que procurei interpretar no Pelourinho, mas todo e qualquer processo social.

Os temas de minha dissertação podem ser divididos em dois grupos:

1º – Procurei realizar uma reconstrução da trajetória simbólica que constitui o Pelourinho como espaço importante e como *locus* para um conjunto de representações definidas e sustentadas deliberadamente por agentes específicos e localizáveis. Este conjunto que eu chamo de Idéia de Bahia se refere a conteúdos definidos: democracia racial, miscigenação-sincretismo etc. Esta idéia de Bahia, acredito, tem um caráter ideológico, na medida em que dissimula ou dissolve simbolicamente contradições – de base racial – que não se resolvem no plano concreto das relações raciais[2]. Esta idéia

---

2. Sobre a definição de ideologia que adoto aqui ver Geertz (1978) e também Jameson (1992) e Lévi-Strauss (1975).

de Bahia, além do mais, associa-se, como catalisador, a outras estruturas e processos, de maneira que torna o Pelourinho o que Sharon Zukin chama de Paisagem de Poder (Zukin, 1991a; Zukin, 1991b). Este primeiro grupo de temas ou de abordagens pode ser considerado como mais generalizante.

2º – Tentando perceber, de um lado a articulação de diferentes grupos sociais com este espaço, saturado de sentido e significado, e de outro, a relação entre identidades sociais e territorialidade, procurei realizar pequenos esboços etnográficos de três situações distintas, cada uma delas vinculadas a questões teóricas mais gerais. Procurei descrever, dessa maneira, o Bar do Reggae – o mais tradicional bar de reggae no Pelourinho –, o Bar Cultural – um evento universitário de classe média – e um popular pagode, em um bar ironicamente chamado Proibido Proibir. Além das questões ligadas à relação entre identidade e territorialidade, procurei reconhecer nestes contextos circunstancializados efeitos do processo de transnacionalização da cultura negra, mecanismos de consumo contracultural do espaço etc. Este segundo grupo de temas ou de abordagens pode ser considerado como mais particularizante.

Ambos os conjuntos repartem o eixo comum de preocupação com a discussão sobre desigualdade racial e racismo. De maneira tal que procurei trazer para o primeiro plano das manifestações quotidianas os elementos que corporificam a desigualdade racial no Brasil, de um modo geral, e em Salvador, especificamente.

Para compor o corpo de minha dissertação em sua forma final me vali do uso de imagens heteróclitas provenientes de fontes diversas. Dezesseis fotografias "originais", por mim mesmo realizadas, que retratam ou representam os aspectos gerais da paisagem, ou "nativos" dos três contextos etnográficos focalizados. Duas ilustrações "históricas" da paisagem da cidade de Salvador nos séculos XVI e XIX. Um desenho "artístico" do artista plástico estrangeiro-baiano Carybé. Cinco fotografias produzidas e divulgadas por agências oficiais de turismo e, por fim, um mapa turístico do Pelourinho distribuído pelo IPAC (Instituto do Patrimônio Artístico e Cultural), responsável direto pela administração do Centro Histórico.

As imagens analisadas neste texto não coincidem totalmente com as utilizadas na dissertação. Considero também imagens que não foram, por razões diversas, inseridas no corpo da dissertação; todas porém se referem a estas duas séries construídas de imagens: etnográfico/documentais e turístico/estereotípicas.

3. O seqüestro da imagem

> "El primer cargo a formular contra las diversas escuelas de antropología es el de haber dado preferencia al aporte europeo en el análisis de los elementos culturales que especifican el metabolismo de nuestras sociedades. Dicho aporte ha constituido siempre el modelo de referencia ideal, la medida por excelencia de todo fermento de cultura o civilización. Este eurocentrismo de fondo llegó incluso a postular una identidad de derecho divino entre el concepto típicamente colonial de 'blanco' y el de ser humano universal."
>
> René Depestre

As relações entre fotografia e antropologia podem ser compreendidas em função de um amplo contexto, dividido em duas frentes. De um lado, podemos perceber esta associação como ligada ao movimento histórico do colonialismo no século XIX e expansão do impulso catalográfico do Ocidente por sobre a diversidade cultural humana. De outro, ao esforço de representação ou inscrição da alteridade nos quadros hierárquicos do pensamento racialista europeu (Edwards, 1996; Favrod, 1989; Pinney, 1996).

A analogia inicial que se pretendia consolidar entre ciências sociais (antropologia) e ciências naturais justificava o interesse em classificar, registrar e catalogar as informações que afluíam à Europa como revés da expansão colonial européia na África, Ásia e Oceania. A fotografia por suas propriedades "indexicais"[3] seria

---

3. Discutindo as categorias de Peirce, Pinney coloca que fotografias são tanto ícones – mantêm uma relação de semelhança com o referente – quanto índices – tendo uma relação de causalidade com o referente (Pinney, 1996). Quer dizer, a imagem fotográfica "transfere" de algum modo o "real" para o interior da representação.

um instrumento mais que perfeito de apreensão do mundo, em um momento onde a ciência, "espelho da natureza" (Rorty, 1988), pretendia mimetizar o real – considerado independente e alheio ao observador imparcial – como forma de conhecimento. A verdadeira fúria documental que se verifica neste período submete a escrutínio visual e a catalogação insidiosa tudo aquilo que se considerava fotografável ou digno de ser preservado da deterioração ou desvanecimento. Os numerosos exemplos da associação entre fotografia e pesquisa arqueológica e etnológica, apresentados por Favrod na introdução do extraordinário livrinho *Étranges Étranger*, dão testemunho eloqüente deste verdadeiro frenesi (Favrod, 1989).

Por outro lado, o predomínio do sentido da visão, manifestado na forma de apropriação fotográfica, transfigura, em uma multiplicidade de níveis, o que seria "pura" técnica em aparato de poder[4]. Entre outras coisas, porque resgata – tanto da degradação quanto da distância – e congela um fragmento do real em suas duas dimensões de tempo e espaço; e disponibiliza, sob a forma de representação mimética de uma realidade dada, o que vale a pena ser colecionado. Como coloca James Clifford, ao tomar a coleção como metáfora para o procedimento antropológico, colecionar é retirar algo de um contexto originário e relocalizá-lo em uma outra série explicativa (Clifford, 1994). O Ocidente "colecionante" reinscreve o catálogo das imagens da alteridade em outros contextos que não os originários, contextos balizados pela estrutura hierarquizante do pensamento europeu.

A fotografia etnográfica, por outro lado, procura em seus momentos iniciais abrir uma janela para a realidade retratada de tal maneira que, como na etnografia clássica, o autor se ausente como uma presença não perturbadora, de modo que a imagem testemunhe, por si mesma, o ponto de vista dissimulado do autor (Pinney, 1996). A fúria visual de representação submete-se ao imperativo de tornar objeto da visão ou da interpelação, ou ainda

---

4. Um bom exemplo de uma forma extrema dessa manifestação pode ser apreciado através do artigo de Fernando de Tacca sobre as fotomontagens nazistas (Tacca, 1995).

"peça" digna da coleção, aqueles Outros coloniais considerados como dignos de estarem do lado de lá do obturador. Reproduz-se, dessa forma, na construção do acervo iconográfico dos povos coloniais, tornados "nativos" pelo discurso antropológico, o processo de construção de uma alteridade, materializada em seus traços típicos pela pose fotográfica.

Um dos caminhos da investigação em antropologia visual parece orientar-se pela superação desta fronteira hierarquizante que divide o antropólogo/fotógrafo do nativo/fotografado. Para alguns dos experimentos de que tenho conhecimento a tentativa de dissolver hierarquias parece concentrar-se em fazer o "nativo" criar suas próprias coleções de imagens, principalmente como uma forma de fazer vazar as categorias de visualidade operantes no pensamento nativo. Esse parece ser o caso da pesquisa de Fernando de Tacca com os operários sapateiros em Franca (Tacca, 1987). Este procedimento deveria fazer emergir os princípios que organizariam a visualidade destes Outros-operários. Segundo o autor, tal procedimento acabou resultando em um auto-retrato. O autor não se pergunta se este seria mais "verdadeiro" ou consistente do que um hetero-retrato. A resposta certamente dependeria dos critérios de validação do conhecimento considerados legítimos pelo autor que, ao fim e ao cabo, tem a última palavra interpretativa.

Outro exemplo que poderia citar refere-se ao trabalho de Lucrécia Ferrara, que também distribui com os "nativos" – não por acaso pobres e moradores da periferia, quer dizer, Outros ideais para a consciência classe média de nossos intelectuais – máquinas fotográficas. O eixo principal da análise desta autora parece ser muito semelhante ao de Tacca: fazer emergir o que seria relevante para os nativos como forma de ver, de certo modo, através dos olhos destes (Ferrara, 1993). Nos dois casos os autores parecem querer levar ao grau máximo o sonho de Malinowski de ver como os nativos vêem[5]. É óbvio que essa pretensão só se

---

5. Malinowski diz: *"Em breves palavras, esse objetivo* (da pesquisa nas Trobriand) *é o aprender o ponto de vista dos nativos, seu relacionamento com a vida, sua visão de seu mundo"* (Malinowski, 1978, p.33).

justifica do ponto de vista do investigador, um ponto de vista que é exterior e que a partir de um lugar determinado autoriza os nativos a declararem como vêem e o que vêem. De tal modo que esta "visualidade nativa" se encaixe numa representação, autoral ainda que auto-encoberta, que submete a um princípio de entendimento externo o significado deste olhar separado de seu contexto significativo originário.

Um outro exemplo um tanto diferente e, me parece, mais modesto e sugestivo, se refere ao texto/comentário de Regina Jehá sobre as filmagens de *Catehe*. Em seus comentários, a autora não pretende representar nada nem a ninguém além de tênue rede de relações e sensibilidade construída entre ela e os Yanomami (Jehá, 1995). Naturalmente, Jehá não pretendeu atingir conhecimento objetivo da realidade através das imagens captadas, mas, por outro lado, provoca-nos (antropólogos) com o desprendimento com que se apresenta emocionada e comovida pelos Yanomami.

4. Vozes subalternas

> *"... percebi que um negro não é tanto uma pessoa mas uma forma de comportamento; um tipo de reflexão inverso ao das pessoas brancas entre as quais vive."*
>
> W. Faulkner

Frantz Fanon, o psiquiatra e revolucionário martinicano, é uma referência importante para a critica pós-colonial realizada, por exemplo, por Homi Bhabha. O primeiro destes dois nos diz:

> *" Vim ao mundo, preocupado em dar um sentido às coisas, querendo Ser na criação do mundo e eis que me descubro objeto no meio de outros objetos.*
> *... eu paro, e o outro, através de gestos, atitudes, olhares, fixa-me como se fixa um preparado através de um colorante"* (Fanon: 1983, p.91).

Como se fixa uma imagem em um cartão de papel, poderíamos talvez parafrasear.

O sentido da transformação dos africanos e de seus descendentes na diáspora em um Outro que é um objeto necessário para a formação do sentido da identidade do Homem Branco é algo proficuamente explorado pelo artigos de Homi Bhabha e de outros autores, preocupados com a possibilidade de elocução, estabelecida a partir de um ponto de descentramento em relação ao sujeito tradicional da enunciação: O Homem Branco (Gilroy, 1993; Bhabha, 1992a; 1992b; 1990 etc.).

A aquisição do direito da fala, ou melhor, da conquista de um contra-discurso que se legitime como não-hegemônico é a preocupação, por exemplo, de Abdul JanMohamed e David Lloyd (1990). Para estes, o discurso minoritário ou subalterno é resultado de um dano ou prejuízo infligido pela cultura dominante que sustenta uma rede de poder de tal natureza que admite como desenvolvimento ou progresso apenas trajetórias que convirjam para a identidade com o modelo hegemônico de cultura ocidental (JanMohamed, Lloyd, 1990). Mais uma vez, Fanon já havia nos dito: "Para o Negro há apenas um destino. E ele é branco" (Fanon, 1983: p.12). Para estes autores, assim como para outros, a posição do intelectual minoritário ou subalterno é sempre "de risco". Na medida em que este seria socializado e educado na cultura dominante, sendo legitimado como portador da fala, exatamente por isso reproduz a todo instante, malgrado seus esforços, os valores dominantes, valores que são, em última instância, instrumentos de exclusão e violência contra seus próprios semelhantes. Superar estas contradições sempre foi o projeto angustiante de intelectuais e artistas negros durante este século (Hall, 1994). Ao mesmo tempo, a crítica impiedosa de estruturas de dominação é condição *sine qua non* para a articulação dos discursos minoritários, articulação que se realiza pela justaposição de interesses e descoberta de pontos de contato entre as diversas "subalternidades" associadas pela opressão comum (JanMohamed, Lloyd, 1990).

Para Homi Bhabha é importante interpelar os modos de representação da alteridade, tal como estes se revelam nas figuras estereotípicas, formas de desdobramento discursivo do Ocidente hegemônico nas fronteiras da alteridade construída. Bhabha aponta pontos de inflexão para o poder colonial ou pós-colonial como articulações entre figurais raciais e sexuais. Para este autor, o Ocidente procura se reconhecer nas diferenças estereotípicas que inventa (coleciona?) como o Exótico, o Típico ou o Esterotípico:

> *"O Poder colonial produz o colonizado como uma realidade fixa que é imediatamente um 'outro' e ainda inteiramente conhecível e visível."* (Bhabha, 1992, p.186)

Para nossa discussão tornar o Outro visível é mais que uma metáfora, na medida em que este Outro é fixado como a imagem congelada de uma realidade plenamente concreta e inquestionada e, ainda, generalizante, assim tornada por efeitos específicos da capacidade "indexical" da fotografia. O discurso colonial opera por produzir um Outro visível e plenamente reconhecível, tornado objeto e inscrito num discurso totalizante que homogeneíza, integra e hierarquiza diferenças construídas desde um ponto de vista ocidental, branco e masculino. Enunciação que distingue e objetifica para dominar e submeter.

Em um campo disciplinar mais restrito – o da antropologia social – temos visto como a chamada antropologia pós-moderna ou crítica questiona os princípios de representação, ao desmembrar os pressupostos implícitos de autoridade no interior da prática narrativa etnográfica. Na medida em que a metáfora da ciência como "espelho da natureza" tem se esvaziado no esfarelamento das certezas "positivas", o conhecimento torna-se cada vez mais contingente e negociado, em esferas que são, na verdade, jogos de poder intrinsecamente determinados por modos de enunciação (Marcus, Cushman, 1991; Marcus, Fischer, 1986 e outros).

A autoridade dissimulada do etnógrafo ausente, como olho que tudo vê e não é visto, choca-se com a conjuntura na qual antropólogos "nativos" se colocam como porta-vozes de uma crítica ao mesmo tempo interna e externa ao discurso da antropologia que destrói representações estereotipadas do Outro para reconstruí-las de um ponto de vista que ainda é autoritário. O contexto colonial, indicado como o ambiente onde se formou o repertório iconográfico da Alteridade, vê-se assim desestabilizado pela emergência destas vozes subalternas que reivindicam a revisão dos modos pelos quais foram integradas.

5. Um observador dividido - apontamentos

> *"Acabo de sugerir que o conceito de alienação parece tornar-se questionável quando os indivíduos se identificam com a existência que lhes é imposta e têm nela seu próprio desenvolvimento e satisfação. Essa identificação não é uma ilusão, mas uma realidade. Contudo, a realidade constitui uma etapa progressiva da alienação. Esta se tornou inteiramente objetiva. O sujeito que é alienado é engolfado por sua existência alienada."*
>
> H. Marcuse

Gostaria de qualificar a pesquisa originária que fundamenta este texto como resultado de uma antropologia que se pretendeu crítica e ao mesmo tempo tensionada pela condição de subalternidade social de seu autor (Rosaldo, 1989). Na medida em que o campo (contexto significativo), como um espaço marcado e definido racialmente, no qual os agentes – sujeitos dos processos sociais que procurei interpretar – se movem é, para mim também, o marco da experiência cognitiva, o empreendimento interpretativo que me esforcei para realizar pode ser visto como essencialmente "posicionado".

Este campo é objeto de minha reflexão, mas é também o campo do qual posso emergir e a partir de onde estruturo minha percepção da realidade, que é tanto a realidade quase física, com a qual me deparei no momento da investigação como o pano de fundo contra o qual produzi e a partir de onde minha narrativa faz sentido.

Como coloca Rosana Guber, para outro contexto: "la memória histórica de la nacionalidad – mi objeto – era parte de mi processo de conocimiento" (Guber, 1996, p.62). Para esta autora argentina, a complexidade de certa situação que viveu no campo só pôde ser entendida a partir de uma reflexão sobre sua própria situação de pesquisadora nativa, participante do mesmo universo que procurava analisar. Ser argentina foi, exagerando um pouco, um instrumento heurístico neste caso. No caso do autor desta comunicação, o que significa ser afro-descendente?

Quem, sendo assim, falaria quando escrevo: "eu"? O autor deste texto parece dividido contra si mesmo. Sua "experiência", forma de ser adequada ao campo no qual ele estruturou sua percepção como socialmente subalterno e o lugar auto-reflexivo do pesquisador, de onde ele faz estas perguntas, interpelam-se mutuamente. Não me arriscaria a tentar dissolver esta contradição, me parece razoável apenas apontá-la: é possível que a reflexão antropológica amplie seu discurso ao ponto que o subalterno possa falar, não como "ponto de vista nativo", mas como autor? Como já perguntou uma vez G. Spivak: "Can the subaltern speak?" (Spivak, 1987).

Para autores subalternos, como o que escreve este texto, a vocação humanista das ciências sociais só pode manifestar-se como crítica social e como insubordinação política porque, para os dominados, reconhecer a legitimidade de princípios universalistas, ocidentais e modernos, significa desafiá-los a se realizarem para todos. E mais, essa realização é a própria condição que legitima seu lugar como sujeito independente de discurso, é a capacidade de realizar esta crítica que qualifica seu ponto de vista (Marcus, Fischer, 1986; Marcus, 1985; JanMohamed, Lloyd, 1990). Como coloca Ruben Oliven, a antropologia das sociedades urbano-complexas, realizada pelos seus próprios nativos, deve ser radical e nesse sentido crítica, sob pena de fazer nada mais que apenas reproduzir o senso comum e a ideologia (Oliven, 1980).

O fato é que com as transformações pós-coloniais, antropólogos nativos e/ou subalternos têm se colocado em cena como novos sujeitos de discurso, criticando a antropologia e a dominação branca e ocidental (Marcus, 1991; Fischer, 1985; Featherstone, 1996). O trabalho de Renato Rosaldo, nesse sentido, é exemplar. Ele, que define a si próprio como um antropólogo "chicano"⁶, constrói a argumentação de seu "Cultura y Verdad" a partir de seu ponto de vista localizado e de sua experiência pessoal com os processos que procurava compreender (Rosaldo, 1989). Na verdade, a compreensão de que o conhecimento, no campo das ciências sociais é, referido a posições sociais, consideradas como entrelaçando-se para produzir campos de discurso e legitimidade, não é nova. Weber, como sabemos, coloca claramente: "...Todo conhecimento da realidade cultural é sempre um conhecimento subordinado a pontos de vista especificamente particulares" (Weber, 1986, p.97).

Percebendo nossa relação com o mundo como sendo sempre mediada por estruturas de significação e, por conseguinte, sistemas de valores, Weber é apontado como referência para o interpretativismo de Clifford Geertz (Fischer, n.d.). Para este autor etnografias são sempre interpretações de interpretações de interpretações. A leitura é sempre circunscrita a contextos significativos e a cultura é, segundo a famosa formulação, uma "teia" de significados (Geertz, 1978). Ora, qual o contexto significativo para um autor subalterno como "eu"? Negro, em uma sociedade de exclusão racial?

O que tem se chamado de Antropologia pós-moderna (Caldeira, 1988) talvez tenha primordialmente esse efeito de deslocamento e estranheza em relação ao lugar de onde se produz o conhecimento. Como coloca Homi Bhabha para a teoria pós-moderna como um todo:

> *"It is one of the salutary features of postmodern theory to suggest that it is the disjunctive, fragmented, displaced agency of those who have suffered the sentence of history – subjugation, domination, diaspora, displacement – that forces one to think outside the certanty of the sententious"*
> *(Bhabha, 1992, p.56).* *

---

6. De origem mexicana.

* Um dos aspectos benéficos da teoria pós-moderna sugere que a atividade deslocada, fragmentada e isolada daqueles que sofreram o julgamento da história – repressão, dominação, diáspora e deslocamento – força-nos a pensar fora da certerza dos conceitos morais.

Pensar fora de certezas neste caso talvez signifique reconstruir contextos possíveis de interpretação. Parece frustrante perceber que o contexto último no qual podemos nos basear para perceber o sentido das imagens do Pelourinho analisadas seja o que eu chamo de "Idéia de Bahia": forma ideológica abrangente que recobre um campo de exclusão e brutalidade flagrantes. A desigualdade e a discriminação racial formam o chão concreto para onde remetem as imagens focalizadas, mas também a "Idéia de Bahia" que, como narrativa socialmente dominante, informa a ação e organiza a prática dos agentes (inclusive "eu"). Como isso se representa nas imagens em questão?

Na série documental etnográfica, o meu esforço de fazer saltar aos olhos do leitor um Pelourinho não contemplado pelo discurso hegemônico, que reproduz a figura do negro como a "diferença" alegre e exótica que caracteriza Salvador, não cairia na armadilha oposta de congelar uma imagem determinada pela leitura posicionada do etnógrafo?

Mas essa leitura pode ser entendida como cindida pelas aporias de um investigador subalterno e proficiente na linguagem dominante, linguagem que, como vimos, se baseia na separação/produção entre/de sujeitos e objetos. Os negros que dançam nas minhas fotos são diferentes dos negrinhos seminus que pululam em torno do amargo Lévi-Strauss com quem comecei este texto?

O uso que fiz das imagens não se conteve apenas em seu caráter demonstrativo tradicional: "estive lá, vi os nativos em seu meio ambiente. Eis a prova." O ato em si de fotografar representou a possibilidade de atender as recomendações da longa série de meus predecessores que sempre, e com maior ou menor ênfase, disseram: "é preciso manter uma distância mínima do objeto de pesquisa e ganhar perspectiva". O ABC da investigação científica é: "você é um investigador/sujeito, não se confunda com o investigado/objeto". De modo que, de maneira concreta, a fotografia afastou-me dos "nativos" de quem eu estava perigosamente próximo.

A foto das duas gêmeas dançando em primeiro plano, realizada no Proibido Proibir, parece não conseguir dissimular que minha presença no interior do bar, operador da máquina fotográfica e de seu flash hipnótico, fez convergir tanto o olhar recíproco e um tanto irônico, de dois dos rapazes que atraídos pelas moças dançavam em sua volta quanto atraiu as irmãs, que satisfeitas de exibirem-se para um olhar mais qualificado que o dos outros freqüentadores, dançavam posando para mim. O que representa esta foto: a pose ou a "realidade" documentada? A desigualdade prontamente estabelecida pelo poder da luz cegante do flash ou a coreografia ensaiada das moças?

As imagens turísticas, por outro lado, não têm autor e se apresentam como metáforas reais, flagrantes teatralizados do modo de vida de um povo que se transformou, no escopo de sua hetero-representação, em personagem de uma história que seus dominantes contam sobre ele. Além, é claro, da sempre presente associação com a natureza e a feminilização da imagem da Bahia, sempre presente na iconografia oficial. A natureza, o feminino e o exótico: esta é uma equação reiteradamente associada à construção do outro colonial e à construção da diferença entre o mundo hegemônico: masculino e cultural (em oposição a natural) e o mundo dos Outros subalternos. O que se vê retratado nestas imagens não é um indivíduo X ou Y mas a presumida cultura baiana, encenada por este ou aquele conjunto de mulheres e homens que dançam, por palmeiras, acarajés e frutos do mar, praias tropicais etc. Os descendentes-africanos representam-se nestas imagens através de estereótipos perfeitos: indiferenciados, generalizantes, em situações típicas, mudos, objetificados.

De um lado, então, temos que estas fotos não possuem um autor que funcione como vórtice para problematização das questões de representação e enunciado que elenquei acima e, por outro lado, temos que estas não retratam sujeitos, nem ao menos objetos individuais, mas uma imagem determinada que não é de nenhuma "realidade" circunstancializada, mas de uma alegoria do que seja a "Idéia de Bahia". As fotos não pretendem interpretar ou documentar uma realidade dada mas alegorizar[7] conteúdos

---

7. Para um sentido de alegoria aproximado do que eu utilizo aqui, ver Slenes (1996) ou Gonçalves (1996). Slenes discute o papel das gravuras de Rugendas como uma peça da argumentação antiescravista e Gonçalves discute, para o contexto dos discurso de patrimônio histórico, o caráter alegórico da narrativa, caráter de ilustração ou representação de princípios.

definidos que associam à presumida cultura baiana imagens-ícones prontamente decodificáveis.

As fotos de paisagem, por outro lado, não denunciam atitude alguma alternativa em relação à representação dos indivíduos/personagens e, nesse sentido, é indiferente que se exponha o casario colorido no Centro Histórico ou mulatas na praia de Itapoã; ambos os conjuntos são elementos vazios do discurso que objetifica os sujeitos e personaliza as paisagens sob o denominador comum de uma representação contagiosa – A Idéia de Bahia – que, de certo modo, prostituiu o conteúdo do que seria a tradição simbólica contradiscursiva dos descendentes-africanos em Salvador[8].

Observando-se uma das fotos da série documental/etnográfica podemos nos perguntar: mas o que faz desta imagem uma foto etnográfica? Será que modelos fechados de paisagem já se impõem também ao pesquisador de modo que sua lente se mostre viciada como nesta foto, onde a imagem do Pelourinho, vista desde a parte alta do Largo do Pelourinho, exibindo ao lado a Igreja de N. S. do Rosário dos Pretos e ao fundo a Igreja do Paço, se assemelhe às inúmeras imagens oficiais do Centro Histórico? Será que esta "paisagem" já se apresenta tão saturada de sentido que comanda o olhar do observador? Ou faltou ao fotógrafo/etnógrafo apenas talento ou inventividade?

O que, em última instância, torna uma fotografia uma imagem etnográfica diz respeito a sua inscrição na narrativa etnográfica e no contexto da análise. Esta foto aloja-se na série etnográfica/documental, em oposição, portanto, à série que chamo de turístico/estereotípica; que sentido faria neste caso? O que se representa na inserção atual são, na verdade, as condicionantes do olhar que definem o Pelourinho, acredito, como uma "Paisagem de Poder" (Zukin, 1991a; 1991b). Como já apontado, o contexto onde se inserem as imagens definem seu

---

8. Como já colocou Peter Fry em termos gerais e Ana Maria Rodrigues de forma específica para o samba carioca, o esvaziamento do caráter identitário de elementos culturais de origem africana no Brasil é francamente ideológico e uma estratégia padrão. (Fry, 1982; Rodrigues, 1984).

significado (Edwards, 1996). O controle que temos sobre este é ilimitado?

Como poderia o "quase-esquizofrênico" autor deste texto[9] conciliar de maneira elucidativa as tensões presentes neste complexo contexto de representações, diferenciações e ambigüidades? Acredito que responder perguntas como esta interessaria ao desenvolvimento de uma antropologia que, sem abdicar de sua capacidade de oferecer uma interpretação densa e alternativa para processos sociais "naturalizados", possa incorporar as contradições de uma realidade social tensionada pela desigualdade e pela violência da sujeição, discursiva e política.

Enquanto a jovem olha para baixo tímida e sorri no Bar Cultural, o rapaz no Proibido Proibir exibe um olhar arrogante. A relação que procurei estabelecer dispondo estas duas fotos juntas na mesma página da dissertação é evidente: ressaltar as diferenças entre "nativos" no Bar Cultural – evento branco de classe média – e o Pagode do Proibido Proibir – evento negro e "popular". O sorriso da jovem e a agressividade do rapaz devem fazer sentido, desta forma, juntos na associação que o autor criou para eles. As fotos, é claro, mantêm uma relação de identidade com o real, esta relação entretanto é suporte para o meu argumento e não sua demonstração inequívoca. Caso estas duas fotos, em conjunto ou isoladamente, fossem metáforas para algo, seriam metáforas do quê? Da intencionalidade do autor? Da identidade entre cor/raça e lugar sociocultural em Salvador? De uma realidade dividida?

O observador dividido, a imagem que dá título a esta seção, parece, se posso arriscar uma interpretação, ser o habitante de uma sociedade dividida. Cindida entre brancos (sujeitos plenos e cidadãos integrais) e negros (objeto de discurso e materialmente excluídos), despossuídos e proprietários,

---

9. Jameson discute alterações na sensibilidade pós-moderna associando-as à percepção esquizofrênica, em um sentido atenuado e não patológico: *"O esquizofrênico não consegue desse modo reconhecer sua identidade pessoal no referido sentido, visto que o sentimento de identidade depende de nossa sensação de persistência do eu e de mim através do Tempo"* (Jameson, 1985, p.22).

observadores e observados etc. De alguma forma esta cisão realiza-se na sua construção como autor?

O negro é o Outro[10]. É, inclusive e principalmente, o Outro de processos de conhecimento da realidade social. Pesquisadores de relações raciais parecem não ter cor, mas seus "objetos" sempre têm. O autor deste artigo, voz alienada de uma realidade alienada, ocuparia assim, ao mesmo tempo, o lugar entendido como neutro e vazio de determinações do pesquisador "incolor" e o lugar do Outro, pleno de determinações raciais.

Acredito que todas estas fraturas se abrem no interior de um campo – que é o contexto significativo relevante para análise ou representação – que é, ele próprio, fraturado, contraditório e desconexo. Este é o campo das relações sociais definidas pelo complexo entrecruzamento de abusos e vícios econômicos e simbólicos que é o campo das relações raciais em Salvador. O autor – quer dizer, "eu" – não poderia escapar ao torturante enredamento nessa esfera de complexidade, ela mesma o contexto de referência para a interpretação[11].

A série etnográfica seria, assim, tão viciada pelas contradições do campo onde se gerou a percepção e a formação do autor, quanto a série turística é informada pela cisão estereotípica entre sujeito e objeto. Qual seria porém este terceiro lugar de onde poderíamos criticar a ambas? Qual seria o terceiro termo que permitiria relacionar, compreendendo, o campo/contexto significativo e as séries fotográficas?

Homi Bhabha fala de um "Terceiro Espaço" de onde, pela hibridação, seria possível fazer emergir outras posições, desatreladas das estruturas tradicionais de dominação e

---

10. Aliás, é conhecida a propriedade do sistema de classificações raciais no Brasil que sempre atribui ao estranho ou distante, o Outro, cor mais escura que a um parente ou amigo (Sansone, 1992). Não estou, obviamente, me referindo ao mesmo fenômeno, mas de todo modo esse é um paralelo curioso.

11. Contexto apreendido, inclusive, a partir das opções teóricas e políticas do autor. E. Samain sugere que as fotografias de Malinowski seriam de algum modo "funcionalistas" (Samain, 1995). Possivelmente seja regra geral que autores transfiram para a ordenação das imagens convicções intelectuais.

enunciação. Seria então preciso que se criasse um veículo de hibridação e experimentação para representações e para construção de imagens de um Outro que, ao mesmo tempo, desconstruísse esse Outro e deslocalizasse o sujeito do enunciado interpretativo (Bhabha, 1990). Como já foi dito com relação à antropologia pós-moderna, encontrar estes caminhos experimentais é mais difícil do que criticar as alternativas estabelecidas. Entretanto, não é nosso direito, assim penso, escusarmo-nos de fazê-lo na medida em que já reconhecemos o incômodo destas formas tradicionais de representação que incluem para excluir e descrevem para dominar.

Referências bibliográficas

BHABHA, Homi K. A Questão do "Outro": diferença, discriminação e o discurso do colonialismo. In: HOLANDA, Heloísa B. de (org.). *Pós-modernismo e Política*. Rio de Janeiro: Rocco, 1992a.

_____. Postcolonial authority and postmodern guilty. In: GROSSBERG, Lawrence et all. (org.) *Cultural studies*. New York: Routledge, 1992b.

_____. The commitment to theory. *New Formations*, n° 5, pp. 5-23, 1988.

_____. The third space. In: RUTHERFORD, J. (ed.) *Identity – comunity, culture, difference*. London: Laurence and Wishart, 1990.

CLIFFORD, James. Colecionando arte e cultura. *Cidades*. Revista do Patrimônio Artístico e Cultural, Rio de Janeiro, n° 23, pp. 69-89, 1995.

EDWARDS, Elisabeth. Antropologia e fotografia. *Cadernos de Antropologia e Imagem*. Antropologia e Fotografia. Programa de Pós-Graduação em Ciências Sociais/ Núcleo de Antropologia da Imagem. pp. 11-28. [s.d.]

FANON, Frantz. *Pele negra, máscaras brancas*. Salvador: Livraria Fator, 1983.

FAVROD, Charles-Henri. Voir les autres autrement. In: _____. *Étranges étrangers*. Photographie et exotisme. 1850/1910. Paris: Centre National de La Photographie, 1989.

FEATHERSTONE, Mike. A globalização da complexidade. Pós-Modernismo e cultura de consumo. São Paulo: *RBCS*, n° 32, 1996.

FERRARA, Lucrécia D'alesso. *Olhar periférico*. São Paulo: EDUSP/FAPESP, 1993.

FISCHER, Marcus. J. Da antropologia interpretativa à antropologia crítica. Rio de Janeiro/Fortaleza. *Anuário Antropológico/83*, Tempo Brasileiro, Edições Universidade Federal do Ceará, 1985.

FRY, Peter. Feijoada e "Soul Food": notas sobre a manipulação de símbolos étnicos nacionais. In:_____. *Para inglês ver*. Rio de Janeiro: Jorge Zahar Editores, 1982.

GEERTZ, Clifford. Uma descrição densa: por uma teoria interpretativa da Cultura. In: _____. *A interpretação das culturas*. Rio de Janeiro: Zahar Editores, 1978.

_____. A ideologia como sistema cultural. In: _____. *A interpretação das culturas*. Rio de Janeiro: Zahar Editores, 1978.

GILROY, Paul. Diaspora, utopia and the critique of capitalism. In: _____. *There ain't no black in the union jack*. Londres: 1993a.

GONÇALVES, José Reginaldo Santos. *A retórica da perda*. Os discursos do patrimônio cultural no Brasil. Rio de Janeiro: Editora UFRJ/Ministério da Cultura-IPHAN, 1996.

GUBER, Rosana. Antropólogos nativos en la Argentina. Análisis reflexivo de un incidente de campo. *Revista de Antropologia*, São Paulo, USP, v. 39, n° 1, 1996.

HALL, Stuart. Cultural identity and diaspora. In: WILLIAMS, P. CHRISMAN, L. (org.) *Colonial discourse and post-colonial theory* — a reader. New York: Columbia University Press, 1994.

JAMESON, Fredric. *O inconsciente político*. A literatura como ato socialmente simbólico. São Paulo: Ática, 1992.

_____. Pós-modernidade e sociedade de consumo. *Novos Estudos*. CEBRAP, São Paulo, n° 12, pp. 16-26, junho, 1985.

JANMOHAMED, Abdul R. LLOYD, David. Introduction: toward a theory of minority discourse: what is to be done?. In: _____ (orgs.) *The nature and context of minority discourse*. Oxford: Oxford University Press, 1990.

JEHÁ, Regina. Yanomami: uma imagem entrevista. *Imagens*, Campinas, n° 4, pp. 8 -13, abril, 1995.

LÉVI-STRAUSS, Claude. A estrutura dos mitos. In: _____. *Antropologia estrutural*. Rio de Janeiro: Tempo Brasileiro, 1975.

_____. *Tristes trópicos*. Lisboa: Edições 70, s.d. Cap. XXII: Bons Selvagens, pp. 209-222.

MALINOWSKI, Bronislaw. Introdução: tema, método e objetivo desta pesquisa. In: _____. Os argonautas do Pacifico Ocidental. São Paulo: Abril Cultural, 1976. (Os Pensadores)

MARCUS, George. CUSHMAN, Dick. Las etnografías como textos. In: REYNOSO, C. (org.). *El surgimiento de la antropología posmoderna*. Barcelona: Gedisa, 1991, pp. 171-213.

MARCUS, G. FISCHER, M. J. *Anthropology as cultural critique*. An experimental moment in the human sciences. Chicago e Londres: University of Chicago Press, 1986.

OLIVEN, Ruben George. Por uma antropologia em cidades brasileiras. In: VELHO, Gilberto (org.). *O desafio da cidade*. Novas perspectivas da antropologia brasileira. Rio de Janeiro: Campus, 1980.

PINHO, Osmundo de A. *Descentrando o Pelô*: narrativas, territórios e desigualdades raciais no Centro Histórico de Salvador. Campinas: Departamento de Antropologia da Universidade Estadual de Campinas, 1996. (Dissertação de mestrado)

PINNEY, Christopher. A história paralela da antropologia e da fotografia. *Cadernos de Antropologia e Imagem.* Antropologia e Fotografia. Programa de Pós-Graduação em Ciências Sociais/ Núcleo de Antropologia da Imagem. pp. 29-52.

RODRIGUES, Ana Maria. *Samba negro, espoliação branca.* São Paulo: HUCITEC, 1984.

ROSALDO, Renato. *Cultura y verdad.* Nueva propuesta de análisis social. México, D.F.: Grijalbo, 1989.

RORTY, Richard. *A filosofia e o espelho da natureza.* Lisboa: Publicações Dom Quixote, 1988.

SAMAIN, Etienne. "Ver" e "dizer" na tradição etnográfica: Bronislaw Malinowski e a fotografia. *Horizontes antropológicos. Antropologia Visual. 2.* Programa de Pós-Graduação em Antropologia Social. Porto Alegre: Universidade Federal do Rio Grande do Sul, pp. 19-48, 1985.

SANSONE, Livio. Cor, classe e modernidade em duas áreas da Bahia. Algumas primeiras impressões. *Série Toques.* Salvador: UFBa/ CRH, 1992.

SLENES, Robert. As provações de um Abraão africano: a nascente nação brasileira na *Viagem alegórica* de Johans Moritz Rugendas. *Revista de História da Arte e Arqueologia.* Pós-Graduação em História da Arte e Cultura. Campinas: UNICAMP, pp. 271-294, 1996.

SPIVAK, N. *In other worlds*: essays in cultural politics. London: Methuen, 1987.

TACCA, Fernando de. A representação icônica na cotidianidade do operário sapateiro na Cidade de Franca-SP. *Antropologia Visual.* Caderno de Textos, Rio de Janeiro: Museu do Índio, pp. 54-65, 1987.

_____. Fotografia e olhar totalitário. *Imagens*, nº 4, Campinas, pp. 99-105, abril, 1995.

WEBER, Max. A objetividade do conhecimento nas Ciências Sociais. In: COHN, Gabriel (org.) *Weber.* São Paulo: Ática, 1986.

ZUKIN, Sharon. *Landscapes of power.* From Detroit to Disney World. University of California Press, 1991a.

_____. Postmodern urban landscapes: mapping culture and Power. In: LASH, Scott. FRIEDMAN, Jonathan. *Modernity and Identity.* Oxford/Cambridge: Blacwell, 1991b.

CAPÍTULO 3

DISCURSO ESCRAVO EM TERRA DE NEGROS

O MATO E O MAR

Apontamentos para uma Arqueologia do Discurso Escravo [*]

Martin LIENHARD [**]

A etno-história se define tradicionalmente como a história particular das "etnias". Ora, ao menos desde o começo do expansionismo europeu, os grupos "étnicos" se movem num contexto caracterizado pela existência de um poder de tipo colonial que os transcende e que os integra — geralmente enquanto comparsas — em um novo conjunto de relações. Produto da história, mais do que manifestação de alguma essência cultural, as "etnias" que se manifestam na América colonial ou pós-colonial — grupos indígenas, afro-americanos etc. — são coletividades proteiformes que se encontram num processo constante de redefinição, recomposição ou recriação. Nessas condições, a chamada "etnicidade", baseada numa tradição pré-colonial ainda viva ou reinventada, vem a ser antes de tudo a resposta de certos setores socioculturais a sua discriminação no seio da sociedade global, "colonial" ou "moderna". Neste sentido, a etno-história moderna há de entender-se como a história dos grupos ou setores marginalizados pelos sistemas coloniais ou neocoloniais. Uma história das coletividades humanas que não têm acesso à história oficial ou que entram nela pela porta de serviço — que é hoje, por vezes, a de sua transformação em "produto" comercializável. Uma história

---

[*] Sendo impossível, nestas atas, a publicação do curso de três dias que efetuei no V Congresso Afro-Brasileiro, limito-me aqui a transcrever alguns elementos de sua introdução e a resumir algumas das dificuldades e os resultados mais evidentes das três pesquisas apresentadas. O leitor interessado encontrará a totalidade dos materiais aludidos e a bibliografia correspondente no livro *O mato e o mar – histórias da escravidão*, atualmente em processo de editoração no Centro de Estudos Afro-Orientais (CEAO) da Universidade Federal da Bahia.

[**] Professor da Universidade de Zurique.

reprimida, ocultada ou tergiversada, seja pela ignorância dos historiadores, seja – mais provavelmente – pelo interesse que esses têm em defender as posições dos grupos hegemônicos.

Nas últimas décadas, a história dos escravos americanos – e a de seus ancestrais na África – se desenvolveu de maneira bastante espetacular. Vários autores procuraram também afastar-se da perspectiva institucional que predominou, até há pouco tempo, nos estudos sobre o comércio escravista e a escravatura. No seu livro *Negociação e conflito. A resistência negra no Brasil escravista* (1989), João José Reis e Eduardo Silva, por exemplo, propõem uma "abordagem que vê a escravidão sobretudo da perspectiva do escravo" s(p. 7). A minha abordagem, também, parte da "perspectiva do escravo", mas encara particularmente – na sua dinâmica histórica – os universos discursivos das coletividades escravas. Na minha ótica, a "perspectiva escrava" se exprime particularmente no "discurso escravo". Quero esclarecer que na minha terminologia, "discurso" remete para todas as práticas – verbais ou não – que se integram numa operação comunicativa. "Discurso" pode ser tanto uma fala, uma cantiga ou um ritmo de tambor quanto, por exemplo, um comportamento ritualizado. O "discurso" manifesta o imaginário – e a mentalidade – de um grupo. Podemos nos perguntar, então, qual foi, em cada momento e lugar, o "discurso sobre o mundo e a escravidão" dos africanos ameaçados de serem capturados, o dos próprios escravos e o de seus descendentes culturais. Cumpre depois investigar em que medida esse "discurso" evoluiu ou se diferenciou segundo a época, o lugar, a situação do grupo produtor. No caso que nos ocupa, interessa também saber até que ponto, na América, o "discurso escravo" conservou ou recriou elementos de um "discurso africano".

Desejo enfatizar que a procura do "discurso escravo" não é a de uma hipotética "verdade histórica", embora seja a dos escravos. Na minha pesquisa não se trata de saber "o que foi", mas de que maneira os homens – os escravos – perceberam um conjunto de sucessos dos quais foram protagonistas ou vítimas. O que interessa, portanto, são os processos ideológicos ou intelectuais que acompanharam os sucessos históricos. Na medida em que interagem com a prática social concreta, esses processos não têm menor importância que a própria atuação histórica. Agora, a dificuldade principal de uma pesquisa deste tipo, ao menos para os séculos XVI-XIX, é o fato de o discurso aludido não atingir, via de regra, uma expressão direta na superfície – palavras, frases – da documentação existente. Para conhecer, por exemplo, a atitude discursiva dos africanos perante a rapacidade escravista dos portugueses na África, a grande maioria dos testemunhos disponíveis são os relatórios, as crônicas ou as cartas escritas pelos próprios portugueses. Nestes textos mais ou menos oficiais, o discurso dos africanos ou de seus descendentes se oculta, se tergiversa, se filtra, e tende a ser reduzido a umas poucas idéias estereotipadas. É normal, aliás, que isso aconteça: os agentes do grupo conquistador, preocupados tão-somente com tráfico e sua "justificação", não tinham o menor interesse em conhecer o pensamento verdadeiro de seus interlocutores africanos. Análoga é a situação que se apresenta a quem quiser conhecer – outro campo de pesquisa – o discurso dos escravos fugitivos ou quilombolas na América. A documentação existente – pouco conhecida e geralmente inédita – se cifra, basicamente, nos depoimentos de escravos presos. Recolhidos por juízes ao serviço dos donos de escravos, esses testemunhos (quase) só revelam o que desejavam ouvir seus adversários: o reconhecimento de uma prática "delituosa". Uma outra fonte para conhecer certas variantes do discurso escravo são as cantigas dos ritos afro-americanos, cuja "letra" deve ocultar rastos do discurso dos escravos que – segundo a tradição – a (re)criaram. É preciso lembrar, porém, que se trata, neste caso, de textos ou "criptogramas" de conteúdo basicamente religioso. Não podemos esperar neles, portanto, a expressão direta de um discurso sobre o mundo e a escravidão. Note-se que nem as crônicas portuguesas nem os depoimentos de escravos fugidos nem as cantigas dos grupos religiosos "afro" foram destinados aos nossos ouvidos ou olhos. Cada uma destas categorias de textos se insere, com efeito, em um sistema de comunicação particular, cujos destinatários originais foram – ou são – respectivamente o rei português (relatórios portugueses da África), as autoridades da América colonizada (depoimentos de escravos fugitivos) e as "forças" invocadas pelos praticantes das religiões afro-americanas (cantigas). Diante deste tipo de textos, o olhar do leitor atual não é mais do que um olhar intruso, que com certeza não capta a totalidade dos elementos em jogo. Para remediar de alguma maneira essa situação cumpre reconstruir, na medida do possível, os atos de comunicação que suscitaram os textos escritos ou transcritos. Quem diz o quê, a quem, por que e como? Em grande medida, é o conhecimento da encenação de um discurso que permite descobrir o que ele realmente "diz" ou significa.

Para que se possa avaliar a produtividade de uma "arqueologia do discurso escravo", desejo esboçar as implicações fundamentais desta linha de pesquisa e resumir as conclusões provisórias do trabalho que estou desenvolvendo, por enquanto, em três direções: 1. as atitudes discursivas dos africanos na conquista portuguesa da área Congo-Angola; 2. o discurso que subjaz às fugas ou ao aquilombamento de escravos no Brasil e no Caribe; e 3. a memória da escravidão que se oculta ou manifesta nas cantigas dos *paleros* ou "congos" cubanos atuais, descendentes espirituais dos escravos da área Congo-Angola. São, por assim dizer, três sondagens na história do discurso dos escravos bantos e de seus descendentes culturais.

Seja nas crônicas portuguesas da conquista de Angola (século XVII), nas devassas caribenhas ou brasileiras sobre as fugas de escravos na América (século XIX) ou ainda nos cantos religiosos "afro" atuais, o discurso dos africanos ou dos seus descendentes (reais ou espirituais) se acha, na verdade, como que soterrado ou enterrado. Nosso interesse consiste, pois, em desenterrá-lo. Em qualquer operação de desenterramento, o que se chega a tirar fora é pouco mais do que um montão de ossos mais ou menos desconexos. A partir destes ossos, o arqueólogo recompõe o esqueleto e procura, baseando-se no contexto pertinente, encontrar-lhe um sentido. A mesma tarefa é a que incumbe ao "arqueólogo" do discurso africano ou escravo soterrado nos documentos mencionados. Para revelar as "histórias" daqueles que não entraram na História oficial, o conteúdo manifesto dos textos redigidos por seus adversários ou – no caso dos *paleros* cubanos – enunciados por eles próprios sob a forma de criptogramas não é, com certeza, uma base suficiente. Precisa-se, ao contrário, adquirir a faculdade de ouvir o que não se disse ou o que se ocultou deliberadamente. Um dos poucos filmes africanos que evocam a história da deportação dos africanos para a América, *Asientos,* do cineasta senegalês François Woukouache (Bélgica, 1995), sugere a seu modo as dificuldades e os possíveis alcances de um trabalho deste tipo. Essa obra procura narrar a história – "inenarrável" pela ausência de fontes diretas – dos africanos destinados a serem embarcados para a América. Woukouache optou por mostrar o pouco que tinha a sua disposição: uma antiga feitoria portuguesa de escravos, localizada à beira-mar, que contém, além de uma série de gravuras antigas, os instrumentos de repressão ou tortura que se usavam contra os cativos. Sentado na beira e fitando o mar, um velho, absolutamente mudo, "conta" a história para um jovem. As imagens e os elementos sonoros vão se combinando de um modo que, aos poucos, o espectador, que ocupa o lugar do moço, chega a "ouvir" claramente essa história. Esse é, de alguma maneira, o procedimento que desejo aplicar aos textos mencionados.

A leitura repetida dos documentos e das "estórias" que eles ocultam acaba por revelar, com uma evidência sempre crescente, dois espaços decisivos na cosmologia de seus protagonistas ou vítimas: o mar e o mato. Trata-se de dois espaços característicos da geografia na qual se desenvolveu a vida tradicional dos bantos na área Congo-Angola. Por acaso ou não, os espaços que constituíram o pano de fundo do cenário da escravidão no Brasil ou no Caribe oferecem, ao menos em parte, certa analogia com os espaços "originais" dos bantos; fato que deve ter facilitado, aliás, a transferência da cosmologia "kongo" para a América. Na África, tanto o mar quanto o mato vêm a ser "instâncias" simultaneamente ameaçadoras e promissoras. O mar alimenta os homens como também se nutre deles. Da floresta surge o inimigo, mas é a mesma floresta que permite organizar a resistência contra ele. Na cosmovisão tradicional dos *kongos* e dos *mbundos,* o mar e o mato são também – ou antes de tudo – os lugares onde moram os espíritos dos ancestrais. O mato, em particular, se conceitua como a fonte de toda a energia acumulada na história coletiva. É na *nfinda* (mato) que residem não só os espíritos dos mortos como também os *nkisi* ou *mikixi,* forças todas cujo controle permite alcançar poder sobre os inimigos externos ou internos. Muitas das práticas religiosas dos "kongos" africanos ou de seus descendentes culturais[1] na América aludem, de uma maneira ou outra, às energias – benfazejas ou nefastas – que se concentram na *nfinda* e que são aproveitadas pelos *nganga* ou "feiticeiros". Mitificados no discurso da tradição, especialmente nas cantigas dos "kongos" cubanos, o mar e o mato não só remetem para os espaços reais homônimos como também para a experiência coletiva dos grupos humanos cujas "histórias" procuro encarar na minha pesquisa.

Ora, em que medida esta cosmologia aparentemente inamovível que se manifesta no discurso mítico se modificou sob a influência das tremendas rupturas que marcaram a vida dos bantos já na África e, mais ainda, a de seus descendentes na América? Na obra de um missionário-lingüista inglês que trabalhou em São Salvador, capital do reino do Congo, encontrei um indício interessantíssimo referente a um reajuste que os "kongos", ainda na África, parecem ter imposto a sua cosmologia "original". Em 1887, esse missionário – W. H. Bentley – escreveu:

> *"Eles [os kongos] só têm vagas noções quanto a esse mundo dos espíritos. Alguns pensam em um país debaixo do mar, onde os desaparecidos trabalham para os homens brancos, fabricando a roupa e as coisas deles; prevalece porém uma idéia mais antiga e talvez mais geral: a de que os espíritos dos desaparecidos moram num país de florestas remoto e obscuro (Bentley 1887, p.503)."*

Lendo com atenção este trecho, pareceria que no Congo as tradições mais antigas localizassem a morada dos mortos na floresta, enquanto outras – talvez mais recentes – a situassem no fundo do mar. Nessas últimas tradições se descobre, a meu ver, a marca da experiência histórica do escravismo europeu. A morte, com efeito, se associou ao mar porque foi o mar que trouxe os agentes dessa morte lenta que é a escravidão, e porque era no

---

[1]. Em virtude da dispersão das etnias africanas pelo comércio escravista e da sua posterior – e parcial – recomposição ou recriação na América, os membros de uma atual "nação" africana na América não são necessariamente descendentes reais dos coletivos africanos cuja cultura eles estão recriando.

mar onde desapareciam para sempre os escravos embarcados para o Brasil ou o Caribe. Com seus habitantes obrigados a trabalhar para os brancos, o país situado no fundo do mar é uma imagem que bem parece traduzir o trauma da escravidão. Comprova-se assim que, já na África, o discurso "kongo", longe de constituir uma tradição inalterável, reagia perfeitamente às rupturas históricas.

Colocados em um contexto radicalmente novo, os bantos escravizados na América e os seus descendentes culturais continuaram, sem dúvida, a adaptar a sua cosmologia às novas realidades e, em particular, às condições da vida cativa. Como todo o processo histórico, a evolução do discurso "kongo" ou "banto" na América, pouco conhecida e difícil de estudar, deve ter passado por toda uma série de continuidades e rupturas. É verdade que nos casos estudados, as continuidades – ao menos quanto às diretrizes mais abstratas da cosmologia – parecem prevalecer sobre as rupturas. Não se deve excluir a possibilidade, porém, de que as mesmas formas remetam, na realidade, para conteúdos ao menos parcialmente novos. Assim, na América, a importância do "mar" (*kalunga*) como morada dos mortos parece ter-se reforçado enormemente entre alguns dos descendentes espirituais dos bantos da área Congo-Angola. Mais do que na África, esse "novo" país dos mortos recebeu em algumas partes da América todos os rasgos que caracterizavam, tradicionalmente, o "mato" (*nfinda*), especialmente o de sua essencial ambivalência: espaço ameaçador/promissor. Para os africanos escravizados na América, o mar, que lembrava sem dúvida a viagem para o cativeiro, aparecia também como um vínculo com a terra de origem e um caminho utópico para o "retorno". Tanto nos depoimentos de um grupo de escravos portorriquenhos que procurou fugir para o Haiti (Nistal Moret, 1984), quanto nas cantigas dos Arturos, grupo mineiro de descendentes de escravos bantos (Gomes, 1988), ou, ainda, nos *mambos* (cantigas rituais) dos "kongos" cubanos (Lienhard inéd.), o mar adota claramente as características mencionadas. O mar enquanto espaço da utopia, concepção claramente "escrava" e não africana, decorre obviamente da experiência histórica dos bantos e seus descendentes culturais na América.

Cativos além do mar, eles deviam nutrir forte desejo de atravessá-lo para se reintegrar a sua terra.

    Para os escravos bantos exilados na América, o outro caminho possível para alcançar a "África" – neste caso as aspas são decisivas – era a picada que levava ao interior das florestas americanas, ao quilombo ou mocambo (Brasil), ao palenque (Cuba, Colômbia) ou ao cumbe (Venezuela). Na América, o estabelecimento de quilombos manifesta a relativa continuidade de uma prática banto que se observa, particularmente, no âmbito da luta da rainha Nzinga (ou Ginga) contra os portugueses (Angola, século XVII). Na prática de Nzinga, o quilombo era a forma que adotava o seu estado em tempo de guerra. Em situação de guerra, com efeito, a corte da rainha abandonava o espaço "civilizado" para se instalar no interior dos matos. Como sugere a leitura das crônicas portuguesas de África e a de alguns depoimentos de escravos africanos na América (Kindlimann inéd.), tanto para os africanos quanto para os escravos americanos, o mato representava não só um espaço estratégico para a sua defesa militar como também um espaço de relevância religiosa. No âmbito dos quilombos americanos parece se realizar uma ressemantização parcial do conceito de *nfinda* (mato), que tende agora a remeter para a *nfinda* "original": a "África". Nas suas encenações e cantigas rituais, os *paleros* cubanos, descendentes espirituais ou culturais de escravos bantos, sugerem até hoje a identidade de *nfinda* e "África". O espaço do rito, com efeito, é "África". Para os praticantes modernos, porém, essa ressemantização parcial da *nfinda* não tem as mesmas implicações que para os seus antepassados escravos: nenhum descendente cultural dos bantos escravizados sonha, hoje em dia, com seu "retorno à África". Penso que, atualmente, a vontade de conservar ou de recriar o discurso dos ancestrais escravos remete para a necessidade de responder, pela afirmação de um "discurso escravo" atualizado, à discriminação e à marginalização sociocultural.

    Na minha pesquisa surgem, entre as três "histórias" consideradas, relações e analogias interessantes que passariam desapercebidas se cada uma delas se explorasse separadamente. Assim, certos aspectos da luta dos africanos da área Congo-Angola (século XVII), em particular a formação de exércitos de escravos fugitivos, aparece como o "passado" da luta dos escravos quilombolas na América (caso da "insurreição" de Manoel Congo, 1837; v. Pinaud, 1987), enquanto esta última se pode conceituar como um dos "futuros" possíveis – uma espécie de continuação – da luta iniciada na África. A comparação de movimentos de insubordinação africanos e americanos, especialmente quanto ao discurso que os seus protagonistas manifestam, oferece elementos interessantes para uma exploração mais geral, atenta as suas continuidades e rupturas, da história "atlântica" dos escravos[2]. Excepcional neste âmbito parece o projeto de fuga para o Haiti de alguns escravos portorriquenhos (1826; v. Nistal-Moret, 1984). Embora baseado também na atualização de alguns comportamentos africanos ou afro-americanos tradicionais, ele "formula" o projeto de um futuro inédito: a participação na construção do primeiro Estado negro nas Américas. Neste caso, o seu confronto com os movimentos mencionados permite, antes de tudo, assinalar a sua relativa novidade. A quarta "história", que se manifesta, por exemplo, nos *mambos* dos paleros cubanos, articula vários níveis temporais: a "pré-história" africana dos escravos americanos, a escravidão americana e o presente, que corresponde ao momento da enunciação das cantigas. O desvendamento dos espaços chamados, nos *mambos* cubanos, de *nfinda* (mato) e de *kalunga* (mar), permite imaginar o que os mesmos espaços podem ter significado na cosmovisão dos africanos bantos em guerra com os portugueses ou na dos escravos brasileiros ou portorriquenhos do século passado, que buscaram sua salvação no mato ou no mar. Nessas cantigas parecem "falar" os escravos, prováveis criadores dos *mambos*. Cantando-os, os paleros retrocedem, de alguma maneira, à época da escravatura. Dessa maneira, eles não só se aproximam da África como também assinalam, conscientemente ou não, as analogias que ainda existem entre o seu presente e o passado escravista.

    A exploração paralela dessas "histórias" não é, portanto, arbitrária. Sendo cada um deles o "passado" ou o "futuro" das

---

2. Também Robert W. Slenes, na sua comunicação ao V Congresso Afro-Brasileiro (Tumulto e silêncio na província do Rio de Janeiro, 1848: cultura centro-africana, revolta escrava e a abolição do tráfico de escravos), sugere semelhanças entre movimentos "anticoloniais" africanos e americanos (brasileiros).

outras, a sua leitura paralela permite iluminar certos aspectos imperceptíveis – ou "não ditos" – nas outras. Tudo isso não acontece por acaso: todas elas não só levam à marca de uma cosmovisão relativamente comum como também se desenvolveram ou desenvolvem no "espaço" – igualmente comum – do escravismo e dos regimes pós-escravistas.

Enfocando a "evolução" de alguns núcleos centrais do discurso banto entre a África e a América, essa exploração – aqui só minimamente esboçada – sugere, além das continuidades formais, a adaptação constante do discurso às mudanças históricas e sociais. O discurso escravo, é evidente, não se limita a considerações de tipo cosmológico. De seu conteúdo fazem parte, também, além das estratégias de resistência e de negociação, todas as preocupações que inspira, em cada momento e lugar, o dia-a-dia da vida escrava. Pouco estudada pelos pesquisadores pela falta de fontes acessíveis, a adaptação ou recriação de cosmologias "africanas" pelos escravos parece, porém, uma constante nos processos culturais que acompanham a sua história. Uma "arqueologia do discurso escravo", atenta para essas questões, poderia contribuir, sem dúvida, para iluminar alguns aspectos do processo intelectual que acompanhou, primeiro, a transformação dos africanos em escravos, e logo, a dos escravos em "negros" ou membros dos setores marginalizados e discriminados.

Referências bibliográficas

BENTLEY, W. Holman. *Dictionnary and grammar of the Kongo language, as spoken at San Salvador, the ancient capital of the Old Congo empire, West Africa.* London: Baptist Missionary Society and Trübner, 1887.

PINAUD, João Luiz Duboc et all. *Insurreição negra e justiça.* Paty do Alferes, 1838. Rio de Janeiro: Expressão e Cultura/Ordem dos Advogados do Brasil, 1987.

GOMES, Núbia Pereira de Magalhães. PEREIRA, Edimilson de Almeida. *Negras raízes mineiras:* os Arturos. Juiz de Fora: Ministério da Cultura/EDUFJF, 1988.

KINDLIMANN, Adrian. *Fluchtgemeinschaften schwarzer Sklaven in Cartagena de Indias (1540-1714)*, Zürich: Historisches Seminar, inéd.

LIENHARD, Martin. *O mar e o mato* — Histórias da escravidão (Congo-Angola, Brasil, Caribe). Salvador: Centro de Estudos Afro-Orientais (CEAO), no prelo.

NISTAL-MORET, Benjamín. *Esclavos, prófugos y cimarrones, Puerto Rico, 1770-1870.* Puerto Rico: Editorial de la Universidad, 1984.

REIS, João. SILVA, Eduardo. *Negociação e conflito.* A resistência negra no Brasil escravista. São Paulo: Companhia das Letras, 1989.

"REMANESCENTES DE QUILOMBOS" DO RIO EREPECURU

O Lugar da Memória na Construção da Própria História e de Sua Identidade Étnica

Eliane Cantarino O'DWYER [*]

O objetivo deste trabalho é apresentar uma leitura sintética dos dados etnográficos e da visão antropológica construída a partir da experiência de pesquisa de campo realizada junto aos grupos étnicos sociais localizados na fronteira amazônica, município de Oriximiná, estado do Pará. Considerados de exclusividade negra, estes grupos pleiteiam seu reconhecimento legal como "remanescentes de quilombos", de acordo com o artigo 68 do Ato das Disposições Constitucionais Transitórias da Constituição Federal de 1988. Do nosso ponto de vista, é preciso considerar as dificuldades crescentes de fazer pesquisa de campo etnográfica nas situações em que parcelas e grupos da população lutam pelo pleno reconhecimento do seu status legal.

Este é o caso dos grupos que se definem legalmente como "remanescentes de quilombos", e vivem em territórios separados no alto curso do rio Trombetas e seu afluente Erepecuru. De acordo com nossa experiência etnográfica, eles praticam um isolamento defensivo diante da entrada de estranhos em suas comunidades, ao criar uma série de dificuldades para acesso de pessoas de fora, até quando as intenções são definidas em termos de puro conhecimento. A localização espacial destes grupos distribuídos em comunidades (termo usado aqui em seu sentido

---

[*] Professora da Universidade Federal Fluminense.

empírico) situadas ao longo das margens no alto dos rios, e alcançáveis somente através de transporte fluvial; a inexistência de linhas regulares de barco, fazendo a ligação com a cidade de Oriximiná, onde, periodicamente, vendem seus produtos, principalmente a castanha, e adquirem alguns bens necessários ao consumo constituem fatores que podem funcionar, na prática, em determinados contextos sociais e políticos, como um limite espacial usado para manter uma distância física relativa das suas famílias reunidas em unidades residenciais, localizadas no alto dos rios, e as áreas de maior circulação, principalmente a sede municipal que visitam periodicamente, onde se observa o encontro de diferentes comunidades ribeirinhas e outros grupos étnicos e sociais.

Os obstáculos enfrentados para a realização da pesquisa de campo nesta região nos anos de 1992/1993 e as estratégias que tive de lançar mão para obter a aceitação do grupo levaram-me a formular, em função das próprias condições do trabalho de campo, uma interpretação etnográfica: de que estes grupos praticam um "isolamento consciente", que não pode ser explicado por qualquer idéia de "isolamento primitivo" ou de isolamento geográfico, social e cultural, naturalizados, assim face ao observador externo. Ao contrário, tal isolamento é praticado por eles, em decorrência de situações novas impostas por processos identificados como de globalização e suas conseqüências, como a implantação de um grande projeto de extração mineral em seu território e as ações de vigilância e controle sobre as populações negras do Trombetas, realizada através de uma política de preservação ambiental que define suas práticas culturais como transgressões à legislação (O'Dwyer, 1995).

Mas a configuração espacial destes grupos, localizados no alto curso dos rios, que mantêm um isolamento relativo atualizado de forma consciente, adquire toda sua significação quando relacionada à própria experiência de pesquisa etnográfica. A aceitação da pesquisa no contexto em que estavam voltados para a produção de sua própria história, através das lembranças dos quilombos e das lendas heróicas contadas pelos moradores mais velhos das comunidades, como afirmação política dos seus direitos constitucionais, foi resultado do acaso nas estratégias de que lancei mão para aproximação do grupo.

Enquanto esperava, na cidade de Oriximiná, permissão para viajar às comunidades no alto dos rios, instalada em uma sala da Unidade Avançada José Veríssimo – campus avançado da Universidade Federal Fluminense (UFF) na Amazônia – passei a consultar a bibliografia histórica sobre a região e relatos de viajantes que atravessaram o alto curso do rio Trombetas e seu afluente Erepecuru no final do século XIX e início deste, como o casal Henri e Otille Coudreau, que fez trabalhos de levantamento sócio-econômico e geográfico para o governo do Pará.

O mapa afixado na parede com a expedição de Otille Coudreau ao Erepecuru (mais conhecido no relato dos viajantes daquele período pela denominação de Cuminá), dois anos depois da morte do marido na expedição de 1898 ao rio Trombetas, acabou funcionando como um roteiro de viagem. Sua cartografia, porém, nos levou além dos cursos navegáveis, onde estão situadas as diversas comunidades das margens deste tributário do Trombetas, que possui uma dimensão comparável ao rio principal.

Na viagem de subida houve uma única parada para pernoite na comunidade do Jauari, onde permanecemos no próprio barco, que prosseguiu até os cursos encachoeirados mais a montante. Na região acima da parte navegável do rio, devido às duras condições que enfrentamos longe de nossas casas: a necessidade de dormir no acampamento dos castanheiros ou em barracas improvisadas na floresta; os riscos de atravessar de canoa as correntezas encachoeiradas; a chuva ininterrupta nessa época do ano (era mês de março); e principalmente a incapacidade minha e do meu marido – que me acompanhava como assistente de pesquisa – em fazer as tarefas mais corriqueiras naquelas circunstâncias exigiu dos nossos acompanhantes (um membro da comunidade do Erepecuru, outro do Espírito Santo e mais dois da cachoeira Pancada, que nos conduziram de remada rio acima) uma assistência em tempo integral, que aproximava essa conduta de uma subserviência, vivida com certa animosidade por um povo que tinha como referência o fato de ter sido escravo e resistido a essa condição nos *quilombos* ou *mocambos*, como são por eles ainda denominados os antigos locais de fuga.

O agravamento progressivo de nossas relações levou-me à leitura em voz alta do relatório de viagem escrito por Otille Coudreau (Coudreau, 1901), nos trechos correspondentes à região que atravessávamos. Este procedimento retomava nossas conversações a bordo do barco a motor *São Benedito*, pertencente à comunidade do Jauari, na viagem da cidade de Oriximiná ao Erepecuru – em média são feitas duas viagens semanais à cidade para transportar membros de várias comunidades ribeirinhas deste afluente que vão a negócio para vender seus produtos e comprar mercadorias necessárias ao consumo, resolver problemas particulares (tais como recebimento da aposentadoria rural pelos idosos), em visita aos filhos que ali residem com parentes para "desenvolver os estudos" ou ainda atendimento ambulatorial e em hospitais.

Ainda nesse trecho do chamado "rio manso" (antes de subir o curso encachoeirado, após contornar a cachoeira do Tronco ou cachoeira Pancada e a grande queda d'água do Chuvisco, através de uma estrada utilizada pelos castanheiros para descarregar seus paneiros no período do fabrico), perguntavam eles sobre vários personagens citados por Mme. Coudreau no seu relatório de viagem. Foi por suas informações, confrontadas à memória coletiva do grupo, que estávamos sendo conduzidos até a foz do Penecura, que recebe as águas do igarapé Santa Luzia, quilômetros adentro da embocadura e toma seu curso na serra do mesmo nome, onde consideravam que seus antepassados fugidos da escravidão formaram no passado um *mocambo*.

Procedência comum

Ao rever alguns dos personagens citados nesse relatório de viagem, debruçados sobre mapas e papéis em uma mesa do convés, ficamos sabendo que Guillermo (transcrevo o nome tal como grafado no relatório em francês), o guia da expedição de Mme. Coudreau, considerado natural do Erepecuru, era por eles identificado como tio-avô de Joaquim Lima, membro da comunidade do Espírito Santo e diretor da Associação dos Remanescentes de Quilombos de Oriximiná – ARQMO[1]. Verificamos que essas informações genealógicas foram colhidas pelos nossos acompanhantes com os moradores mais velhos das comunidades, antes mesmo da nossa viagem. Só então começávamos a compreender o valor estratégico que as referências feitas aos nomes de pessoas e lugares antigos neste relatório de viagem assumiam para a aceitação pelo grupo do nosso trabalho de pesquisa.

Guillermo, de acordo com a suposição que faziam a bordo do barco *São Benedito*, era irmão da *velha* Maria do Rosário, avó paterna de Joaquim Lima, por sua vez filha da *velha* Maria Peruana. Ele seria *filho da fortuna*, como dizem, antes do casamento de sua mãe com Pedro Leutério, este sim, pai de Maria do Rosário (ascendente na linha de filiação direta do nosso acompanhante) e de um Raimundo Leutério, também citado. Fiz o cálculo dos anos com base nas informações do relatório de viagem. Em 1900, no período da expedição, o guia de Mme. Coudreau, segundo ela própria, estava com 54 anos e, portanto, a data presumida do seu nascimento teria sido 1846. Joaquim Lima, que nos acompanhava em 1992 na viagem ao alto curso do Erepecuru, é nascido em 1947, logo, um centenário depois, seguindo a reconstituição que faziam de sua descendência do irmão da sua avó paterna, achando-se seu pai, Brás de Figueiredo, nascido em 1913, já falecido. Os sobrenomes, explicavam-me, podem variar. O mais comum na geração de Joaquim Lima e os irmãos Daniel e Irineu de Souza da comunidade do Jauari – todos a bordo do *São Benedito* – é puxar o nome da mãe. Contudo, com os casamentos civis substituindo as uniões consagradas apenas pelos padres nas visitas às comunidades, tem havido a obrigatoriedade nos registros de

---

1. Fundada em 1989, esta entidade coletiva de representação, que reúne as populações negras do Trombetas e Erepecuru-Cuminá, realiza o trabalho de mobilização para as exigências da luta pela garantia das terras em que vivem, com base no artigo 68 do Ato das Disposições Constitucionais Transitórias da Constituição Federal de 1988, que estabelece: "aos remanescentes das comunidades de quilombos que estejam ocupando suas terras é reconhecida a propriedade definitiva, devendo o Estado emitir-lhes os títulos respectivos."

cartório de usarem a convenção do nome do pai precedido do da mãe².

As informações de Mme. Coudreau não se limitaram ao seu guia e a tantos outros personagens, mas aos lugares em que os encontrava, levando nossos acompanhantes a bordo do barco *São Benedito* a relacioná-los ao presente etnográfico. Na expedição do início do século, o rio foi chamado de Cuminá, apesar de um dos barqueiros, contratado em Oriximiná, que conduziu a embarcação até a subida do curso encachoeirado, ter chamado Erepecuru seu curso depois do igarapé Moçambique, segundo o relato de Mme. Coudreau. Porém, a partir das informações de viajantes anteriores, ela se decidiu pelo nome Cuminá, chamando seu principal afluente à margem esquerda de Cuminá-Mirim, como ainda hoje é conhecido, suprimindo-se, contudo, o diminutivo por ela utilizado. Para efeitos deste trabalho usarei o nome Erepecuru para denominar esse afluente do Trombetas e Cuminá seu tributário principal, inclusive nas passagens em que for mencionada a expedição Coudreau de 1900.

Recorrer a um guia nativo para a exploração do alto Erepecuru parece ter constituído um procedimento diverso da decisão do seu marido, que chefiava a expedição de 1898 ao alto Trombetas e recusou o oferecimento de vários *mocambeiros* que foram ao encontro deles na cachoeira Porteira, dispostos a segui-los na travessia do curso encachoeirado. De acordo, ainda, com este relatório da viagem ao Trombetas (Coudreau, 1900), consideravam a perícia dos cachoeiristas que os acompanharam em expedições anteriores na região amazônica, *negros e mulatos* procedentes do Tocantins, garantia suficiente para o êxito da missão.

---

2. No contexto deste trabalho não pretendemos discutir o tipo de sistema de filiação, se matrilinear ou patrilinear, até porque, se adotada esta forma de classificação, os fatos etnográficos indicariam uma possível contradição na medida em que a autoridade do grupo é paterna. Trata-se apenas de um registro sobre o modo como constroem suas genealogias e a transmissão dos nomes de família mais comumente feita através das mulheres. São suas implicações funcionais que interessam para dar conta dos fatos observados. Ao se discutir o domínio do parentesco em antropologia duvida-se, inclusive, que haja proposições úteis sobre sistemas matrilineares que possam distingui-los de sociedades dotadas de outras regras de filiação (Needhan, 1977, p.110).

O desprezo pela população *mocambeira,* por parte do casal expedicionário europeu, e as visões etnocêntricas e racistas que manifestaram em várias passagens dos seus escritos, ao considerar inclusive suas formas de organização social como de todo desprezíveis em comparação ao interesse que demonstravam em relação aos habitantes indígenas, eram inerentes à idéia de raça prevalente naquele período, que fazia das diferenças físicas qualidades biologicamente determinantes da superioridade ou inferioridade entre os povos.

A tragédia que marcou a expedição ao rio Trombetas, com a morte de Henri Coudreau em cachoeira Porteira – depois da descida do curso encachoeirado, mas incapaz de resistir à febre e às penosas condições impostas, perdidos que ficaram vários dias sem suficiente provisão – parece ter convencido Mme. Coudreau a recorrer a um guia nativo dois anos depois, quando deu continuidade aos trabalhos iniciados pelo marido, com o apoio renovado pelo então governador do Pará. Na confluência do Erepecuru, antes de prosseguir viagem, desviou sua rota para visitar a sepultura do marido, cerca de três dias de canoa rio acima, acompanhada nesse percurso da mesma tripulação da viagem anterior ao Trombetas. Desta vez, contudo, seguiu as indicações do Sr. Carlos Maria Teixeira de Oriximiná (hoje nome de uma rua central da cidade), antigo proprietário de uma chalupa a vapor para navegação no Baixo Amazonas, que hospedara anteriormente o casal e voltou a recebê-la em sua casa, ocasião em que recomendou que procurasse o *mocambeiro* Santa-Ana (como grafado no relatório da expedição seu nome e o termo de designação), guia do padre José Nicolino, vigário de Óbidos, em suas duas expedições e de outros viajantes, exímio conhecedor dessa região da fronteira. Faz-se notar que, passados uma dezena de anos da Abolição de 1888, o termo *mocambeiro* continua a ser usado nos relatórios de viagem dos Coudreau para denominar as populações nativas do Erepecuru e Trombetas, com a explicação para o leitor de que se tratava de escravos *marrons.*

No texto de Mme. Coudreau, o *mocambeiro* Santa-Ana, procurado para acompanhar a expedição como guia, não se encontrava em sua casa logo depois da boca do Cuminá, tributário do Erepecuru. Havia viajado para abrir um caminho no interior do curso deste rio e sua esposa, para substituí-lo, indicou-lhe um sobrinho dela, chamado Guillermo. Era filho de uma irmã que morava uns três quilômetros adiante e conhecia o rio tão bem como o próprio marido. As informações no relatório de Mme. Coudreau sobre a contratação do guia, seu relato da despedida dos parentes, ao todo umas vinte pessoas que o abraçavam, e a preocupação que diz ter percebido demonstrada por Maria, mãe de Guillermo, em virtude da fama que se espalhara sobre os maus-tratos e meios corretivos que aplicava à tripulação que lhe servia, não pouparam os comentários cruéis que escreveu sobre o grupo reunido. Esse lugar onde contratou o seu guia pode ter sido Boa Vista do Cuminá, comunidade que visitei na minha segunda viagem ao Erepecuru, onde vivem descendentes dos escravos fugidos.

Na passagem do barco *São Benedito* pelo Cuminá, quase cem anos depois, meus acompanhantes, todos membros das comunidades ribeirinhas do Erepecuru, corrigiram um comentário apressado que fizera ainda em Oriximiná, numa das suas visitas ao meu gabinete de trabalho para programar nossa viagem. Dissera nessa ocasião que Guillermo, o guia de Mme. Coudreau, era sobrinho de Santa-Ana e Joaquim Lima comentou com Daniel de Souza que Benedita Santana, considerada por eles filha do velho Santana mencionado pela Coudreau, não reconhecia Guillermo como seu irmão. Revi a informação no livro e de fato Guillermo, segundo Coudreau, era sobrinho da esposa de Santa-Ana, indicado inicialmente para servir-lhe de guia.

No retorno da viagem, ao baixar o rio, Irineu de Souza, comandante do barco *São Benedito*, fez uma parada em casa de Benedita Santana, considerada uma das pessoas mais antigas que poderia informar sobre a *história dos princípios*, que depois da subida à região encachoeirada já consideravam como o tema principal do meu trabalho. Devia estar com mais de oitenta anos, que "ninguém sabe bem a idade desses antigos, nós mesmos aprendemos a contar agora", disseram os irmãos Irineu e Daniel de Souza da comunidade do Jauari. Recomendaram ainda na subida do rio que viesse visitá-la, mas tinha que "conversar bem" com a velha Benedita, senão "ela se esconde. Tem medo dos brancos" – advertiram-me. Apressaram-se, contudo, a explicar que esse comportamento não tem nada de inusitado. Quando crianças, na presença de estranhos, "mamãe mandava a gente se esconder".

Na visita em sua casa, ela pouco falou e percebi que foi trazida a minha presença quase à força. Era filha de Raimunda e Manoel Santana; quando seu pai faleceu ainda não havia se casado e morava com quatro irmãos na localidade de Remédios, acima da boca do Cuminá. Encontra-se viúva de Manoel Paixão Almeida de Souza, que é irmão da vovó Raimunda Viana, e também parente da tia Biquinha – comunidade da Pancada – e (descendente) da nossa tataravó, muito antiga, *raiz dessa gente nossa*, disse Irineu em sua casa. D. Benedita fez mais referências ao seu tio, o finado Ângelo Salgado – sobrenome que também usava –, antigo morador de Boa Vista do Cuminá, que realizava muitas festas na localidade de Remédios, onde morava com os irmãos, situada mais para dentro do rio. Disseram-me ainda que esse Ângelo Salgado era avô de D. Gregória, moradora da comunidade de Jauari com mais de 65 anos e que, portanto, ambas eram parentes, sendo o pai de D. Benedita irmão do avô de D. Gregória. Entre os filhos dela presentes e vários membros da comunidade do Jauari que desceram do barco para ouvir a conversa, surgiu a hipótese de que o pai dela talvez não fosse o próprio Santana *velho*, citado por Mme. Coudreau, mas um sobrinho dele.

O fato é que suas recordações pareciam mais referidas à figura do seu tio Ângelo Salgado e naquelas circunstâncias de viagem não foi possível obter condições mais favoráveis para fazer perguntas e conseguir outras informações sobre sua genealogia. Chamou-me atenção, contudo, o fato do seu pai ser considerado irmão do avô de D. Gregória, e D. Benedita, portanto, pertencer à mesma geração da mãe de D. Gregória, Martinha, já falecida, filha que era do Ângelo Salgado.

Pareceu-me, nessa ocasião, que, ao traçar suas genealogias, suprimiam uma das gerações ou confundiam os bisavós com seus avós. Voltemos à referência que fizeram a Guillermo, guia de Mme. Coudreau, como irmão da avó de Joaquim Lima e que, julgado inicialmente por mim, através de uma observação apressada, como sobrinho do velho Santa-Ana, indicado para conduzir a expedição de 1900, os motivou a me levar à presença de D. Benedita Santana, que não reconhecia nenhum parentesco entre Guillermo e seu pai. Afinal, independentemente desse Santa-Ana citado pela Coudreau ser ou não seu ascendente, a partir dessa contestação tive que rever o relatório da expedição e verificar que Guillermo era sobrinho, sim, mas da esposa do Santa-Ana. Achava, contudo, improvável que a diferença entre Joaquim Lima e seu tio de 1846 fosse de apenas duas gerações ascendentes e talvez houvesse uma indistinção entre a segunda e terceira gerações de avós. Tais dúvidas só puderam ser mais bem esclarecidas na minha volta às comunidades depois de subir a região encachoeirada.

Toda essa longa digressão serviu apenas para situar a forma como fomos incluídos na própria elaboração da história do grupo, ao permitir que tivéssemos assim acesso ao material etnográfico. Fiquei sabendo que antes mesmo da nossa subida, "todos nas comunidades comentavam sobre Guillermo, guia da Coudreau", conforme anotação que fiz no caderno de campo em 1992. Os mais velhos tinham ouvido nas histórias contadas pelos seus avós que Guillermo era bom de remo e havia resgatado, ao viajar uma noite inteira de canoa rio acima, sua irmã reescravizada na localidade do Lago Salgado, próxima da foz do Erepecuru. Neste caso, não é a veracidade do relato, se acontecimento ou lenda heróica, que mais importa, porém o fato da viagem ao alto do rio ter sido feita com a aprovação dos moradores das comunidades que, mesmo mantendo inicialmente uma certa distância, ao enviar-nos aos lugares desabitados, acompanhavam com interesse nosso percurso.

Na viagem à região encachoeirada no alto do rio, ao proceder à leitura em voz alta do texto em francês, podia suprimir certas partes do relato em que Mme. Coudreau manifestava suas opiniões etnocêntricas e racistas, e deter-me nas informações de viagem em que mencionava a topografia, os nomes dos igarapés, as cachoeiras, seus acompanhantes, o guia e a população nativa, os índios Pianocotós encontrados acima da cachoeira do Mel. Os nomes dos lugares, segundo o relatório de 1900, eram denominações atribuídas pelos *mocambeiros* e retomadas pelos expedicionários em sua descrição cartográfica. Podemos considerar que o fato dos chamados *mocambeiros* denominarem os acidentes naturais registrados nos mapas é relativo ao domínio desse território e à condição de seus naturais. Os nomes dos principais acidentes geográficos citados no relatório da expedição Coudreau eram iguais às denominações atribuídas não só pelo grupo que nos acompanhava, mas também pela população negra ribeirinha desse rio, o que pode ser verificado em nossas conversas na viagem de volta às comunidades.

A observação de Mme. Coudreau sobre seu guia Guillermo, que preferia fazer os pernoites nas ilhas do curso do rio, e a suposição de que se tratava de um procedimento *mocambeiro* para não ser surpreendido por qualquer tentativa de recaptura, mesmo já acabado o período da escravidão podem ser relativas à incorporação de um "habitus" que, sejam quais forem suas razões, repetira-se na nossa viagem – a não ser na ocasião em que insisti em dormir na margem do igarapé Penecura e armaram a rede do meu marido na entrada da floresta, como uma forma de represália à imprevidência que cometi. Não podemos saber se o comentário registrado no relatório de 1900 era procedente, até porque faltava àquela época uma disciplina interessada em produzir conhecimento a partir da compreensão do ponto de vista do nativo. De qualquer modo, parece haver continuidade na forma de viajar dessa população descendente de *mocambeiros*, ao ser levado em conta também o que nos contaram sobre seus deslocamentos ao alto Erepecuru no período do verão para pescarias na região encachoeirada e no inverno para a coleta da castanha.

A partir da relação de pesquisa, as informações do relatório de viagem de Mme. Coudreau foram inseridas no presente etnográfico e esse documento "liberado" do contexto histórico que o produziu – repleto de passagens onde os chamados *mocambeiros* eram desqualificados e as informações dadas pelo seu guia, ou ouvidas da população nativa, desacreditadas e consideradas por vezes sem importância, segundo as próprias observações que fez em seu relatório de 1900. Abria, contudo, exceção para aquelas que podia registrar como viajante em termos cartográficos, já que no caso das conversas e na formulação de perguntas podemos considerar que lhe faltava treinamento adequado para compreensão das respostas e interpretação das suas representações culturais.

Antigos locais de fuga

Na continuação do trajeto que fazíamos rio acima, depois de transpor a custo a cachoeira do Cajual, sendo a canoa arrastada pela corredeira, paramos em uma ilha escolhida para o pernoite. O grupo que nos acompanhava comentou que nas viagens ao alto do rio prefere acampar nas ilhas, que possuem o terreno arenoso e pouca vegetação, para evitar, assim, as sucurijus que abundam nessas paragens. Essa ilhota no meio do rio era formada por bancos de areia mantidos a descoberto com toda chuva do inverno que caía, protegidos talvez pelas pedras dos travessões encachoeirados. As pequenas ilhas dessa parte do percurso foram mencionadas no relatório da expedição de 1900, com a explicação complementar de que os *mocambeiros em fuga* denominaram algumas delas onde provisoriamente acampavam. Identificamos entre elas a ilha do Molongo, citada no relatório, e ainda as ilhas chamadas pelos nossos acompanhantes de Papiú, Fortaleza (onde acampamos), Caldeirão, Beijú e Macaco – essa última, também mencionada no relatório da expedição Coudreau, merece um registro à parte.

No dia seguinte ao nosso pernoite na ilha Fortaleza, depois de uma hora de remada contra a correnteza, passamos pelo igarapé Samaúma, onde, de acordo com a leitura do relatório de Mme. Coudreau, o padre José Nicolino havia adentrado, esperando chegar aos campos gerais, seguindo as indicações que os *mocambeiros* haviam-lhe dado. Foi na subida do curso encachoeirado a partir deste igarapé, que Mme. Coudreau encontrou as *taperas* dos mocambeiros, que ela própria traduziu em nota de pé de página como "antigas habitações abandonadas". De acordo com o que escreveu, a primeira delas pertencia à *velha Figéna* e se chamava *Macaco*. Nessa etapa do percurso, antes mesmo de aproveitar uma parada provisória para proceder à leitura do relatório em voz alta, Joaquim Lima identificou a *colocação Macaco*[3], onde, junto com seu pai, trabalhavam na safra da castanha. Acampavam na pequena ilha desse trecho do rio, junto

---

3. Chamam de *colocação* ao lugar onde se reúnem para a coleta da castanha num perímetro presumível da mata, tomando-se como referência determinada parte do curso d'água.

com outras famílias: "tinha nossa barraca, a do Lúcio, do Figueira e Maria Figueiredo." Verifiquei que essa ilha, por coincidência, tinha servido de abrigo à expedição Coudreau de 1900.

Na expedição de 1900, a partir das indicações do seu guia Guillermo, Mme. Coudreau relacionou nove sítios pertencentes aos antigos *mocambeiros*, que, segundo suas anotações, vinte e cinco anos antes da expedição, portanto em 1875, começaram a descer os cursos encachoeirados e se situar na parte do rio onde hoje encontramos as comunidades negras do Erepecuru. No percurso da expedição acima da cachoeira do Cajual foram localizadas as antigas *taperas*[4]: a primeira delas da Figéna, na margem esquerda do rio, chamada Macaco, e mais a montante, a *tapera* do Uricuri, pertencente a Lothario, "padrasto do meu guia", essa última situada na margem direita próxima à boca do igarapé Penecura. Acima deste igarapé, limite do roteiro de nossa viagem, avistávamos um trecho do rio que corria em linha reta, chamado pelos nossos acompanhantes de Estirão do Acaba Farinha – este nome era pronunciado por eles aos risos e suspeitei que se tratava de uma piada à situação em que nos encontrávamos, comendo arroz e o que pescavam, ficando assim difícil assegurar que esse é o nome conhecido daquele trecho do rio; porém, pude constatar que a palavra "estirão" fora empregada no relatório de 1900 para outra parte do curso a montante do Tapiú. Deste modo, no trecho do estirão por eles chamado de Acaba Farinha, havia, de acordo com Mme. Coudreau, quatro *taperas* sucessivas: Formigal e Jawari na margem esquerda, pertencentes a Santa-Ana e sua mulher; na margem direita Livramento, ao *velho* Taró, e S. Antonio a Coletta, irmã de Figéna. Ao mencionar essas *taperas*, Mme. Coudreau deu destaque ao posicionamento delas, de modo a não serem surpreendidas. "A vista se estende muito longe, a montante e aval. É impossível uma canoa se aproximar sem ser vista" (Coudreau, 1900, p.37).

No percurso rio acima, de 1992, não ultrapassamos o igarapé Penecura, onde fizemos nosso último acampamento na subida. Porém, no trecho correspondente aos sítios da Figéna e Lothario só

---

4. Essa palavra escrita no relatório da expedição se referia aos antigos locais ocupados pelos mocambeiros.

vimos mata fechada e aparentemente nenhum sinal das antigas *taperas* citadas no livro. De acordo com o relato de Mme. Coudreau, a expedição também encontrou esses locais, que lhe foram assinalados por Guillermo, cobertos de mata. No entanto, considerou que a existência de vegetação mais baixa do que a floresta em torno constituía indício que confirmaria as informações do seu guia. Incluiu nessa listagem a *tapera* do Nazaré, acima da cachoeira Torino, a *tapera* do Sr. José, "abandonada há tanto tempo que é impossível encontrar qualquer vestígio", e a *tapera* do Espírito Santo, na confluência do rio Paru e do Marapi, tido como a última *tapera* dos mocambeiros em fuga. Nesse caso, porém, duvidara da indicação de seu guia, devido à espessura em que se encontravam as árvores de Pau d'Arcos, ao levar em conta o período de apenas vinte e cinco anos transcorridos da descida dos chamados *mocambeiros* da cachoeira para o curso manso do rio.

A população nativa do Erepecuru continua a subir as cachoeiras, principalmente no período da safra da castanha. Porém, como pude observar no acampamento dos castanheiros feito num aceiro da mata logo abaixo dos travessões do Cajual, reúnem-se em média de dez a quinze homens que se deslocam progressivamente rio acima para extração do produto. A canoa que utilizamos na viagem até o Penecura tinha sido por eles cedida. Ao passarmos na volta pelo acampamento dos castanheiros, dois dos nossos acompanhantes se despediram. Os irmãos Profeta e Robivaldo, filhos de D. Biquinha e seu Laíto da comunidade Pancada, permaneceriam naquele lugar para coletar castanhas.

Passados uns vinte dias da nossa descida da região encachoeirada, após um período de convalescença na cidade de Oriximiná em virtude de febre decorrente de malária, contraída provavelmente no percurso ao alto do rio, fizemos uma viagem de volta ao Erepecuru, desta vez para visitar as comunidades ao longo do rio. Nos dias em que permanecemos na cachoeira Pancada, a última da parte navegável, vimos Profeta, que nos acompanhara na subida à região encachoeirada, chegar carregado de paneiros de castanha, sendo parte da carga transportada no lombo de duas mulas. O carregamento era trazido através da estrada dos Porcos, que atravessa um trecho de floresta, cerca de uns seis quilômetros, e faz a ligação por terra entre a margem esquerda a jusante da cachoeira Pancada (ou do Tronco) com a parte do rio que se alarga acima da cachoeira do Chuvisco, salpicada de rochas e pedras, permanentemente encoberta de névoa por essa grande queda d'água, conhecida também por Cachoeira do Inferno, pelos vários saltos de muitos metros de altura praticamente intransponíveis.

    Pode ser traçado um paralelo entre a observação que fiz na subida das cachoeiras sobre a forma como a população se agrupa na safra da castanha: uma reunião de homens que se desloca rio acima, e o comentário de Joaquim Lima ao passarmos pela *colocação Macaco*, sobre o tempo em que ali trabalhava com seu pai na coleta da castanha, acompanhados de outras famílias. Nesse período, em que suas mulheres e filhos participavam da coleta, conforme se recordam, havia os chamados "patrões de castanhais". Calculam suas atividades entre os anos vinte e meados dos sessenta, quando financiavam-lhes a coleta do produto e mantinham "barracões" para estocagem da castanha em pontos estratégicos do rio, como era o caso da estrada dos Porcos. Encarregavam-se ainda do transporte do produto depositado nas pequenas ilhas e pedrais do rio pelos grupos de famílias espalhadas ao longo das corredeiras. Atualmente, a árdua tarefa de coleta e transporte da castanha das cachoeiras até a estrada dos Porcos, carregada em paneiros amarrados às costas, é feita exclusivamente pelos homens, conforme pude observar. As mulheres e crianças costumam subir o curso encachoeirado só no período do verão para as provisões que fazem de pescarias, quando as águas baixas tornam menos arriscado o percurso. Dona Biquinha, que nos hospedou na cachoeira Pancada, convidou-me para acompanhá-la na subida da região encachoeirada no verão seguinte.

    Na visita às comunidades, não precisei interrogá-los sobre os personagens e lugares antigos citados pela expedição Coudreau de 1900. Falavam livremente das gerações anteriores, as histórias de fuga, o mito da "cobra grande" – que fazia sua morada habitual na formação rochosa do Barracão de Pedra, situada na parte mais a montante do curso navegável, antes da cachoeira Pancada – que por sua extrema maldade impedia seus ancestrais (verdadeiros ou míticos), que se punham em fuga, a percorrer o rio livremente, ao levar homens, embarcações e qualquer outro ser vivo ao fundo. Deixavam, assim, de silenciar sobre seu passado e a participar dos relatos que me pediam que lesse sobre a expedição do início do século, que cruzava com a história de suas vidas.

Tanto interesse e admiração, demonstrados ao ver as fotos dos *mocambeiros* Figéna e Guillermo retratados por Mme. Coudreau no início do século e que ilustram seu livro, estavam intimamente relacionados a um achado ocorrido no alto do rio, ao baixarmos do igarapé Penecura. Na nossa passagem pela *colocação Macaco*, voltei a mencionar as informações da expedição Coudreau sobre o local onde seu guia assinalara a antiga *tapera da Figéna*. A partir da descrição dos meandros do rio e a existência de uma vegetação mais baixa do que a floresta, nossos acompanhantes identificaram o possível local citado no relatório. Ao fazer parar nossa canoa, disse Joaquim: "pelo aceiro do terreno e aquela árvore grande já teve gente aqui." A seguir Profeta presumiu: "o jenipapo (árvore indicada por Joaquim) devia ficar bem no porto de uma casa." Depois de caminhar um pequeno trecho para dentro da margem, foram encontrados alguns artefatos de superfície, como a muralha do forno de barro, restos de alguidar, plantas medicinais, pés de cacau (fruta que ainda hoje utilizam para fazer suco) e o fundo de uma garrafa com inscrições em inglês, além de fragmentos de utensílios. Nossos acompanhantes chegaram a considerar que a muralha do forno era usada na secagem do pirarucu – peixe abundante nos rios e igarapés do alto Erepecuru – mais do que para fazer farinha, se for levado em conta a proximidade do rio neste perímetro sujeito à inundação. Ao ser rodeada toda área de capoeira que pode ter se constituído no sítio da Figéna, constataram a existência de "terra preta" apropriada para o plantio, vários cafeeiros que pareciam tronqueiras e outras "madeiras" (árvores) bem grossas, indícios prováveis de uma ocupação muito antiga. A emoção por este achado tomou conta do grupo.

No período posterior do trabalho de campo, em que permanecemos nas comunidades ribeirinhas do chamado "rio manso", antes das corredeiras e quedas d'água do Erepecuru, registramos alguns comentários feitos ao olhar a foto da *Figéna mucambeira* – como inscrito na legenda (Coudreau, 1900) – que me pediam que apreciasse. No primeiro plano aparece uma mulher negra sentada, o rosto ligeiramente virado, sem fixar a câmera, que parece olhar na direção de um lugar distante à direita da foto. Ela está voltada quase de costas para o rio, que se estende até a outra margem coberta de vegetação densa em contraste com a parte de aceiro em que se encontra. Na comunidade da cachoeira Pancada muitos acreditavam tratar-se da área do "porto" de uma casa, baseados no hábito que possui cada uma das famílias de ter acesso direto a um trecho determinado da margem do rio, onde tomam banho, lavam roupas e utensílios. Porém, o que mais chamou-lhes atenção foram os objetos que se encontram próximos a Figéna. De través há um toco de madeira aparentemente torneado na forma cilíndrica, provavelmente usado para sentar. Entre este ponto e a figura da mulher observam-se alguns pedaços de madeira entrelaçados. Bem ao seu lado um cepo de árvore em que está fixado um garrafão empalhado. Sobre este detalhe da foto, José Melo e sua mãe comentaram que os antigos (seus antepassados, avós e bisavós) faziam bebidas destiladas guardadas em garrafão, coberto com timbó (grande cipó) recortado por uma alça usada para prender ou segurar. Explicaram-me como faziam bebidas destiladas da mandioca e vinho dos frutos das palmeiras.

Começamos essa expedição ao alto do rio como uma forma de manter contato com o grupo fora do perímetro urbano, já que havíamos conquistado sua adesão à idéia dessa viagem, em parte por eles próprios sugerida em função do material que consultávamos. Não podíamos prever, a não ser pela persistência ao cumprir nosso objetivo, que seu resultado levasse a uma maior aceitação pelos negros do Erepecuru das nossas atividades de pesquisa, ao colocar-nos diante deste tipo de evidência etnográfica relativa ao seu passado.

Por ocasião de uma das viagens de volta à região, efetuada em novembro de 1995, com o objetivo de instruir os trabalhos da 6ª Câmara da Procuradoria Geral da República – durante minha participação na diretoria da Associação Brasileira de Antropologia (ABA), em que coordenava o Grupo de Trabalho sobre Terra de Quilombo da ABA – sofri uma espécie de "interdito proibitório", desaconselhada pelos seus representantes de visitar as comunidades no alto dos rios. Deste modo, a interpretação etnográfica sobre o isolamento defensivo destes grupos voltou-se contra minha própria prática de pesquisa antropológica. Impedida de viajar às comunidades do alto rio Trombetas e Erepecuru no contexto das comemorações do tricentenário de Zumbi dos Palmares, em que se aguardava com grande expectativa a titulação da comunidade de Boa Vista, considerada a primeira a obter a aplicação do artigo 68 do Ato das Disposições Constitucionais Transitórias – Constituição Federal de 1988, aceitei os limites que me foram impostos para extrair desta difícil experiência e dos contatos que continuava a proceder com os diferentes grupos das comunidades remanescentes de quilombos que periodicamente viajam à cidade de Oriximiná e das famílias que aí residem, uma compreensão desta relação exclusiva com o território que ocupam no alto dos rios e da construção de fronteiras rigorosas que caracterizam os grupos étnicos em suas ações comuns orientadas por fatores de natureza política (Weber, 1991).

Referências bibliográficas

COUDREAU, Otille (org.) *Voyage au Trombetas*. Paris: A. Lahure, 1900.

COUDREAU, Otille. *Voyage au Cuminá*. Paris: A. Lahure, 1901.

NEEDHAN, Rodney. *La parenté eu question*. Paris: Ed. du Seuil, 1977.

O'DWYER, Eliane. "Remanescentes de quilombos" na fronteira amazônica: a etnicidade como instrumento de luta pela terra. *Caderno Terra de Quilombo da Associação Brasileira de Antropologia*, Rio de Janeiro, UFRJ, pp.121-139, julho, 1995.

WEBER, Max. Relações comunitárias étnicas. In: *Economia e sociedade*. v.1, Cap.IV. Brasília: Ed. UnB, 1991.

HERANÇA QUILOMBOLA
Negros, Terras e Direitos

Neusa Maria Mendes de GUSMÃO[*]

> *"Tem hora que a gente chora.*
> *Tem hora que a lágrima*
> *derrama,*
> *quando a gente pensa em tanta*
> *ruindade que já foi praticada*
> *contra nós,*
> *contra nossa produção,*
> *contra o direito de ser gente."*
> (Andrelino Francisco Xavier Enxu,
> Comunidade Negra do Rio das Rãs, Bahia)

A fala de Andrelino na revista *Sem Fronteiras*, de março de 1993, dá a medida e o tom de que trata este artigo: a realidade de negros brasileiros em condição de vida rural. A narrativa do presente desses grupos fala de terra, da produção social e do direito de "ser gente". Antes de tudo, o presente constitui-se como desafio, cuja natureza envolve luta, dor, mas também, história, tradição, memória, vidas. Heranças de um tempo vivido e em movimento.

As vidas vividas por negros camponeses revelam a condição humana singular e a dimensão política de que se revestem suas trajetórias. Trajetórias compostas de múltiplas e diversas realidades, as quais expressam uma condição objetiva de vida e um existir como parte de universos significantes. Trajetórias que expressam, mais que tudo, uma luta permanente e constante para poder estar e permanecer numa terra que se acredita sua. Na relação com a terra em que se vive, emerge uma lógica de vida que pode e é tecida de mil maneiras. O que isto quer dizer?

---
[*] Professora da UNICAMP.

Quer dizer que a história da terra, construída pelo homem, é sua própria história. Aquela que faz dele um sujeito singular, membro de um grupo, parte ativa de um espaço e lugar pelo qual transita. Espaço e lugar, no qual constrói a percepção de si mesmo e dos demais, os que aí estão e com ele partilham a existência. Uma existência sua e de seus iguais.

Cada grupo social tem, assim, em seu seio, algo irredutível, só seu, que consiste num investimento inicial de sua existência e de seu mundo, que nem sempre é ditado por fatores reais, mas que dá a estes sua importância e lugar. Neles se reconhece o conteúdo, o estilo de vida desses diversos grupos. Trata-se, como diria Hegel, de seu "espírito". Um espírito que lhes configura e dimensiona a existência no interior de um processo historicamente constituído e marcado por uma singularidade, mesmo que contenha em si elementos fundamentais de uma ordem mais geral, próprios da sociedade inclusiva.

Por esta razão, a história de cada grupo é só sua, mas é, também, a de muitos outros grupos, pelo Brasil afora, que lutam por direitos e, em particular, lutam pelo direito à terra em que habitam, trabalham e constroem a vida.

O que dizem tais lutas? Por que diante delas descobrimos em jogo a própria vida? A vida deles, negros camponeses mas, também, a vida de todos?

1. Lembrar, contar, viver...

A história do negro brasileiro, em particular do negro que se fez camponês, demanda a compreensão de um tempo de existência que diz respeito ao grupo, mas diz respeito também ao seu passado, a sua origem, que nos é contada por fragmentos. Fragmentos prenhes de vida, repletos de histórias, partes integrantes da memória e da tradição. Quais significados comportam? Que sentidos se fazem contidos por eles e por que existem como lembrança?

Não esquecer tem sido central na realidade dos grupos negros que se confrontam com a sociedade nacional, principalmente aqueles que detêm a posse de uma terra singular. Uma terra na qual construíram a vida e a percepção de si mesmos como elementos participantes de um grupo e lugar. Lembrar tem sido o caminho pelo qual, através da memória, institui-se a história própria, marcada pelo grupo e lugar, um lugar de força e energia. Lugar que define o sujeito negro não como um negro genérico, um negro de qualquer lugar, mas negro de uma terra que se tem, de uma terra que se possui. Negro desse ou daquele lugar.

O que é ser de um lugar? O que é ter uma terra nesse lugar?

A resposta exige que a tríade da realidade negra e camponesa seja revelada em seus componentes: a terra, os parentes, a raça. Exige pensar as diversas equações construídas por eles e entre eles, de modo a ordenar, via uma memória e tradição, o passado no presente, e este no futuro. Exige pensar o passado escravo, bem como a condição diversa que constitui diferentes grupos. Trata-se de buscar o "sentido encarnado" da vida, através do qual o grupo define sua identidade, sua articulação interna, a base de suas ações e relacionamentos, suas necessidades, desejos e lutas. Daí que ser e pertencer a um grupo e coletividade envolve perguntar e responder: "Quem somos nós?"

2. Quem somos: origem e memória

"A fazenda (Independência) foi distribuída entre as três mulheres (Antonica, Luíza e Marcelina) e daí-para-cá é que somos nós. Nós temos a ver com a Fazenda Independência, situada na Pedra Mandacaru." (Paulina, Campinho da Independência, RJ) (Gusmão, 1995, p.44).

O negro se faz parte de uma terra singular, uma terra que possui e da qual é possuído. Sua história nela se inscreve e ele próprio, enquanto negro, nela – terra – encontra-se inscrito. A terra é, assim, um ser vivo de mesma natureza; sua relação com ela está centrada em ritos, mitos, lendas e fatos. Memórias que contam sua saga, revelam sua origem e desvendam, além da própria trajetória, a vida em seu movimento.

Frechal (ver Projeto Vida de Negro, 1996), no Maranhão, é "Terra de Quilombo", nascida sob o signo da "luta desesperada pelo direito à liberdade no interior de um sistema marcado pela violência e a injustiça contra o negro" e "composto por quilombolas das etnias cabinda, benguela, mandiga, angola e congo", como diz Silva (1992, p.2). Ao nascer Frechal, nasce também a marca de sua gente, os pretos, e a marca de suas terras como "Terra de Pretos". Terra de conquista, de revolta e de luta. Com ela, identifica-se o homem negro em sua "liberdade"; nela, o homem negro é identificado de modo individual e coletivo. O espaço da terra torna-se, assim, espaço de uma existência material e imaterial, onde cria e recria a cultura própria. No espaço da terra, a vida se faz plena, nela a produção e reprodução da vida define os de Frechal, a sua gente, os do lugar.

A imagem de si, a imagem do mundo, do universo em que vivem os grupos negros, são construções que implicam significar tudo e todos a sua volta, instituindo uma certa ordem, um fazer social, singular, próprio e único. Indivíduo e coletividade se fazem sujeitos por referência a tal mundo. Por esta razão, são negros desse mundo e, assim, referem-se a si mesmos como negro deste ou daquele lugar: de Campinho da Independência, de Frechal, de Bom Jesus, de Pacoval, de Laje dos Negros, de Barra e de Bananal... o que é cada um desses grupos resulta de seu fazer histórico e das muitas significações presentes no seu mundo.

O mundo de Campinho da Independência, no estado do Rio de Janeiro, faz da terra uma terra de pretos e também uma terra de mulheres. Três mulheres, escravas da Casa Grande, recebem em doação as terras do senhor e as transmitem a seus descendentes. Desde então, as mulheres do lugar transmitem a seus filhos e aos filhos de seus filhos a terra, a tradição e a memória de Antonica, Luíza e Marcelina. "É lá que tudo volta", dizem os negros de agora. A razão de aí estarem é que estão em sua raiz. Uma raiz que a tudo envolve: o modo de plantar, o que planta, com quem planta e por quê; as relações entre parentes e a vida de cada um, nas devoções e festas, no casamento, na vida em família e no grupo. Tudo como realidade integrada por mulheres negras do passado e do presente, por seus filhos e, fundamentalmente, pela terra que os congrega em laços de solidariedade e reciprocidade.

Os de Campinho são negros e parentes. Negros descendentes de Antonica, Luíza e Marcelina e de seus homens, negros de senzala. Todos que aí estão são seus herdeiros. Herdeiros de uma terra particular, terra dos troncos, terra de seus ancestrais. A terra, dizem, "gente de fora, que não seja parente, não pode (ter), os daqui não deixam". "Aqui, só os daqui mesmo." Só os do lugar, os pretos, os de Campinho. No dizer dos de Campinho: "a terra aqui é nosso sangue." A eles fazem eco os negros de Pacoval, no Pará, que afirmam: "A terra aqui é garantida pela nossa cor." "A terra é nossa liberdade."

Pacoval e Conceição dos Caetanos, uma no Pará e outra no Ceará. Pacoval narra a história de sua gente a partir da Abolição. Negros inteligentes, negros da África, foram levados a Belém e não podendo lá ficar, recebem um documento que lhes permitia se "agasalhar" nas terras onde hoje estão. Eurípedes Funes (1990, p.10; 1996), um pesquisador do grupo, conta que os negros de lá afirmam: "o Pacoval é pra nós o mesmo que um berço", no qual se vive, onde se trabalha e se comemora a libertação e a posse da terra, através da dança do Marimberé. Conceição dos Caetanos resulta da compra de parte da terra do antigo Senhor pelo escravo que, liberto, não quis continuar trabalhando e morando em terras do Senhor. Até hoje, segundo o relato de Eurípedes Funes, os que aí estão acreditam que a liberdade é ter terra para viver e trabalhar. Os negros que não têm terra continuam escravos, numa "escravidão pesada".

A "escravidão pesada", hoje, identificada com não ter terra, ser dela excluído, é pesada também, com relação à força de trabalho do homem negro, que, não tendo terra, só tem por alternativa ser assalariado. Não trabalhar para si é sinônimo da "servidão" a que se é "obrigado". Ter uma terra – mesmo que eventualmente se assalarie – é poder ser dono de si e contar com a condição camponesa e com a coletividade de que faz parte. É poder contar com uma terra para a qual sempre se volta, porque é aí seu lugar.

Não ser ou ter sido escravo na dupla dimensão da terra e do trabalho é, então, fundamental. A terra, desde sempre, tem sido sinônimo de liberdade na memória dos grupos rurais negros, implicando, muitas vezes, a negação do passado escravo, mesmo que fatos e documentos possam desmenti-los.

Em Campinho, os mais velhos dizem: "Eu não fui escravo, minha mãe não foi, meu avô não foi... dessa história, sei não." Em Barra do Brumado e Bananal, na Bahia, a memória dos que aí estão fala do negro Isídio, negro livre e garimpeiro que compra as terras onde hoje estão várias comunidades. Segundo pesquisa feita por Manoel de Almeida Jr.(1996), nenhuma delas aceita falar do trabalho escravo. Suas vidas, a vida dessas comunidades, começa na liberdade de Isídio. O tempo de antes é um tempo varrido da memória, posto que o tempo da terra é aquele que, invertendo a lógica do sistema, os faz possuidores de uma terra, sujeitos de seu mundo, donos de seu trabalho, sujeitos de si. Livres. Como dizia Velho Gusto, negro de Campinho: "Livres, o Sr. entende? Só nós mesmos e Deus". A razão, segundo ele, era muito simples: "Aqui, a terra era nossa."

As terras de posse dos grupos negros – terras da liberdade – demarcam, assim, a diferença entre esses grupos e outros do meio rural porque são fortemente marcadas pelo componente étnico de sua gente. As chamadas Terra de Preto fazem do lugar um lugar de pretos na visão de seus moradores e dos moradores da região em que se encontram inseridos. Chamadas de comunidades, bairros, grupos, vilas, sítios ou o que quer que sejam, constituem espaços negros que foram obtidos das mais diferentes formas na escravidão e fora dela. A representação da realidade de grupo e da realidade da terra envolve, assim, a origem de cada lugar e sua história.

Muitos agrupamentos negros resultaram da ocupação de áreas devolutas logo após a Abolição; outros resultaram de terras que foram compradas por antigos escravos que aí constituíram família e organizaram um modo de vida camponês. O mesmo ocorreu com redutos de conquista quilombola, as chamadas Terras de Quilombo e houve também terras dadas em pagamento por serviços prestados ao Estado por escravos ou ainda terras doadas a escravos fiéis. A ocupação pura e simples de algumas das terras destinadas para promessa a algum santo, chamadas Terras de Santo, originou também muitas das Terras de Preto.

A comunidade Itamatatiua (ver Silva, 1991), em Alcântara, no Maranhão, tem uma história exemplar. Composta por vários povoados negros, alguns dos quais produtores de excelente artesanato de barro, esta terra é a um só tempo: Terra de Preto, Terra de Santa e Terra de Quilombo. Na memória do grupo, cinco anos antes da abolição, um grupo de escravos foge em direção a Belém, no Pará, em busca da liberdade. Pela estrada aberta na fuga, chegam a um lugar e aí se estabelecem, dando origem a um quilombo. Do quilombo originaram-se mitos dos povoados hoje existentes em Itamatatiua. Na época, o quilombo contou com a proteção de um fazendeiro local, dono da Fazenda Juçaral, a qual deve ter originado a localidade chamada Juçaral dos Pretos. Os negros de Itamatatiua contam que, uma vez estabelecidos e sendo profundamente católicos, os fugitivos destinam as terras que ocupam a Santa Teresa e se organizam por regras rígidas que afirmam que a terra dos pretos não lhes pertence, é Terra de Santa. A razão de aí estarem e existirem depende, então, da lealdade mantida e sempre reafirmada na devoção à Santa.

No entanto, quaisquer que tenham sido as formas pelas quais tais grupos se instituíram, elas se deram sempre sob o signo da liberdade. O negro escravo, como coisa, mercadoria, não era senhor de si, não podia, pois, ter ou possuir bens. Não podia possuir terras. Muitas leis da época do Império, e mesmo na República, foram feitas como forma de impedir ao imenso contingente negro o acesso a esse bem fundamental. No período da escravidão, ou depois dele, ter terra torna-se, assim, desde sempre, expressão de luta e resistência a uma ordem estabelecida. Luta do povo negro para existir e resistir a situações sempre adversas. Escravo, liberto ou não, não importa. Na vida desses grupos, o que importa é a terra e o fato de nela existir um território negro.

3. Terra de pretos, terra-território

O território é condição essencial que define quem são os grupos negros, onde estão e por quê. A relação com a terra estrutura diferentes visões de mundo e constitui o direito de nela estar e nela permanecer. A terra-território torna-se um valor de vida, um espaço de sentido, investido pela história particular de cada grupo, tornando-se polissêmica, dinâmica e mutável. A terra não é apenas realidade física; antes de tudo é um patrimônio comum e, enquanto tal, difere de outras terras, de outros lugares e de outros grupos. A terra é sinônimo de relações vividas, fruto do trabalho concreto dos que aí estão, fruto da memória e da experiência pessoal e coletiva de sua gente, os do presente e os do passado.

O passado escravo está, portanto, na base do processo histórico de constituição da terra como território negro e encontra-se referido aos impasses e dificuldades que diferentes grupos têm enfrentado desde então para assegurar a própria vida. Como resultado desses impasses, frente à ordem mais geral do sistema, está a própria negação do trabalho escravo.

Assim, negar-se e assumir-se como negros faz parte do movimento contínuo de refazer-se frente a necessidades e lutas que lhes deram a condição de "viventes", capazes de produzirem a vida e se reproduzirem frente a outros grupos, frente a um mundo hostil. A hostilidade, violência e conflitos, em meio aos quais tais grupos têm sobrevivido, marcam a condição quilombola dos mesmos, mais do que ser ou não originário de um quilombo; resulta, assim, do fato de terem, cada grupo negro particular, desenvolvido práticas de resistência na manutenção e reprodução de seus modos de vida característicos num determinado lugar. A importância do lugar define quem é quem, quem é o quê. A razão de ser, a razão de aí estar.

Os grupos negros contemporâneos têm, portanto, a posse e usufruto de uma terra que partilham em comum com um grupo de parentes e cuja realidade comporta interpretações de ordem diversa daquela que a sociedade inclusiva faz dessa mesma terra. A terra, impregnada pela luta negra, transforma-se em território singular, território de liberdade e vida, sobre o qual se inscrevem diferentes trajetórias, universos culturais próprios e lugares de força e de luta.

Barreirinho, no Vale do Jequitinhonha, Minas Gerais, tem viva na memória a fuga do "cativeiro" e a formação do quilombo.

Baiocchi (1994) conta que os barreirenses resguardam a tradição de seus ancestrais através de jogos, histórias, mitos e provérbios.

A mesma pesquisadora nos fala também dos Kalunga, no estado de Goiás, negros que chegaram às beiras do rio Paraná com criadores de gado e mineradoras do século XVIII. Através de parentesco, clãs e linhagens, as muitas comunidades Kalungas tomam a família como centro da reprodução do grupo, via a manutenção da tradição que é repassada oralmente, geração a geração e que expressa a forma social, a visão de mundo de um povo, seus valores e pensamentos.

Ivaporunduva (ver Queiroz, 1997), no estado de São Paulo, parte de dez outras comunidades negras no Vale do Ribeira, conta a sua trajetória e a dos negros que aí estão, voltando no tempo, aos idos de 1600. Revelam na lembrança os tempos da mineração e do grande número de escravos que aí trabalhavam entre os séculos XVIII e XIX. Desde então, guardam e transmitem, entre gerações, objetos, práticas rituais e costumeiras, formas de religiosidade e de troca próprias desse mundo. Contam pedaços de lutas, histórias ouvidas dos mais velhos com respeito a negros fugidos, negros valentes. "Sair daqui, ir embora, dizem. Como? Aqui estão enterrados nossos avós e bisavós, aqui está a nossa história."

Sair da terra que acredita sua, mas agora reivindicada por terceiros, ir embora sem poder levar consigo a história do lugar, a sua história, é um desafio posto a estas comunidades no presente e a razão pela qual muitos grupos vêm se organizando para lutar e resistir no lugar que ainda é seu ou na terra que, acreditam, possa ser sua. A razão é que ter uma terra da qual se é, ser de uma terra que se possui, envolve um engano: o de supor que a liberdade tenha transformado negros escravos em cidadãos e, como tal, possíveis proprietários de terras brasileiras. No pensamento social brasileiro a terra dos negros é aquela que ficou lá, na África, não é aqui o seu lugar. Não têm, assim, o direito de ter a terra sua.

Como admitir que não têm esse direito, se foram feitos camponeses em terras que até hoje têm sido mantidas em suas mãos, por muitas gerações? Os muitos grupos negros, em luta por sua terra, não entendem que alguém possa dela se dizer dono, se nunca os viram "plantar um pé de cana ali". Se não são do lugar, não são parentes, não são negros.

Definidas por outros critérios, as Terras de Pretos encontram-se assentadas sob regimes alternativos de posse e propriedade que, como diz Almeida (1988), hoje se confrontam com a propriedade privada e particular, que se investe de outra natureza: uma terra-mercadoria. A terra se transforma e com ela transforma a vida dos homens.

4. A luta pela terra, luta negra

"Daqui eu só saio morto, por eles ou por Deus. Com as próprias pernas, nunca." (Velho Tomé, Rio das Rãs, Bahia)

A luta pela terra coloca em dúvida a liberdade concedida e conquistada pelos grupos negros. Como diz Andrelino, a luta faz chorar e derramar lágrimas, por não se ter a condição de "ser gente", de poder dizer de si, dizer da terra como sangue, da terra garantida pela cor. A cor forjada na condição negra e escrava dos ancestrais fala da tradição particular, daquilo que são, mas que a sociedade a sua volta insiste em negar para dizer o que não são – proprietários de uma terra – para dizer que são menos, não são sujeitos, não são cidadãos. Como disse o fazendeiro de Rio das Rãs, na Bahia: "Quem esses negros pensam que são?"

Os negros de Mimbó (ver Queiroz, s.d.; Paixão, 1987), no Piauí, respondem:

"Existe marcação com nosso povo. Nós somos tratados como se não fosse gente como as outras. Tudo pra nós é mais difícil. A única coisa que é nossa é nosso povo e nossa terra. E a nossa terra estão até tomando de nós."

Como se toma terras? Aqui muitas histórias se inscrevem na realidade vivida:

As muitas comunidades negras de Oriximiná (ver O'Dwyer, 1995), no estado do Pará, lutam contra o projeto Rima, que prevê a construção de hidrelétricas e projetos de mineração nas terras ocupadas por grupos negros, remanescentes da escravidão e de grupos quilombados. As terras são ricas em minérios e em razão disso surgem empresas nacionais e estrangeiras que alegam ser proprietárias da área e exigem a saída dos negros das terras secularmente habitadas por eles.

Outros conflitos na mesma área envolvem a presença de uma área pública de floresta (Floresta Nacional), que, por sua vez, é gerenciada por uma mineradora. Uma Reserva Biológica, contém áreas de castanhais, base que sustenta o extrativismo tradicional dos grupos negros, estes proibidos de exercerem tal atividade. Os órgãos governamentais encarregados da fiscalização, como o Ibama, atuam junto com a Polícia Federal e impedem também a caça e a pesca que constituem o suporte alimentar desses grupos.

Frechal tomou conhecimento de uma possível herdeira de suas terras apenas em 1976. De lá para cá, a violência se impõe via impedimentos de construir, derrubar a mata, plantar. O fazendeiro diz aos negros que eles irão trabalhar para ele como assalariados. Alguns aceitam, outros não. Em 1979, as proibições aumentam, não permitindo festas, tambor de mina, danças e outras tradições culturais dos grupos. O fazendeiro cerca as casas dos negros e exige que as vendam, ameaçando colocar fogo. O conflito implica pressões de toda ordem para que saiam da área.

O exemplo do Rio das Rãs (ver Carvalho, 1995), na Bahia, revela a história de 300 famílias impedidas de viver como sempre o fizeram, em terras que o fazendeiro diz serem suas. Impedidos de plantar, colher, transitar pelos caminhos, confrontam-se com a invasão de suas terras pelo fazendeiro que desmata, abre pastos para os bois, derruba roças do povo e coloca cerca por todos os lados, apoiado pela presença de jagunços e pistoleiros. As terras ocupadas pelo grupo são objeto de interesse para programas de desenvolvimento do Vale do São Francisco, que conta com o apoio do governo do estado e da OEA. A valorização crescente e previsível das terras leva o fazendeiro a invadir e "encurralar" os negros em pequenos espaços, insuficientes para garantir a vida.

O povo negro de Ivaporunduva, no estado de São Paulo, conta que desde 1960 tem enfrentado dificuldades com fazendeiros que chegaram com a construção da BR 116 (São Paulo/Curitiba). Desde então, a região em que estão, o Vale do Ribeira, é um emaranhado confuso de titulações sobrepostas, gerando conflitos de toda ordem. Além disso, a área é hoje objeto de interesse de projetos governamentais para a Bacia do Rio Ribeira, com proposta de construção de um conjunto de hidrelétricas que inundarão e afetarão inúmeras comunidades negras.

Campinho da Independência, no estado do Rio de Janeiro, tem uma história semelhante. "Descoberta" nos anos 60 e 70 em razão da construção da rodovia BR 101, Rio/Santos, enfrenta hoje diversos interesses sobre as terras que ocupam há mais de duzentos anos. A estrada, construída em nome da redenção da região e de seu povo, trouxe consigo a valorização das terras e, com ela, grileiros e especuladores de todo tipo. Medidas governamentais propiciaram, ainda, a criação do Parque Nacional da Bocaina, delimitando áreas de reservas florestais e, concomitantemente, proibindo de derrubar a mata, plantar e caçar, inviabilizando a continuidade das formas tradicionais de vida.

Em razão desses fatos, a defesa da terra torna-se fundamental. A defesa da terra é, então, a defesa do negro de Frechal, Campinho, Pacoval, Bom Jesus, Cafundó, Kalunga, Mimbó, Cajueiro e de muitos outros lugares. É a defesa da liberdade, aquela conquistada por seus antepassados e tornada fruto de uma narrativa social que se expressa de muitas maneiras; no trabalho, nas festas, na cor de sua gente, na garra de sua luta. Na luta pela terra os negros reeditam experiências. A experiência do povo, nas histórias de seus mitos, nas histórias deste ou daquele lugar.

Os grupos negros contemporâneos buscam, assim, recuperar o passado, elaborando a percepção do presente e dando origem a uma territorialidade negra que se inscreve no imaginário, em relações sociais fundamentais, na organização do trabalho, do parentesco, da família. Uma territorialidade na qual se inscreve a visão de mundo, inscrevendo-se no próprio corpo e indo para além dele, realizar-se plenamente no espaço da terra e constituindo um campo de defesa da terra-território. Uma terra que, não estando fora do sistema, exige deles, negros, a necessidade de operar com códigos diversos: os de seu mundo e tradição, os do mundo do "outro", no qual buscam fazer valer os direitos postos pelo costume e tradição.

Manifestações culturais e tradições, muitas com mais de duzentos anos, são retomadas por diferentes grupos e têm servido para preservar seu espaço e os que aí estão, negros e parentes, descendentes daqueles que primeiro instituíram a comunidade quilombola. Em Campinho da Independência, a devoção e a festa a São Benedito volta ao passado, à Vovó Antonica, sua festeira maior. No Frechal, os negros retomam as festas, tambor de mina e danças proibidas pelo invasor. Descobrem a importância de manter a tradição. Festas, danças, rezas mantêm e atualizam a memória histórica, a identidade pessoal e coletiva, além de ensinar aos mais novos o significado e a razão da vida partilhada com a terra e com os parentes. A terra, ainda hoje, é o único bem de todos, razão de existir e ser aquilo que se é: negro e camponês.

Atropelados pela sociedade dominante e seus interesses, as muitas comunidades negras mergulham para dentro de si mesmas em busca de todos os nexos que suas diferentes histórias registram para dizer, confirmar o que são, qual é o seu lugar. Com isso, dizem das práticas costumeiras, das crenças, dos valores que operam o cotidiano do trabalho, da religião, do lazer, na família, no grupo, no individual, no coletivo e que operam em situações extraordinárias. Entre elas, a luta pela terra de posse, terra não titulada. Aos olhos do sistema, uma terra-mercadoria que se investe de valores diversos, diferentes daqueles que configuram essa mesma terra como terra de pretos, um território.

5. Da luta: resistência e impasses

"Se um fazendeiro não precisa obedecer à lei, então não adianta ter lei no município, nem no estado, nem no país." (Famílias negras de Rio das Rãs)

A existência do "outro" – que ameaça a existência dos grupos negros rurais – ameaça a terra como valor de vida, espaço de sentido e posse ancestral. Ameaça o espaço em que o negro circula entre iguais: os parentes e negros. Espaço no qual também transita o outro que invade seu mundo e aí está para dizer que para eles não há mais lugar.

A luta pelo lugar próprio, pela terra, opera como "sinal dos tempos" que exige uma tomada de posição diante da terra, da cor, diante da raça. O assumir uma posição tem implicado a organização de diferentes grupos de norte a sul do país, de forma a garantir o que é seu e fazer cumprir o que lhe é facultado por lei desde 1988, por meio de dispositivo constitucional (Art. 68 das Disposições Transitórias)[1]: a posse de sua terra, terra de pretos, terra quilombola.

No município de Oriximiná, no Pará, várias comunidades negras criaram a ARQMO – Associação dos Remanescentes dos Quilombos de Oriximiná – com o objetivo de lutar pela demarcação das terras dos pretos e preservação da cultura. A Associação de Moradores da Comunidade Frechal e Rumo, fundada em 1985, vem lutando pela aplicação do Art. 68, que lhes garantirá o direito de posse da terra. Com a mesma intenção, a Associação de Moradores de Campinho da Independência cria o QCI – Quilombo Contemporâneo Independência – e, assim, muitos outros pelo país afora.

A organização de agora não é, no entanto, uma coisa do presente. Os grupos negros sempre se organizaram para constituir suas comunidades no espaço da sociedade branca, sempre com ela se defrontaram e buscaram garantir, por diferentes meios e caminhos, a própria existência. A luta de hoje impõe uma organização de tipo diferente, de natureza jurídica e a isso buscam responder, criando associações, sociedades amigos de bairros e outros. Como é o caso da Associação Comunitária de Negros do Quilombo Pacoval de Alenquer – Pará; Associação da Comunidade Remanescente de Quilombo Boa Vista; Associação da Comunidade Remanescente de Quilombo de Água Fria, entre outras tantas associações comunitárias, de moradores. O que significa o surgimento dessas entidades jurídicas?

Como diz Almeida (1997), são elas entidades locais de representação e, ao mesmo tempo, um critério político organizativo

---

1. Artigo 68 – Aos remanescentes das comunidades dos quilombos que estejam ocupando suas terras é reconhecida a propriedade definitiva, devendo o Estado emitir os títulos respectivos.

dos grupos rurais negros, evidenciando sua capacidade mobilizatória e o potencial de conflito presente nas realidades vividas por esses grupos.

Portanto, no espaço duplo e ambíguo da terra em disputa, instaura-se um conflito e um confronto: o de uma condição legítima que se debate na tentativa de também se fazer legal e juridicamente reconhecida. O que querem os negros? Ou como diz uma expressão popular do Nordeste brasileiro: "que é que esses pretos tão querendo?"

O que querem: o direito legal da posse da terra que partilham em comum; querem o direito de dizerem de si como cidadãos plenos que contam diante da vida e do direito instituído, de uma condição cidadã. Quais as condições efetivas para que isso seja possível?

Na luta jurídica pela terra (Gusmão, 1996), os instrumentos de que dispõem as comunidades são aqueles próprios de seu mundo particular, ou seja, o direito costumeiro baseado na prática social e na oralidade e que se confrontam com a sociedade da escrita que exige papéis, documentos escritos como evidência de posse ou de propriedade de uma terra e que as comunidades negras não têm.

A escrita representa, assim, a forma de expressão mais acabada da sociedade inclusiva, que a utiliza para exercer um domínio e um poder sobre aqueles que dela não dispõem. Expõe-se, assim, a negatividade do mundo negro, expondo a condição intersticial e temporária de sua relação com a terra. Diz-lhes, então, o que eles não são – donos da terra – o que não podem ter – a terra comum.

Por esta razão, a luta pela terra no caso dos camponeses negros não é apenas o confronto entre a propriedade jurídica da terra e formas não típicas de propriedade, mas também o momento de definição individual e grupal enquanto sujeitos, enquanto negros deste ou daquele lugar. Mais que isso, reconhecidos como parte da nação, já que são todos brasileiros, descobrem aí, na luta pela terra, que em seu interior são cidadãos de segunda classe, não são cidadãos plenos. Vale perguntar como as famílias de Rio das Rãs: "Para que servem as leis?"

A condição desigual entre eles e o fazendeiro, entre eles e a propriedade particular ou pública que se institui, revela o mundo de "fora", o mundo do "outro". Revela a senda dupla pela qual historicamente transita o negro. A terra sua, a terra em que vivem hoje, revela a posição no interior do grupo, através de processos de identificação e de identidade como grupo singular; ao mesmo tempo, é ela, terra, que lhes revela a base da negação individual e coletiva que vivenciam como negro, pobre e camponês.

A tríade em questão é a parte do mecanismo que permite a sociedade da escrita estigmatizar e discriminar. Na tríade assenta-se o processo de expropriação da terra, de expropriação da vida. A perversidade do sistema se expressa, assim, com toda a sua força, ocupando espaços, submetendo as formas próprias de expressão social e cultural, impedindo o direito ao lugar próprio.

As imagens aqui retratadas, tal como retratos da vida, suscitam pensar sobre o lugar do olhar, o que se olha e como se olha. Em questão, não apenas cenas do cotidiano em comum, mas suas marcas, seus ritmos, suas práticas, suas lutas. O invisível por trás do visível, o campo étnico e político da vida social.

6. Nos tempos que correm...

Das falas e dados parcialmente expostos nos itens anteriores emergem muitas e diversas realidades vividas pelas comunidades rurais negras. Dessas realidades passadas e presentes revelam-se os processos de organização social e política no enfrentamento das adversidades e na insistência de serem o que são e terem como seu o lugar que acreditam lhes pertencer por direito e tradição.

A dimensão quilombola de um viver que necessariamente se fez e se faz como forma de resistência e luta mostra como cada grupo negro no meio rural hoje, independentemente de sua origem e constituição, pode e deve ser compreendido como *grupo remanescente*, pois é portador de um "legado, uma herança cultural e material que lhes confere uma referência presencial no sentimento de ser e pertencer a um grupo específico"[2]. Qualquer que seja o grupo, é ele originário e descendente de uma condição

---

[2]. Relatório oficial do GT sobre Comunidades Negras da Associação Brasileira de Antropologia – ABA – Rio de Janeiro, 1994.

escrava com história própria e singular. Aqui, a base que legitima o poder reivindica a titulação de suas terras em razão de direitos assegurados pelo Artigo 68 da Constituição Brasileira.

Nesses termos, esforços conjuntos entre grupos, comunidades e movimentos da sociedade civil têm conduzido a luta quilombola a algumas conquistas. Muitas iniciativas foram implementadas no âmbito federal e estadual, através de órgãos públicos como Incra, CNPT (Ibama), Fundação Cultural Palmares, ITESP e tantos outros, buscando mapear e encaminhar processos de reconhecimento dos territórios ocupados pelas comunidades negras e, assim, postular a conseqüente titulação. Como exemplo, pode-se citar:

■ a Reserva Extrativista Quilombola Frechal, no Maranhão, em 1992, cujo processo ainda transita em juízo. A realidade cotidiana, porém, após muitos conflitos com os fazendeiros, é hoje de "autonomia econômica e reforço à identidade étnica (...com) controle absoluto dos moradores sobre as terras" (Projeto Vida de Negro, 1996, p.152);

■ os Quilombos de Água Fria, Boa Vista e Pacoval do Alenquer, no Pará, tiveram suas terras tituladas pelo Incra através de medida governamental em 1996;

■ o Quilombo do Rio das Rãs, na Bahia, foi identificado pelo Ministério da Cultura através da Fundação Palmares em 1995, e

■ Campinho da Independência, Rio de Janeiro, também foi identificado pelo Ministério da Cultura através da Fundação Palmares, em fevereiro de 1998. Ambas aguardam o desfecho processual com a titulação definitiva.

Os processos federais e estaduais, em sua maioria inconclusos e/ou em andamento, revelam ainda que Jamari dos Pretos, no Maranhão; Kalunga, em Goiás; Mocambo, em Pernambuco e outras comunidades negras encontram-se em vias de reconhecimento.

Em São Paulo, as comunidades negras do Vale do Ribeira, entre elas Ivaporunduva, Bananal, Aboboral, Biguá Preto e outras, já se encontram mapeadas pelo Grupo de Trabalho criado pelo governo estadual no intuito de definição de seus territórios e futura titulação (ver Andrade, 1997).

O projeto de mapeamento e sistematização das Áreas Remanescentes de Quilombos, da Fundação Cultural Palmares, tem como encargo mapear e reconhecer como áreas de quilombo cinqüenta comunidades negras de vários pontos do país.

De todas essas iniciativas e de muitas outras não citadas cabe apontar o papel definitivo das próprias comunidades que, por meio de várias ações, têm pressionado os governos estaduais e federal, acionando canais diversos e complementares na conquista de seus direitos. Tudo isto demarca uma nova face da luta que tem exigido uma nova organização das comunidades negras, via alianças institucionais e extra-institucionais. Resulta disso a criação da Comissão Nacional Provisória de Articulação das Comunidades Rurais Quilombolas – o CNACNR. A Comissão está voltada para as articulações, assessorias e ações conjuntas com entidades civis, visando a reivindicação de titulação definitiva das terras ocupadas por grupos rurais negros. Trata-se, como disse Almeida (1997, p.129), de modalidades de interlocução com as instâncias do poder, a partir dos processos instituídos pelos próprios grupos rurais negros.

No entanto, segundo esse autor, a realidade é ainda pouco efetiva, posto que "inexiste (...) uma política regular de reconhecimento massivo dessas áreas, conforme as disposições constitucionais". Para ele está em jogo "as circunstâncias específicas de cada situação de conflito e pelo capital de relações sociais dos movimentos quilombolas". (idem, ibidem).

Recuperando, portanto, o tom e os sentimentos que antecederam este item, falam por si as comunidades quilombolas:

"A nossa luta é luta dos tempos dos troncos e nada se consegue. Nada de chegar esse título, fico em dúvida se o governo vai tomar nossa terra, vai mandar (nós) não sei pra onde. É importante dar esse título pra gente descansar." (Morador de Campinho da Independência)

"A nação daqui é tudo de preto. Quando o branco sai de lá pra cá, ele quer meter o pau na gente aqui que é preto. Aqui nós somos pretos. Agora vem o branco de lá, nós queremos respeito." (Morador do Ivaporunduva)

Querer respeito e poder descansar, nas falas acima, remetem à terra que se quer ver titulada e à condição racial dos sujeitos sociais. Nesta medida, terra e raça marcam a realidade individual e coletiva enquanto modos de se fazerem, todos, sujeitos sociais de direito. Neste sentido, a esperança dessas falas mostra que, apesar das injunções políticas pouco claras nos processos em andamento, que muitas vezes não ouvem as comunidades e, assim, não as compreendem em seus nexos e contextos, o negro no meio rural sabe de si, de seus limites e possibilidades. Por essa razão, luta.

Os retratos da vida dos negros camponeses não são apenas imagens construídas, são, antes de mais nada, vidas em movimento que convidam para se ver além das imagens. O convite para ver o universo intrincado da experiência negra no meio rural revela o lugar das diferenças e da alteridade vivida no campo da raça, frente ao preconceito e discriminação, vivida no campo social e jurídico das leis, enquanto ausência de direitos. Este é o maior desafio de todos aqueles que pretendem construir uma sociedade plural e democrática.

Referências bibliográficas

ALMEIDA JR., Manoel de. *Relatório de pesquisa*: 1996 (inédito).

ALMEIDA, Alfredo W. Berno de. Terras de preto, terras de santo, terras de índio: posse comunal e conflito. *Humanidades*, Brasília, UnB, n° 15, 1988.

_____. Quilombos: repertório bibliográfico de uma questão redefinida (1995-1996). In: ANDRADE, Tânia (org.), *Quilombos em São Paulo* – tradições, direitos e lutas. São Paulo: Governo do estado de São Paulo/IMESP, 1997. pp. 123-138.

ANDRADE, Tânia (org.) *Quilombos em São Paulo* – tradições, direitos e lutas. São Paulo: Governo do estado de São Paulo/IMESP, 1997.

BAIOCCHI, Mari Nazaré. Literatura oral em quilombos remanescentes, Kalunga e Barreirinho. CONGRESSO INTERNACIONAL DE CULTURAS AFRO-AMERICANAS, 2, Salvador: 24-30, ago.,1994.

CARVALHO, José J. (org.) *O quilombo do Rio das Rãs* – Histórias, tradições e lutas. Salvador: EDUFBa/CEAO, 1995.

FUNES, Eurípedes. *Pacoval e Conceição dos Caetanos* – Terra, o sentido da liberdade. Um estudo de comunidades negras de vida rural. Fortaleza: 1990. (Anteprojeto de pesquisa)

_____. Pacoval do Marambiré, do Contraveneno, Pacoval dos Mocambeiros. *Palmares em Revista*, Brasília, n° 1, 1996, pp.117-138.

GUSMÃO, Neusa Maria Mendes de. *Terra de pretos, terra de mulheres*: terra, mulher e raça num bairro rural negro. Brasília: MINC/Fundação Cultural Palmares, 1995.

_____. Da antropologia e do direito: impasses da questão negra no campo. *Palmares em Revista*, Brasília, n° 1, 1996, pp.1-14.

O'DWYER, Eliane Cantarino. Remanescentes de quilombos na fronteira amazônica: a etnicidade como instrumento de luta pela terra. In: O'DWYER, Eliane Cantarino. (org.) *Terra de quilombos*. Rio de Janeiro: ABA, 1995.

PAIXÃO, Idelzuita R. da. Mimbó: a educação no quilombo. *Cadernos de Pesquisa*, São Paulo, n° 63, nov. 1987.

PROJETO VIDA DE NEGRO. *Frechal* – Terra de Preto – Quilombo reconhecido como reserva extrativista. São Luiz, MA: SMDDH/CCN-PUN, 1996.

QUEIROZ, Renato S. Caipiras negros do vale do Ribeira: um estudo de antropologia econômica. In: ANDRADE, Tânia (org.) *Quilombos em São Paulo* – tradições, direitos e lutas. São Paulo: Governo do estado de São Paulo/IMESP, 1997.

QUEIROZ, Virgílio de. *Mimbó*. A resistência da comunidade negra. s.l.: Presença. s.d.

SILVA, Dimas S. da. *Quilombos do Maranhão*: a luta pela liberdade. São Luiz: UFMA, 1991.

_____. *Quilombos*: símbolo de luta do negro brasileiro. São Luiz, MA: 1992 (mimeo).

CAPÍTULO 4

NEGROS E ÍNDIOS:
RELAÇÕES INTERÉTNICAS E IDENTIDADE

A INVISIBILIDADE IMPOSTA E A ESTRATÉGIA DA INVISIBILIZAÇÃO ENTRE NEGROS E ÍNDIOS
uma Comparação

Adolfo Neves de OLIVEIRA JÚNIOR [*]

Este trabalho pretende exercitar um diálogo entre a forma como antropólogos que trabalham com comunidades negras rurais e aqueles que trabalham com grupos indígenas, em especial no Nordeste, tratam a questão da atualização da identidade étnica. Ambas linhas de pesquisa não têm, até hoje, mantido um intercâmbio sistemático sobre o tema, tendo desenvolvido noções distintas a partir das quais buscam descrever os processos identitários característicos da relação entre os grupos sociais e a sociedade abrangente. É de especial interesse aqui a noção de "invisibilidade" utilizada por antropólogos trabalhando com grupos negros como elemento determinante, por antítese, de sua identidade étnica.

O objetivo da comparação é triplo: de um lado, ressaltar nuances não exploradas nas situações de atualização de identidades étnicas negras e indígenas, normalmente pouco relevadas. Por outro, buscar compreender o contexto de cada um destes estilos, a partir do seu contraste sob o crivo da comparação.

A noção de "invisibilidade" tem sido trabalhada contemporaneamente por antropólogos voltados para o estudo de comunidades rurais negras como estratégia – mais ou menos consciente, a depender do caso – do Estado e, de maneira geral, da sociedade brasileira no sentido de obliterar a diversidade étnica de populações negras, processo herdado do regime escravista.

---

[*] Doutorando, Universidade de St. Andrews; Grupo de Estudos Afro-Brasileiros, UnB; Grupo de Estudos de Territorialidades Tradicionais, UnB.

Historicamente, a sociedade colonial brasileira teria escamoteado diferenças entre práticas culturais de brancos e negros, como forma de retirar das mesmas sua virtualidade política, seu potencial como marca de alteridade. Assim, por exemplo, para M. L. Bandeira, ao analisar territorialidade e identidade étnica negras no contexto da sociedade de classes, as comunidades rurais negras constituiriam grupos étnicos justamente porque resistem à invisibilização impositiva do Estado sobre sua diversidade. Em suas palavras (1990, p. 21):

A recusa à identidade étnica dos negros tem sido negligenciada em todo o intercurso da história, pela sociedade e pelo Estado. Essa recusa engendrou mecanismos ideológicos e práticos de fragmentação da identidade, técnica social de subordinação e obediência do negro.

As comunidades negras rurais são, neste sentido, expressões objetivas de resistência e etnicidade.

Colocada neste contexto, "invisibilização" constitui uma prática para-etnocida da sociedade brasileira englobante, tendo por objetivo o incremento do controle sobre a população negra, encarado aí como projeto de constituição da nação brasileira enquanto etnicamente homogênea. Faz-se, enfim, tábula rasa da sociodiversidade representada pelas variadas culturas negras, cujos membros foram reduzidos à escravidão no Brasil como forma de incluir, em última instância, as populações negras na base da pirâmide sociorracial brasileira, projeto nacional profundamente hierarquizado, no qual os negros são assimilados, enquanto grupo, nos estratos mais subalternos da sociedade. A atualização da identidade étnica de comunidades negras seria assim uma reação à ação invisibilizadora da sociedade nacional, que imporia aos negros uma auto-apreciação enquanto parte de um todo hierarquizado, de forma que quando estes constroem uma identidade auto-centrada, esta é estruturada enquanto identidade étnica, como uma forma de resistência à "pressão classificatória" da sociedade nacional.

Embora tal visão seja capaz de explicar uma ampla gama de processos sociais concernentes a relações raciais no Brasil, há toda uma esfera de práticas sociais igualmente invisibilizadoras – em um sentido distinto – que não são interpretáveis por este modelo e que normalmente permanecem à margem das reflexões dos autores ligados a esta corrente teórica. Tais práticas, exercidas cotidianamente pelos membros de comunidades negras, representam a contrapartida àquele processo de invisibilização promovido pela sociedade englobante, na medida em que constituem estratégias identitárias voltadas para a relativização da condição de negro em contextos intersocietários específicos e atualizadas de forma a permitir a continuidade do grupo social *qua* grupo negro.

Os antropólogos que trabalham com grupos negros, ao tratar da invisibilização exclusivamente como processo impositivo da sociedade englobante, negligenciam o aspecto situacional/contextual da atualização da identidade negra, excluindo de sua categorização da etnicidade dos grupos a possibilidade da atualização de papéis sociais não necessariamente definidos a partir do recorte da "negritude". Os antropólogos trabalhando com grupos indígenas, por sua vez, detêm-se no exercício situacional/contextual da identidade étnica, especialmente na possibilidade de atualização de distintos papéis sociais por parte dos membros do grupo, não necessariamente definidos a partir do recorte étnico. Isso não significa deixar de reconhecer o papel da ação invisibilizadora da sociedade englobante na definição desta identidade. Não se detêm, porém, na análise da ação da sociedade englobante em si mesma, de forma que noções tais como a de invisibilização – capaz de descrever igualmente aspectos da atualização da identidade étnica indígena, tanto quanto a de grupos negros – não recebem tratamento teórico adequado, ocupando um espaço marginal nos estudos dedicados a povos indígenas. A comparação entre ambas formas de tratamento da questão pode, portanto, fazer emergir aspectos da atualização da identidade negra e indígena que permanecem à sombra, em virtude do recorte teórico utilizado para analisá-la.

Assim pode ser caracterizada, por exemplo, a identidade étnica das comunidades negras de Maria Rosa e de Pilões (Brasileiro, Oliveira Jr., 1997), parte de um complexo de comunidades que se espraiam pelo vale do rio Ribeira do Iguape, no litoral sul do estado de São Paulo. Uma característica marcante de sua organização social é a auto-identificação enquanto comunidades negras, fato que remete não a critérios de pertencimento/inclusão no grupo, mas à sua relação com a sociedade englobante. Com efeito, não parece operar qualquer regra prescritiva que limite a pertença à comunidade a indivíduos de cor negra, sendo mesmo freqüente a presença de indivíduos de cor clara e mesmo de inúmeros outros que, fenotipicamente, fora do contexto do bairro jamais seriam identificados como negros, mas como "caboclos", "mulatos", "morenos", "cafuzos"; ou qualquer outra dessas classificações intermediárias entre "branco" e "negro" consagradas, por assim dizer, na história das relações raciais no Brasil.

Os bairros rurais de Maria Rosa e de Pilões são *comunidades negras*, assim percebidas por seus membros, bem como pelos habitantes das cidades circunvizinhas. Evidentemente, essa classificação é, em certa medida, valorativa, remetendo a uma série de representações sobre a hierarquização pressuposta na relação que conjuga as oposições bairro-cidade e negro-branco a uma suposta primazia histórica do segundo sobre o primeiro: "ser negro" é ser "atrasado", "da roça", "pouco afeito à vida urbana", "miserável", de "linguajar incompreensível" etc. Tal categorização, ao representar o espaço urbano como essencialmente "branco", define, por exclusão, os bairros como um espaço negro por excelência, *locus* do "atraso", da "rusticidade", da "rudeza", da "miséria", da "ignorância". Essas relações hierarquizadas consolidam pois uma *situação de alteridade*, qualificando os bairros rurais como "outros" a partir da utilização de um critério "racial" que é agregado ao plano sociocultural propriamente dito. Neste sentido, pode-se dizer que as comunidades de Maria Rosa e de Pilões – e as demais comunidades negras do vale do rio Ribeira do Iguape – constituem grupos étnicos inseridos em um sistema multiétnico (Carneiro da Cunha, 1995, p.130), na medida em que signos culturais da suposta inferioridade negra são utilizados para marcar a posição de segmentos sociais específicos (os bairros negros) *vis-à-vis* à sociedade englobante.

A outra face deste processo, ou seja, a identificação das comunidades enquanto negras por seus membros, articula-se à auto-apreensão de sua especificidade sociocultural enquanto alteridade frente à vida urbana, valorizando-a, ressaltando o caráter tranqüilizador da solidariedade social, da vida entre parentes, das atividades coletivas de caráter econômico, ritual etc. De modo semelhante à instância supra-referida, também nesse âmbito os signos da alteridade são associados a uma expressão física da negritude, marcando a diferença sociocultural frente à sociedade englobante através de uma autocaracterização enquanto comunidade negra. Pode-se dizer que essa auto-identificação, em larga medida emergente da organização das comunidades como atores na cena política regional e mesmo nacional, inseridos em movimentos contra a construção de barragens no vale do rio Ribeira do Iguape, contra a imposição de unidades de conservação sobre seus territórios e pela regularização fundiária dos mesmos, representa uma reação à "pressão classificatória" da sociedade englobante, frente à qual os elementos característicos da vida tradicional assumem a característica de signos indicadores de sua especificidade sociocultural enquanto comunidade negra. Conforme coloca Bandeira (1990, p.10):

> *O controle sobre a terra se faz grupalmente, sendo exercido por uma coletividade que define sua territorialidade com base em limites étnicos fundados na afiliação por parentesco, co-participação de valores, de práticas culturais e principalmente da circunstância específica de solidariedade e reciprocidade desenvolvidas no enfrentamento da situação de alteridade proposta pelos brancos.*

Tais dados não permitem, no entanto, inferir que os membros das comunidades, individualmente, utilizem o recorte "racial" para se classificar a todo momento e em qualquer contexto. Essa autodefinição – social por excelência, sempre referida ao contexto específico que a gerou – de igual modo que a própria definição dos bairros como um todo, prende-se ao contexto sócio-histórico específico de suas relações com a sociedade englobante. Uma das religiosas da paróquia local, que atua junto às comunidades, relatou que nem sempre os seus membros "se assumem" enquanto negros, exemplificando através da exposição do "caso" de um ex-vice-prefeito de Iporanga, membro da comunidade de Maria Rosa e que não explicitava o fato de ser negro na esfera política, agindo "como se assim não o fosse".

Esse fato é recorrente entre grande parte dos membros de ambas comunidades, cuja tez apresenta, de modo geral, tonalidades intermediárias entre a branca e a negra, de forma que sua inserção enquanto negro é em larga medida facultativa. Uma vez que a distinção racial não parece significativa no contexto da política local, o indivíduo simplesmente não operacionaliza, nesse âmbito, tal recorte. Isso não equivale dizer que esse mesmo indivíduo venha a negar a sua "negritude" em contextos onde isso seja relevante, ou que não conceba Maria Rosa como uma comunidade negra.

Pelo contrário, é preciso reconhecer aqui que a adoção de papéis sociais distintos daquele de membro de uma comunidade negra representa uma estratégia que não é, absolutamente, incompatível com a identidade étnica negra em si mesma, fato de difícil constatação a partir da ótica da invisibilização, exclusivamente enquanto ação da sociedade englobante. Pode-se falar aqui de uma estratégia de invisibilização como componente da própria identidade étnica dos membros das comunidades negras, atuando no sentido de assegurar sua continuidade, na medida em que atua como mecanismo para o estabelecimento de relações de várias ordens – sociais, econômicas, políticas etc. – com a sociedade englobante.

Considerar a identidade étnica como fenômeno de resistência de um grupo social negro à "pressão classificatória" imposta pela sociedade englobante implica igualmente reconhecer sua relação orgânica com esta; o grupo social não apenas se estrutura em oposição àquela, mas também, de certa forma, em complementaridade com a mesma, o que determina a emergência de um campo de possibilidades de alternância de papéis sociais diferenciados pelos membros do grupo. Ver o caso indígena, onde tal campo de possibilidades é há muito reconhecido como integrante "legítimo" da identidade étnica, em especial com relação aos índios do Nordeste já inseridos há mais de dois séculos em um contexto inter-societário, pode ajudar a relevar dimensões do fenômeno da identidade étnica em grupos negros que, sem se assentar necessariamente na afirmação da negritude – ou antes, no seu reconhecimento enquanto marca de distintividade sociocultural –

não são, apesar disso, arautos da destruição das comunidades étnicas negras.

No sentido oposto, a noção de invisibilidade pode ser utilizada para apreender elementos constituintes do processo de atualização da identidade étnica indígena em contextos intersocietários estabelecidos. Como foi colocado antes, antropólogos voltados para esta problemática dão comparativamente menos atenção à face do processo relacionada à ação impositiva da sociedade englobante que aqueles que se dedicam aos grupos sociais negros. A noção de invisibilidade é útil para revelar faces obscuras da chamada identidade étnica. Tomo como exemplo o caso dos Xukuru-Kariri (Oliveira Jr., 1995), grupo indígena localizado no estado de Alagoas, que ora implementa um processo de reconstrução de sua identidade enquanto grupo indígena, deflagrada a partir dos anos trinta com a luta por sua terra, demarcada no século XIX pelo governo imperial.

Os Xukuru-Kariri encontram-se hoje habitando duas fazendas junto à cidade de Palmeira dos Índios, antiga missão indígena que hoje é a segunda maior cidade do estado, e algumas áreas próximas, dentro do mesmo município e em municípios vizinhos. Muitos índios residem na cidade, que se encontra no centro geométrico da primeira proposta de identificação da terra Indígena Xukuru-Kariri. Isso é, evidentemente, motivo de conflito permanente entre índios e não-índios na região, situação que determina, de certa forma, a atualização da sua identidade indígena.

Historicamente, o discurso dos "brancos" de Palmeira dos Índios sobre os Xukuru-Kariri é dotado de uma ambigüidade diretamente derivada deste duplo aspecto do processo de invisibilização: por um lado, sua alteridade étnica era negada com base na semelhança aparente de seus padrões culturais com os da sociedade englobante; por outro, sua distintividade, explicitada ao se lhes atribuírem "desvios" tidos como comuns à "raça indígena", da qual os Xukuru-Kariri seriam descendentes: a preguiça, a luxúria, a tendência à desonestidade, a estupidez, responsáveis pelo "atraso" em que viveriam.

Desta forma se caracteriza a alteridade Xukuru-Kariri, que aos olhos dos brancos não seria "legitimamente" indígena, mas ainda assim não seria "legitimamente" branca, igualmente. Pode-se, portanto, utilizar o recorte analítico próprio à noção de invisibilização, tal como trabalhada pelos antropólogos pesquisadores de comunidades negras, para trazer à tona aspectos pouco explorados do processo de construção da identidade indígena. A meu ver, é este duplo movimento que determina o caráter contrastivo da identidade étnica dos Xukuru-Kariri, emergente do próprio englobamento dos índios por este todo hierarquizado que é a sociedade brasileira, tanto concretamente quanto a nível das classificações sociais.

No caso dos Xukuru-Kariri – e creio que no dos índios do Nordeste em geral – o processo de invisibilização não apenas atua no sentido de promover institucionalmente, ao longo da história, a substituição de padrões culturais autóctones por outros análogos aos da sociedade mais ampla, mas ainda – como no caso das comunidades negras, tal como seus antropólogos trabalham a noção de invisibilidade – no sentido de incluí-la em um todo hierarquizado no qual sua posição, ainda que não idêntica à do negro, é igualmente subalterna. O movimento de inclusão mesmo pressupõe a manutenção de uma distintividade, que se expressa justamente através da aplicação aos índios dos estereótipos que, não os reconhecendo como indígenas – entenda-se, "etnicamente" indígenas – identifica-os como "eticamente" (ou "moralmente") indígenas, fornecendo a base para a atualização de uma identidade contrastiva expressa em termos de um "ser índio": uma identidade étnica.

Se a comparação entre estes dois enfoques de pesquisa é útil para desvendar nuances das realidades concretas às quais eles se dirigem, não o é menos para a percepção de nuances dos próprios estilos de pesquisa em si mesmos. A meu ver, o caráter situacional/contextual da identidade étnica de comunidades negras normalmente não é ressaltado porque se pretende defini-la justamente por oposição a um contexto no qual a atualização de papéis sociais vinculados à negritude não é nunca feita de maneira absoluta. É por oposição a um sistema de classificação sociorracial (nacional) que já enfatiza a situacionalidade do atributo da negritude que o esforço teórico pretende definir uma etnicidade que seja, de certa forma, unidimensional, perpassando a totalidade da vida social da comunidade, uma vez que grupos sociais rurais negros já em princípio não são vistos enquanto grupos étnicos distintivos, mas como comunidades camponesas "indiferenciadas" da sociedade englobante.

Os antropólogos que trabalham com povos indígenas, por sua vez, buscam justamente o aspecto "englobante-situacional" das relações para se contrapor a uma visão que, encarando *a priori* os índios enquanto essências culturais distintas da sociedade envolvente, lhes nega sua identidade quando tal alteridade radical se lhes não apresenta *in concreto*. Em última instância, trata-se aqui da posição de negros e índios no pensamento social – e no imaginário – brasileiro, que determina para onde se voltam os olhos do etnólogo. Cabe aqui reconhecer tais condicionantes e se utilizar de suas mútuas lacunas para a elaboração de interpretações mais refinadas da realidade destes processos de atualização de identidades étnicas. Em especial, no caso indígena, seria interessante um reestudo da categoria de *caboclo*, tal como é atualizada no universo indígena do Nordeste, que constitui a própria base de emergência da etnicidade indígena, informada (enquanto "grupo potencial") por categorias de pertença baseadas em uma concepção "biológica" da transmissão pelo sangue das características morais e éticas, na qual a noção de "mistura" do sangue com brancos e negros é fundamental (Reesink, 1997).

Portanto, a comparação entre os enfoques nos estudos de identidade indígena e negra acrescenta, no caso destes últimos, dimensões de resistência sociocultural não necessariamente marcadas pela assunção da negritude como marca distintiva étnica, mas ainda assim associadas a esta. Estas dimensões de resistência podem ser qualificadas como processos de auto-invisibilização, que permitem a manutenção da própria identidade negra contrastiva em contextos apropriados. No caso dos índios, a noção de invisibilização mesma permite perceber a ação social-estatal enquanto também um agente no processo de atualização da identidade étnica. Finalmente, a comparação permite perceber o contexto subjacente aos enfoques dos estudos em si mesmos, contribuindo para incrementar o potencial interpretativo dos campos teóricos pertinentes.

Referências bibliográficas

BANDEIRA, M. L. Terras negras: invisibilidade expropriadora. *Textos e Debates*, Ano I, n° 2, 1990, pp. 7-24.

BRASILEIRO, S. OLIVEIRA Jr., A. N. Organização social. In: LAUDO ANTROPOLÓGICO SOBRE AS COMUNIDADES NEGRAS DE MARIA ROSA E DE PILÕES, VALE DO RIO RIBEIRA DO IGUAPE, SP. Brasília: Ministério Público Federal, 1997, pp.58-80.

CARNEIRO DA CUNHA, M. O futuro da questão indígena. In: LOPES DA SILVA, A. BENZI GRUPIONI, L. D. (orgs.). *A temática indígena na escola*. Brasília: MEC/MARI/Unesco, 1995.

OLIVEIRA Jr., A. N. *Terra indígena Xukuru-Kariri*: relatório do grupo técnico designado pela portaria n° 0553/FUNAI. Brasília: FUNAI, 1995.

REESINK, E. *Uma questão de sangue*. Comunicação apresentada ao V Congresso Afro-Brasileiro, Salvador, 1997.*

---

* Este texto também compõe o presente volume, sendo apresentado a seguir.

APRESENTANDO
Índios e Negros na Serra do Umã

*Rodrigo de Azeredo GRÜNEWALD**

O presente trabalho toma por proposta não uma discussão teórica sobre o encontro entre índios e negros. Muito pelo contrário, a idéia é tão-somente a de fornecer uma ilustração da presença do negro na constituição de uma comunidade indígena. O exemplo que evoco aqui, por fim, é extraído da Serra do Umã, no sertão pernambucano, onde, na década de 40 do presente século, eclodiu no cenário nacional a Comunidade Indígena de Atikum-Umã.

No mais, se não conheço registros históricos sobre uma ocupação da Serra do Umã por parte de negros, informações são trazidas por depoimentos de moradores (índios). Também no que se refere à presença indígena na Serra, dados de campo são uma importante fonte de informações, embora material histórico impresso (material arquivístico e bibliográfico) estabeleça a base para as considerações sustentadas.

A denominação Atikum-Umã

Quanto ao nome "Atikum", a primeira referência que temos data da época da "formação da aldeia" (década de 40 do presente século), quando, em uma comunicação interna do Serviço de Proteção ao Índio (SPI), o chefe da 4ª Inspetoria Regional deste órgão comenta, se referindo ao posto indígena da Serra do Umã, que o primeiro nome do posto foi Atikum[1], devido provavelmente a um grupo com o qual os "Umãs" teriam se mesclado e o qual devia se

---

* Professor da UFPb e doutorando em Antropologia Social pelo Museu Nacional / UFRJ.

1. Na verdade, o citado chefe, Sr. Raimundo Dantas Carneiro, afirmou, durante entrevista realizada em sua residência em 26 de novembro de 1991, que o primeiro nome

chamar "Aticum" ou "Araticum"[2]. Para os índios, por outro lado, Atikum não era uma tribo, mas um personagem (epônimo da aldeia) que, para alguns (pois vários não souberam informar nada a respeito, ou diziam apenas se tratar de um índio) era filho de Umã, "o índio mais velho" desse grupo, que em hipótese alguma se consideram índios Atikum-Umã, mas sempre índios *de* Atikum-Umã. Não há contudo quaisquer lembranças (míticas ou não) acerca desses ancestrais. No entanto, podemos destacar o relato de José Antonio dos Santos (índio Atikum que divide seu tempo entre a Serra do Umã e a Ilha de Assunção – área Truká –, em Cabrobó-PE) quanto à "história do tempo da revolução"[3]. Segundo esse informante:

> *"... o padre vinha viajando de Flores a Cabrobó, quando chegou nesse Olho d'Água, que hoje é do Padre, mas que é Olho d'Água do Gameleira (se refere à aldeia Olho d'Água do Padre)... tá sendo do padre porque depois da morte do padre... os índios cercaram eles com os arco... e flecharam o padre... Aí vem o governo, que houve a revolução do governo com os índios... Aí existia um índio manso que foi pegado, Vitorio de Oliveira... pegado por um homem chamado Silva... Ele pegou o caboquinho e levou pra Flores, pra família dele... o Silva não era homem daqui não, ele podia ser gente de Portugal, de outro canto. Ele não era índio não... Aí Vitorio de Oliveira produziu muitos filhos... Aí quando o governo veio... aí ele... o que fazia era manso... pegando os caboco-índio pru mode do governo matar... foi aí que os índios deram fé que ele tava atraiçoando, pegando... entregando ao governo... o governo*

---

do posto indígena foi "Governador Estácio Coimbra". Por outro lado, em documento do SPI de 1961, Raimundo se refere ao mesmo pelo nome de Posto Padre Nelson.

2. Segundo Galvão (1897), "Araticum" era um lugarejo do município de Floresta. Já para Loukotka (1968), "Aticum" ou "Araticum" é a língua extinta de uma tribo que fala apenas português agora, em Pernambuco, perto de Carnaubeira.

3. Provavelmente a chamada Revolução da Serra Negra, ocorrida na região por volta de 1823.

matava. Mas os índio fazia guerra com o governo, que eram muitos e brigavam... Então foi até que terminô. O Vitorio de Oliveira os mesmos índios mataram[4]*... só ficou seis índios dos filhos*[5] *do Vitorio de Oliveira, entre mulher e homem, caboco. Esses índio é a geração que existe aqui, só existe essa aí. Agora, que eles foram casados, casando com outras frações misturada... casando mais com negro... de fato... então os índio do Olho d'Água do Gameleira se chama índio volve, porque é mestiçado. Eles são índio mestiçado com negro... Tem índio mesmo e tem negro que são mestiçado, e tudo são da terra mesmo... aí casavam com quem fosse, outros casavam com negro, outros casavam com branco e se danô o negócio."*

Ainda segundo José Antonio, houve no século passado uma dispersão dos índios para a Serra do Ibiapaba no Ceará; para a Serra Negra; para a Serra do Pão de Açúcar em Alagoas; e de outros que se rebelaram nas margens do rio São Francisco, indo uma fração destes últimos se estabelecer na Ilha de Assunção. Quanto aos índios que ficaram na Serra do Umã, ele informa:

"Agora aqui tem o Atikum, que é aqui. Tem o Huamué, tem o Hanoí, tem o Umã e o Urumã, tudo tribo de índio dessa aldeia... é tudo da tribo Atikum... o nome deles é que tratava disso... Atikum é Atikum, chefe Atikum. Umã é outro índio... é o pai de Atikum, Umã. Aí Urumã já era outro índio... e assim continuava... (e) de Atikum

---

4. Segundo o informante, Vitório de Oliveira, ainda acompanhado de homens do "governo", foi morto pelos próprios índios na Serra da Gruta.

5. O informante disse não estar bem lembrado, mas achava que Vitório de Oliveira havia se casado com uma mulher de nome Helena, com quem teria tido vinte e dois filhos. Falou ainda que seria interessante se o pesquisador tivesse contato com o velho Rumão Bernardo na aldeia Olho d'Água do Padre, o que não era mais possível pelo fato do mesmo estar "demente". Recomendou então que se procurasse a família "de Oliveira" – especialmente Simão de Oliveira – para maiores explicações. Isto infelizmente não foi possível.

pra cá tem essa indescendência que eu tô falando, é Vitorio de Oliveira, que é da tribo... e esses filhos que ficou com a indescendência..."

Se nos basearmos no fato de que o informante José Antonio teve contatos com documentos históricos da FUNAI – que se referem a tais nomes como sendo de "tribos" e não de pessoas –, fica-nos difícil uma interpretação segura de sua narrativa. Entretanto, é sugestivo que ele delimite com precisão que família descende diretamente de Atikum. Mas de qualquer forma sempre há dúvidas: seriam os nomes citados apenas indivíduos? Seriam clãs? Chefes de linhagens? É difícil encontrar alguém na área que fale com precisão sobre o assunto. A impressão mais geral que fica é apenas a de que após os conflitos com o "governo", houve – além da dispersão mencionada – uma desorientação geral entre os índios que, cada vez mais, foram se inter-relacionando com brancos e negros e perdendo, conseqüentemente, uma identificação com tais denominações ancestrais.

Voltando ao Atikum, este, segundo alguns depoimentos, foi casado com uma índia *de* Tuxá (Rodelas-BA), tendo o casamento se realizado na Pedra do Gentio[6] — o que justifica, segundo os informantes, o fato de os Tuxá terem ajudado os Atikum a incrementarem sua prática no *toré*[7] por ocasião do reconhecimento oficial desse último grupo por parte do SPI. Por fim, outro dado aponta para o fato de ter sido Atikum um indivíduo (que se tornou um mito para a tribo): todos os índios se consideram descendentes de Atikum, o qual é sempre louvado nos rituais como um patrono espiritual da aldeia. Mas há ainda a hipótese de ter sido Atikum um *encanto de luz*[8] que tenha "descido", mobilizando alguns índi-

---

6. Lugar sagrado na aldeia Jatobá, Serra do Umã, onde se realizam trabalhos de Ouricuri.

7. Festa "tradicional" de caráter sagrado, onde se dança em círculos ao som de maracás e cantigas (toantes) e há intervalos para se louvar Jesus Cristo, santos católicos, mestres do catimbó e ancestrais míticos.

8. Entidade espiritual *positiva* (a princípio o espírito de um índio já morto) que *baixa* nos rituais durante o fenômeno da possessão. E isso não elimina a hipótese de ter sido Atikum um índio, pois os Mestres são sempre espíritos de pessoas que já viveram no plano terreno.

os mais ativos politicamente, durante um ritual[9] e sugerindo o nome para a aldeia – inclusive, segundo o então pajé Alcindo Rosendo da Silva, "a história de Atikum-Umã é que o chefe velho dos índios se chamava Umã, aí ficou Serra Umã", e, se chamam "Atikum porque a *ciência* descobriu Atikum-Umã". Foi a *"ciência dos índios"* [10] que descobriu através dos *"trabalhos"*.

Quanto ao nome "Umã", por outro lado, este só é mencionado pelos índios sob duas circunstâncias: ou para definir seu lugar de origem (ter nascido na Serra do Umã[11]), ou para melhor definir sua condição étnica (ser índio de Atikum-Umã[12]). Todavia, encontramos referências arquivísticas e bibliográficas dos Umãs desde o século XVII.

No mais, como emergem de outras fontes – tanto orais quanto escritas –, vários outros *nomes indígenas* se ligam à Serra do Umã e aos índios de Atikum-Umã. Tais nomes se referem a pessoas ou "tribos" e, se nos é difícil um mapeamento preciso dos mesmos, podemos, por outro lado, evocar alguns dados históricos a fim de melhor contextualizar o grupo.

O povoamento da Serra do Umã

A partir da passagem dos séculos XVII/XVIII, toma início a constituição da chamada "fronteira da expansão pastoril", que em menos de dois séculos ocupava todo o Nordeste. Aí, segundo Ribeiro (1982), "não se tratava de simples andanças para prear

---

9. Baseamo-nos aqui no seguinte toante: *"Mestre Atikum/ seu cavalo está selado/ para.../ venha para sua aldeia/ ..."*. Apesar dos Atikum não chamarem seus médiuns de *cavalos*, podemos perceber uma ambigüidade nesse termo. Além disso, a expressão *Mestre* é típica do catimbó e Atikum é *chamado* (para *descer* nos rituais) da mesma forma – e, por vezes, conjuntamente – que as entidades do citado culto. Para semelhanças com o catimbó, ver Cascudo (1979).

10. Por "ciência do índio" entendemos um corpo de saber dinâmico sobre o qual fundamenta-se o *segredo da tribo*.

11. Perceba-se bem que fala-se Serra *do* Umã, como se a Serra "pertencesse" a Umã, e não Serra de Umã.

12. Isso porque é habitual referir-se a eles simplesmente como índios Atikum, inclusive na documentação da FUNAI.

índios, como as bandeiras que cobriam áreas muito superiores, mas da ocupação efetiva da terra" (Ribeiro, 1982, p.50). Em um tal contexto, portanto, o fulcro da discórdia estava na posse da terra que o criador queria limpar dos ocupantes humanos para encher de gado.

Quanto aos Umãs, especificamente, estes, provavelmente devido à marcha da expansão pastoril, acabaram por ser localizados em diversos lugares: por volta de 1696 perambulavam pelo vale do rio São Francisco; em 1713 estavam na ribeira do Pajeú; em 1746 em Alagoas, entre os rios Ipanema e São Francisco; em 1759 em Sergipe; em 1801 foram aldeados em Olho d'Água da Gameleira (onde hoje é a aldeia Olho d'Água do Padre na Serra do Umã) e de onde se dispersaram em 1819; em 1838 são encontrados nas proximidades de Jardim, no Ceará; em 1844 se encontram novamente próximos ao antigo aldeamento, mais especificamente em Baixa Verde. Daí em diante cessam as informações quanto a esses índios, que reaparecem somente na década de quarenta do presente século, reivindicando o reconhecimento de suas terras. Ainda é bom lembrar que, quando aldeado, o grupo Umã (que recebia diversas denominações) foi obrigado a dividir o aldeamento com os grupos Xocó e Vouvê e que os mesmos sempre se mantiveram próximos aos Pipipãs e que em 1852 ainda existiam "índios bravios" nas imediações da (ou na) Serra do Umã.

Ainda quanto ao povoamento do sertão nordestino, de uma maneira geral, não podemos deixar de citar que uma afluência do escravo negro, apesar de não tão intensa como na faixa litorânea, nem por isso deixou de marcar presença. Os escravos, no sertão, podiam ser vaqueiros ou guarda-costas; contudo, como o serviço do pastoreio não exigia muitas pessoas e havia necessidade de mão-de-obra nas faixas férteis das serras, foi para essas que afluiu o braço negro afeito ao trabalho agrícola.

Assim, com a expansão da sociedade luso-brasileira, vieram povoar a região também os negros. Segundo Ferraz (1957), algumas serras foram povoadas por negros que se constituíram em espécies de quilombos desde a escravidão, deixando, inclusive, traços de uma "cultura própria", representada sobretudo pelos trabalhos de cerâmica. Tal fenômeno pode se observar na Serra do Umã e na dos Crioulos. "Na do Umã, eles se mesclaram com facilidade com o grupo indígena ali existente, o que se poderá verificar à simples análise dos tipos humanos do aldeamento Atikum-Umã do alto da serra. Lá dominou por muito tempo, como chefe dos negros, o lendário Miguel dos Anjos, crioulo valente e ágil, bacamarteiro conhecido pela sua coragem. Lá tombou, gravemente ferido, o então capitão Teófanes Ferraz Torres, um oficial dos mais bravos da polícia pernambucana e filho de Floresta, numa emboscada dos negros" (Ferraz, 1957, pp. 22-3). No mais, informa Ferraz ainda referindo-se à Serra do Umã: "Ali ainda existe um aldeamento de indígenas do mesmo nome, com 500 habitantes aproximadamente, um tanto abandonados, sem orientação e sem estímulo para o trabalho. Vivem de pequena lavoura de manutenção e apresentam uma característica racial interessante pela sua mescla com o grupo negro, muito numeroso naquela serra e que se constituiu numa espécie de tribo conhecida pela designação de 'os negros da Serra do Uman'. A antropologia física de alguns espécimens que nos foi dado observar parece-nos mais aproximada do negro que do índio: o que nos leva a acreditar na absorção dos traços do íncola nesse cruzamento que é, aliás, pouco comum" (ibidem, p.33).

Essa presença negra, entretanto, vale ressaltar, não me parece ter sido mencionada por cronistas, historiadores ou missionários que escreveram sobre os Umãs ou sobre a Serra do Umã. É possível que tais negros só tenham se refugiado na Serra a partir da segunda metade do século XIX, ou, se antes, mantiveram-se isolados de contato mais estreito com os índios.

Seja como for, parece-me, a esta altura, já ter ficado claro que a população que veio habitar definitivamente a Serra do Umã se constitui a partir de grupos (de índios, negros e brancos) de tradições e culturas diversas. Como então explicar a presença hoje na Serra de um único grupo étnico que reivindica uma tradição cultural singular? Se os adeptos da teoria da aculturação se preocupam com as perdas culturais desses "resíduos" de índios – "remanescentes", como gostam de chamar –, aqui, em contrapartida, ao substituir a noção de aculturação pela de *etnogênese* (que se opõe também à noção analítica de *raça*), pretende-se alcançar outra forma de conhecimento de grupos como os Atikum. Se grupos étnicos, como já demonstrou Gallagher (1974), podem se formar (ou se moldar) por entre descontinuidades históricas, não é necessário também que guardem uma cultura prístina, anterior ao contato colonial, para se fazerem reconhecer como, por exemplo, índios. A isso chamei em outro momento de *ilusão autóctone* (Grünewald,1993).

Primeiramente, tomo por base a hipótese de que os contingentes humanos que foram habitar a Serra o fizeram tentando escapar da expansão pastoril. Lá foram se organizando (e trocando informações) até formarem um grupo (de refugiados ou não) coeso – e, diga-se de passagem, coesão essa que é elemento mínimo necessário para a construção de sua identidade, a qual será usada, politicamente, na reivindicação de um reconhecimento oficial, por parte da sociedade brasileira, de sua condição de índios.

Etnicidade e cultura na Serra do Umã

O que levou os "caboclos" (e é assim que se autodenominam, afirmando que "índios" eram seus antepassados) da Serra do Umã a procurarem o SPI no início dos anos 40 para terem suas terras reconhecidas oficialmente, foi o fato de estas serem constantemente invadidas por fazendeiros, que as utilizavam para "fazer solta de bicho" (colocavam o gado para pastar sobre as plantações dos índios), e pelo fato de a prefeitura de Floresta vir cobrando impostos dos índios sobre o uso do solo na Serra do Umã. Quando – estimulados por alguns índios de Tuxá que lhes disseram que sendo eles descendentes de índios teriam direitos ao território – foram reivindicar tal reconhecimento, lhes foi exigido, pelo SPI, o conhecimento e a execução prática do *toré* ("tradição" essa que vem até hoje sendo reatualizada na construção de sua etnicidade). Na verdade, porém, os Atikum estavam "fracos de toré" e tiveram que pedir ajuda a alguns Tuxá que permaneceram por seis meses na Serra do Umã *ensinando-lhes* essa *tradição*. Por volta de 1945, um inspetor do SPI deslocou-se para a Serra a fim de assistir ao toré dos Atikum, que, já bem treinados, conseguiram "*provar*" sua condição de índios. Em 1949, com a fundação do posto indígena, é criada a reserva indígena, que conta hoje com uma população de quase quatro mil indivíduos.

Mas se a população da Serra do Umã varia fenotipicamente entre o "galego", o "negro" e o "índio", passando pelo "cabra"[13], e se essa mesma população se auto-identifica como "cabocla" e é identificada por outros segmentos como de "caboclos" ou "negros", e se, além disso, foi um traço cultural imposto de fora que serviu de base para a construção de sua etnicidade, valeria perguntar: se não fossem os índios, porém os negros que tivessem suas terras reconhecidas por um órgão tutor (um Serviço de Proteção ao Negro – um SPN –, por exemplo), não poderia essa população passar a reivindicar um status de comunidade negra rural alternativamente? E se assim o fizesse, que traço cultural poderia ser exibido para tornar evidente sua condição de comunidade negra? Uma consideração deve desde já ser levantada. Como mencionado, os Atikum têm uma longa história de contato não apenas com outros grupos indígenas, como também com o homem branco e negro. Foi salientada também, principalmente através do depoimento do índio José Antonio dos Santos, a miscigenação pela qual passaram – e passam – os Atikum, dando origem, inclusive à categoria "índio volve", com referência ao "cruzamento" do índio com o negro. Esta categoria, entretanto, não é usual na área por ser desconhecida da maioria dos seus habitantes. Enfim, o ponto é o seguinte: excetuando "galego" e "índio volve", as demais categorias que são vistas aqui não se remetem nunca às características físicas – ou raciais – dos indivíduos. Os negros, por exemplo, são sempre caracterizados como "índio", "meio-índio", "caboco", "civilizado", "aldeado", mas nunca como "negros" ou qualquer outra categoria que aponte para suas características raciais ou físicas.

Sem considerar que os negros tenham marcado uma presença caracteristicamente passiva ao serem acolhidos pelos índios na Serra, parece difícil, entretanto, estabelecer com precisão contribuições de uma *cultura negra* que poderia ser acionada como sinal diacrítico de uma suposta etnicidade negra na Serra do Umã. Talvez os negros tenham contribuído com cerâmica, técnicas agrícolas etc., mas, indubitavelmente, é justamente no complexo ritual que sua presença aparece como mais marcante, principalmente em toantes que se referem ao "povo de Aruanda" ou a "Rei de Ogum" etc., ou mesmo se arriscássemos, como o faz Sangirardi Jr. (1983), a supor que

---

13. Para Menezes (1970), o tipo *cabra* seria uma síntese das múltiplas determinações étnicas que se processaram no sertão.

a adição do mel à jurema[14] – mistura típica dos candomblés de caboclo – seria contribuição do negro. Entretanto, fica difícil saber se contribuições negras nos rituais são anteriores ou posteriores ao contato com o SPI, mas deve se ter sempre em mente que os Atikum estavam "fracos no toré" e que esta prática ritual lhes foi "ensinada" pelos Tuxá. Além disso, se o complexo ritual dos índios juremeiros em geral está relacionado ao catimbó dos caboclos sertanejos, é comparável também a sistemas rituais de origem afro-brasileira, como xangôs ou candomblés de caboclo[15].

Embora ciente de que um arrolar de possíveis contribuições culturais dos negros na Serra do Umã é limitar um entendimento do negro como sujeito no processo histórico, não me é possível, entretanto, e com os elementos que me são disponíveis, elaborar uma análise mais profunda sobre o assunto em questão.

Parece-me, por fim, que se é certa a presença do negro na constituição étnica dos Atikum-Umã, este segmento, por outro lado – e não sei se por estratégia ou não –, manteve-se invisível e misturado à população em geral. Mas, assim como o elemento branco, o negro é referência corrente na Serra, até mesmo na justificativa da diversidade fenotípica dos seus habitantes. Se, por exemplo, a jurema (que se separa em espécies chamadas de jurema branca, vermelha ou preta) justifica uma condição de índios para os Atikum, estes dizem: "é por isso que tem índios de toda qualidade, é porque tem jurema de toda qualidade"[16].

Bem, se foi indicada uma presença negra na Serra, o que aqui se pretendeu foi tão-somente fornecer uma notícia; e, por isso,

---

14. Mimosa Hostilis Benth. Planta sagrada usada ritualmente pela grande maioria dos índios nordestinos.

15. Para uma apreensão do "complexo da jurema" como uma demonstração da mistura afro-indígena no Brasil, sugiro leitura de Mota e Barros (1989), que analisam representações e concepções sobre plantas chamadas de jurema a partir de exemplos dos índios Kariri-Xocó de Alagoas bem como em cultos afro-brasileiros, como candomblés de caboclo e candomblé de Angola.

16. Em larga medida, *índio* para os Atikum é quem detém um "regime de índio" (Grünewald, 1993), é quem é regimado no seu toré, quem bebe o sangue de Jesus e dos ancestrais representado na jurema, comungando assim de um parentesco mítico entre os índios – e essa concepção de ser índio independe de origem racial, local de nascimento etc.

o *apresentando* no título desta comunicação. Uma vez que se trata do trabalho de abertura do GT, coube apresentar o exemplo da formação de uma comunidade de índios que, inegavelmente, encontram-se vastamente miscigenados com negros desde sua constituição histórica, processo no qual dividiram um mesmo território e, quiçá, uma mesma etnicidade.

Referências bibliográficas

CASCUDO, Luis da C. "Ajucá" e "Catimbó" (verbetes) In: *Dicionário do Folclore Brasileiro*. São Paulo: Melhoramentos, 1979.

FERRAZ, Álvaro. Floresta: memória de uma cidade sertaneja no seu cinqüentenário. *Cadernos de Pernambuco*, n° 8. Recife, Secretaria de Educação e Cultura, 1957.

GALLAGHER, Joseph T. The emergence of an African ethnic group: the case of the Ndendeuli. *The International Journal of American Historical Studies*. v.1, n° 7, 1974.

GALVÃO, Sebastião de V. *Diccionario chorographico, historico e estatistico de Pernambuco*. Recife: s.n., 1897.

GRÜNEWALD, Rodrigo de A. *'Regime de índio' e faccionalismo: os Atikum da Serra do Umã*. Rio de Janeiro: PPGAS/ MN/ UFRJ, 1993. (Dissertação de mestrado)

LOUKOTKA, Cestmir. *Classification of south American Indian languages*. Los Angeles: University of California, 1968.

MENEZES, Djacir. *O outro Nordeste*. 2.ed. Rio de Janeiro: Artenova, 1970.

MOTA, Clarice N. da. BARROS, José Flavio P. de. Jurema: black-indigenous drama and representations. In: PROCEEDINGS OF THE FIRST INTERNATIONAL CONGRESS OF ETHNOBIOLOGY. Belém, 1989.

RIBEIRO, Darcy. As fronteiras da expansão pastoril. *Os índios e a civilização*. 4.ed. Petrópolis: Vozes, 1982.

SANGIRARDI Jr. Jurema. *Os índios e as plantas alucinógenas*. Rio de Janeiro: Editorial Alhambra, 1983.

UMA QUESTÃO DE SANGUE

*Edwin REESINK**

Sangue e parentesco

"Sangue" é uma categoria sociocultural que aparece em muitas culturas e em muitas épocas. Pela sua importância corporal, talvez não haja cultura que não elabore alguma representação a respeito do seu significado, que não contenha um componente cultural de alguma espécie. Em uma das fontes da cultura ocidental, a Bíblia menciona que "o sangue é a alma" (cit. em Cascudo, s.d., p.801). De suas origens indo-européias derivam noções que relacionam o sangue com o parentesco, em particular com a transmissão de certas qualidades hereditárias que marcam a passagem, em família, de características consideradas típicas. Por exemplo, num canto sobre os acontecimentos ocorridos na batalha de Bouvines, 1214, entre o rei da França e o imperador Oto, surge uma tentativa de estabelecer a superioridade intrínseca do valor dos franceses sobre os teutônicos, a caminho de construir uma coletividade que consiste nos franceses como uma etnia e uma nação para dirigir o mundo. Contra a raça degenerada do rei da Inglaterra e a violência selvagem dos teutônicos, os francos, transformados em franceses, se destacam por suas qualidades positivas. Qualidade que se nota até num cavalheiro traidor, bom lutador em razão de ser nascido de pais franceses: "Sangue bom não pode mentir" (Duby, 1993, p. 214; v. 207-215). Duby se arrisca a ver neste momento um flagrante da passagem feudal para um início da constituição do ideário nacional. A raça e os antepassados do rei e dos cavaleiros ultrapassando os limites estreitos de sua genealogia para uni-los numa só nação. Raça vitoriosa que evoca uma comunidade de sangue. Desta maneira, há muito tempo existem relações intrínsecas e imbricadas entre etnia, raça e sangue. No limite, prefigurava-se o

---

* Professor da Universidade Federal da Bahia.

que o Estado-nação assumiria com toda força, onde o exemplo mais extremista terminou sendo o *lebensraum* e o *blut und bodem* manipulado pelos nazistas alemães (sangue e terra).

As relações entre as representações de sangue, família, etnia e raça se configuram em modalidades diferentes, mas muito presentes na história brasileira e suas categorias sociais relevantes. Uma separação social que marcava limites de categorias sociais importantes na colônia se relaciona com este conjunto de representações e valores, imprimindo aos índios o lugar simbólico de raça inferior, selvagem e, por isso mesmo, próxima da natureza. Deculturar e aculturar forçosamente, equivalia a civilizar os "brutos" e ensinar-lhes a sair do seu estágio inferior de cultura e sociedade. Todo projeto colonial se montou para alcançar a integração dos índios numa modalidade bem definida dentro da sociedade, visando a sua assimilação final como súditos leais, cristãos, de categoria inferior, mas indistintos em etnicidade. Tais objetivos falharam no caso de uma série de povos indígenas no Nordeste, para os quais a estigmatização contínua e a atribuição geracional de identidades substancializadas contribuíram decisivamente. Esta constelação, em contrapartida, não foi objeto de maior investigação. Aqui pretendo demonstrar a existência e importância deste conjunto de noções e valores, reunindo notas um tanto quanto esparsas, com o intuito de subsidiar o início de uma discussão a ser desdobrada em termos monográficos e teóricos.

O exemplo dos Tuxá

A dissertação de Orlando Sampaio-Silva (1997), retrabalhada e lançada em livro este ano, pode fornecer um exemplo das relações entre brancos, índios e negros. De antemão, devo deixar claro que discutirei seus dados e inclinações teóricas de uma forma um tanto diferente, sendo as considerações da minha total responsabilidade e para os fins da minha exposição. Após a fixação da aldeia em Rodelas, com o tempo os índios perderam a primazia do lugar, do povoado que se formou e se transformou em cidade e, mais ou menos paralelamente, das terras que ocuparam e que foram sendo usurpadas, por vários mecanismos, pelos brancos. Concomitantemente, segundo a tradição oral ainda, os brancos trouxeram os negros, sendo estes chamados, localmente, de "morenos". Rodelas se constituiu em três áreas: o centro, com a igreja, a praça e a rua principal, moradia dos brancos economicamente mais bem situados; a "rua dos caboclos", com os descendentes de índios sendo discriminados por serem diferentes mas não mais índios (Reesink, 1983); a "rua dos morenos" – que Sampaio-Silva não hesita em classificar como negros –, uma classificação que denota uma atenuação da diferença, situando o grupo numa outra identidade social discriminada e economicamente desprivilegiada. A distribuição espacial era eloqüente; portanto, o centro espacial com as instituições principais (religiosa, econômica e social) era branco e dominador, enquanto que afastado deste, na margem – embora a rua dos caboclos fosse contígua à igreja que marcava o limite do centro – encontravam-se as categorias sociais marginalizadas[1]. Para os morenos também se verificava uma situação de identidade social realmente operante, no sentido de constituírem uma coletividade com fronteiras sociais efetivas, dando um caráter estamental à discriminação racial[2].

Desse modo, havia em Rodelas três categorias étnico-raciais, categorias fundamentadas em fenótipo, em transmissão de uma herança genética que determina características dos indivíduos, que, portanto, subsumem o indivíduo numa categoria coletiva a que pertence por nascimento e descendência. No caso em questão, os dois grupos dominados, os dois subordinados na hierarquia social, man-

---

1. Bastante interessante e significativo foi o local escolhido para o Posto Indígena, praticamente vizinho da igreja. Interpunha-se entre o centro e a rua dos índios, que se estendia daí para frente, afastando-se do centro, perpendicularmente. Ou seja, expressando no espaço físico o que deveria ser o seu papel de intermediador social entre o centro branco hegemônico e os índios desfavorecidos. Obviamente, sem nenhuma surpresa, não funcionou bem neste papel.

2. Essa situação evoca casos como de algumas comunidades negras no interior, tal como os arraiais negros de Rio de Contas. Ali existem o "arraial negro" e o "arraial branco", vizinhos que, durante muito tempo, não se misturavam no plano do casamento. Nessas situações havia uma fronteira relativamente rígida e mantida, adquirindo a identidade negra (geralmente não sendo chamado assim) um caráter de uma categoria com densidade coletiva, semelhante a uma identidade étnica. Quão semelhante é, fica em aberto, mas há uma diferença fundamental em que a sua "origem" como "povo" não é tão facilmente reconstruída socialmente.

tinham relações mais próximas entre si. Os caboclos e os morenos participavam conjuntamente no grupo de penitentes, os que se autoflagelavam para a sua salvação, derramando seu sangue como Cristo. Vale observar que a informação dá como certa a participação histórica de muitos homens dos dois grupos, mas não inclui os brancos. Ou seja, na sua origem, os dois grupos subalternos expiavam seus pecados desta maneira forte, física, derramando justamente o mesmo sangue que os desqualificava perante a sociedade hegemônica. Parece até que a prática introduzida pelos missionários atribui, simbolicamente, às categorias de sangue inferior uma necessidade de expiação dos pecados que expulsa este sangue inferiorizante: derramando o seu sangue desqualificado de modo análogo ao Cristo. Salvar-se-iam os homens mais selvagens, menos civilizados e, suponho, intrinsecamente mais suscetíveis ao pecado. É como se a teologia da responsabilidade individual do pecador (e havia outros grupos que não tinham bases étnicas ou raciais no Vale do São Francisco) se aplicasse a um pecador coletivo, englobando as pessoas na sua categoria social. Posteriormente, outra imposição dos padres, a respeito de quem se qualificava para ingressar na penitência, retirou este caráter da penitência, argumentando serem contrários à participação de "pobres", pois a prática noturna interferia no desempenho de sua função de provedores de comida para a família. Como diz Sampaio-Silva, muda-se da moral individual de cada um (mas que parece transcender para um caráter coletivo reificado de "um caboclo" e "um moreno"), para o plano de sua função como ator dentro de sua teia de relações sociais imediatas, a sua responsabilidade social (1997, pp. 85-94).

    A influência da igreja católica também se exerce em outros planos. Os índios narram que se costumava casar entre primos. Sampaio-Silva lembra aí a possibilidade de alguma continuidade indígena de uma espécie de casamento preferencial entre primo cruzado, mas é mais provável que isto ateste a influência de muitas parentelas, "famílias", no sertão e interior, de casar-se "na família", especialmente como estratégia de manutenção de patrimônio, geralmente terra. Na geração mais velha, uma proibição dos padres terminou essa prática, fazendo com que, segundo os índios, por falta de parente suficientemente distante para casar, iniciasse obedecendo ao imperativo social da necessidade do casamento, a contratação de laços exogâmicos. Na verdade, porém, por parte dos índios havia uma inflexão clara para o casamento com os morenos. Embora se mencione casamentos com brancos e morenos (dos dois sexos), na fala de um dos informantes se ressalta uma tendência de casamento entre índias e morenos. *"Não era das cabocas ficarem coroa, não!"* (Sampaio-Silva, 1997, p.113). O autor não fornece dados a respeito de possíveis tendências de alianças, mas percebe nitidamente uma maior aliança entre índios e morenos: "(...) *índios e morenos são a mesma coisa e a gente vive se casando uns com os outros"* (idem, p.112). Os dois grupos subalternos se aliaram muito mais entre si do que com o grupo superior, conforme, na minha conclusão, uma lógica de tentativa de estratégia de manutenção de *status* por parte dos dominantes de limitar a sua exogamia. O que não quer dizer, naturalmente, que os índios não possam ter preconceito em relação aos morenos, mas isso não fica claro.

No caso de um grupo hegemônico e dois grupos subalternos, na medida em que subsistem pela transmissão hereditária para a continuidade do sistema, é preciso mantê-los fisicamente separados, evitando "mistura" e os conseqüentes problemas de definição de pertença. Quando da pesquisa do autor, na antiga Rodelas dos anos 70, os brancos dividiam a cidade em três áreas correspondentes aos brancos, morenos e índios. Os morenos, no entanto, contestavam a segregação espacial em três como sobreposto nas categorias, apontando para brancos pobres na periferia. Talvez um indício de que não aceitavam tão facilmente a pretensão à superioridade dos brancos, pela aplicação, inclusive, de outros eixos de hierarquização (econômico) que quebrariam o caráter uniforme e homogêneo da mesma. Aparentemente, havia não uma forte tendência a endogamia dos três grupos, mas uma crescente mestiçagem. Talvez esta confirme, aos olhos dos morenos, a visão de diluição, literal e figurativa, da suposta superioridade branca. Ou seja, parece que havia uma contestação da superioridade pretendida dos brancos, questionando os limites antes bem mais rígidos.

Além desse indício, havia um espaço moreno exclusivo, o que indica que a dimensão física pode ser invertida em sua avaliação valorativa. Os morenos dominavam o único clube recreativo da cidade e não deixavam os brancos entrarem nas festas, reagindo, então, a sua exclusão, preservando um espaço "moreno" de lazer, mais íntimo, para si. Ou seja, conforme uma certa divisão de atividades mais ou menos "duras" de preservação de espaços, sendo o trabalho o contexto em que a discriminação é mais forte e o lazer o espaço de valorização do negro (inclusive para si próprio, o que evoca a Salvador atual; Sansone, 1996). Ser trabalhador e mão-de-obra na terra dos patrões só se compensaria, ao que parece, em outro espaço, que pudesse ter uma relação com concepções sobre o corpo negro: bom para trabalho braçal, desprezível, mas também, ao mesmo tempo, como a analogia com Salvador induz a pensar, com um domínio geral maior do seu corpo, valorizado de modo positivo. Os índios, por seus laços maiores com os morenos, ganhavam acesso às festas em que os morenos não assentiam a presença de brancos. Os índios, aliás, não estariam muito melhor do que a posição econômica dos morenos se não fosse a sua situação étnica que lhes garantiu um mínimo de terra independente dos donos de terras brancos.

Os dois grupos dominados se aliaram, desse modo, em termos de alianças matrimoniais e em relações sociais num grau bem maior do que cada um se aliou à categoria dominante. Vale ressaltar que diversos eixos de hierarquização sociocultural se sobrepunham à distinção de cor, tais como poder econômico e social e, na acepção de Bourdieu, o capital cultural. Talvez, especulando ainda na direção do possível questionamento dos morenos sobre a divisão espacial, com o tempo a homogeneidade nos eixos classificatórios foi sendo modificada (brancos pobres), fazendo com que a endogamia branca também fosse afetada. Assim, um índio descreveu a crescente miscigenação envolvendo todas as três categorias:

> "Tem havido casamentos de índio e índia com branca e branco, e de índio e índia com preta e preto, e assim vai havendo mistura. Está tudo breiado, hoje as famílias estão tudo breiado, está breiados brancos com os morenos; está breiado dos morenos com os cabocos, é tudo assim." (Sampaio-Silva, 1997, pp. 112-113)

Observe-se como o informante se utiliza de uma noção de "família" dentro das categorias étnicas e raciais e que estes são os vetores da "mistura" e de serem "breiado" (em outros grupos, como os Pankararé, encontramos *braiado*)³. Em se tratando de uma transmissão de pertença por descendência bilateral, por causa do parentesco cognático indo-europeu, tal mistura põe o problema de pureza de cada indivíduo e, como já disse, um problema de inclusão e exclusão. Não está claro como tal questão se põe para brancos e morenos; talvez, dado o que comumente se descreve na literatura, os brancos lamentem e os morenos considerem a mistura para seus descendentes como algo positivo, desejável como uma espécie de branqueamento e diminuição da diferença discriminatória.

Para os índios o problema é semelhante, mas é importante para a sua construção de "indianidade" em que se exige, pelo Estado, uma definição mais rígida da identidade. Veremos o exemplo do pajé, personagem importante e que se destaca por ser um líder político, neto do último grande "capitão" dos índios (que exerce uma liderança unificada, conjugando o papel de representação com líder religioso)⁴. Ele é filho de mãe índia e pai "civilizado" (negro; conforme a idéia da inflexão apontada), ele mesmo, pois, exemplo da mistura. Prevaleceu o lado da família da mãe, cujos pais eram índios *legítimos* e *puros*, sendo ela mesma, então, uma índia verdadeira. Ser puro em sangue indígena garantia o pertencimento automático, inegável e inequívoco, isto é, o vetor hereditário endogâmico de antigamente não estimulava dúvidas. A *mistura*, em contrapartida, cria um sangue misto que deslegitima a inexorabilidade e, portanto, a certeza subjetiva de pertença, abrindo-se uma possibilidade dupla: o mestiço corre o risco de ser *betwixt and between*, para usar uma expressão famosa, e de ser impuro. Sampaio-Silva, entretanto, somente esclarece que a auto-identificação e a identificação por outrem, em uma das categorias de cor,

---

3. J.A.Sampaio (que conhece os Tuxá), na discussão neste Congresso, observou que o comum é "braiado", embaralhado, enquanto "breiado" significa "sujo de breu". Portanto, é possível que haja um engano na citação.

4. Um modelo de liderança que serviu de exemplo para o surgimento de um líder que "desencantou" a aldeia dos Truká nos anos quarenta. Índios próximos dos Tuxá, por considerarem-se parentes, os Truká se espelharam no sucesso dos mesmos em ganhar o reconhecimento oficial de indianidade, aprenderam a melhorar o ritual do Toré com os Tuxá e, neste ritual, os encantados revelaram o seu nome tribal (v. Batista).

realizavam-se em função dos vínculos psicossociais, culturais, afetivos e do status social de cada um (1997, p.158). Possivelmente, o dom para o xamanismo seja inato (como em casos semelhantes, cf. Kaimbé), e, no caso do atual pajé, o dom para o cargo o afilie indubitavelmente ao seu avô. Uma predisposição hereditária revelaria a correção de sua opção étnica, tanto em termos sociais, quanto em termos subjetivos pessoais. O seu sangue revelou, portanto, provavelmente, a sua ligação com o seu avô, apesar de sua descendência mista. De fato, a noção de "puxar" para um ou outro lado, permite uma latitude dentro do determinismo do sangue.

Assim, nesse caso, ainda não teríamos deixado o campo da comprovação de pertença étnica pela concepção de um vetor genético. Em compensação, não há maiores indicações sobre como o caso de mestiço se resolve neste emaranhado de fatores sociais, culturais e subjetivos para cada contexto individual e se conseguimos desvendar uma lógica social para essas decisões sobre afiliação às categorias. Para o nível coletivo, o pajé responde sobre a pouca diferença culturalmente percebida entre índios e civilizados:

> "(...) *nós somos da quinta geração, mas por causa dos nossos costumes, nosso regime, somos índios em todo canto que chegar já sabe, apresenta seus costumes, dança*;(...)." (Sampaio-Silva, p.158)

"Os costumes" é a dança, é o Toré, a "igreja encantada" dos índios, no seu todo apresentado como prova de indianidade, ou seja, o seu patrimônio cultural diacrítico aceito consensualmente como tal nas relações interétnicas (Reesink, 1995). O Toré é a religião que arregimenta os descendentes dos índios bravios que não são mais gentios, o "regime de índio" se sobrepõe à herança genética diferenciada para funcionar em vários sentidos como gerador ideológico e gestor político da indianidade (v. exemplos em Grünewald, 1993 e Batista, 1992).

Mas o vetor de diferença física, o patrimônio genético diacrítico dos índios, permanece básico. Mesmo quando os alunos indígenas se inserem nas escolas civilizadas, estes se mantêm separados, formando seu próprio grupinho. A explicação deste comportamento de ficar entre si passa pela diferença intrínseca das duas categorias.

> *"É porque a natureza do índio é diferente da natureza do civilizado. São cismados. São muito cismados. Eles só gostam de estarem colocados eles só; no meio dos civilizados, eles não gostam. Isto pode ser o índio sabido como for, mas a cerimônia e a desconfiança carrega com ele."* (Sampaio-Silva, 1997, p.155)

Ou seja, "natureza" do índio é diferente, em especial sendo "cismado" e "desconfiado"; por mais que esteja no meio do civilizado e por mais que tenha conhecimento e habilidade de se movimentar no outro meio, ele, inevitavelmente, "carrega" certo comportamento porque é predeterminado naturalmente e independentemente da educação e processos de aprendizagem. Conclui-se que, se fosse "puro", sem mistura de outra natureza, seria "legítimo" mesmo que não tivesse diferenças culturais óbvias. A constituição genética, exemplificada pelo vetor do sangue, joga, então, um papel fundamental na transmissão de ser índio; uma identidade reificada numa identidade naturalizada em constituição física, partilhada coletivamente e mediada pela noção de sangue.

Um intervalo em Minas

Para fins de comparação e construção do objeto teórico de como uma identidade naturalizada pelo sangue se articula com raça, o nome da família, consangüinidade, afinidade e a noção da pessoa, existe o estudo de O. de Abreu sobre camadas médias numa cidade no triângulo mineiro (Abreu, 1982). Esta é a melhor pesquisa que conheço, já que discute essas noções num sistema de relações em que as representações e seus valores se demarcam e determinam mutuamente. "O sangue é pensado como substância transmissora de qualidades físicas e morais, formando corpo e caráter" (Abreu, 1982, p.98). De certo modo, é o sangue da família que faz a pessoa já moralmente constituída quando nasce: uma "natureza de família", sendo a pessoa subsumida nesta identidade e tendo uma hierarquia sociomoral entre as famílias. No caso em questão, há uma tensão entre a bilateralidade e o pertencimento a uma família (o seu nome), que tende a enfatizar uma inflexão patrilinear para a dimensão histórica, de permanência. A família, no sentido mais amplo, se pensa como uma "raça", uma família-raça que exibe qualidades distintas observáveis no físico, moral e comportamento. O homem imprime a raça, entendida como um todo de descendentes e ascendentes com características diferenciadoras perpetuadas pela hereditariedade. Raça pode introduzir uma avaliação moral pelo desempenho individual; o nome e a raça familiar não garantem posição social e comportamento, mas ela predispõe para que seja confirmada na vida do indivíduo sua trajetória pessoal, permitindo uma reflexão sobre sua pessoa menos englobada pela família (o que se chama a "luta"). Diferentes eixos classificatórios hierarquizam e diferenciam famílias e pessoas, num contínuo entre branco e negro, incluindo-se aí as oposições "civilizada"/"não-civilizada" e "evoluída"/"atrasada". Enfim, o indivíduo surge pensado como englobado pelo "sangue, nome da família e raça". Mesmo que haja necessidade de confirmações na trajetória individual para se constituir como pessoa, a consangüinidade tende a totalizar e a afinidade permite uma abertura e uma individualização.

O exemplo dos Kaimbé de Massacará

As semelhanças com os indícios que pincei do discurso dos índios e, menos, na interpretação de Sampaio-Silva, são como partes de um quebra-cabeça, que não posso montar ao todo, mas que se assemelha em quase todos os aspectos ao resumo da constelação de representações que se acaba de armar para o caso mineiro. Na discussão sobre os Tuxá, vários destes conceitos subjazem à concepção de ser índio, mas grande ênfase também é dada à manutenção de aspectos culturais diferenciados que são percebidos como sinais diacríticos. Tanto que, para os Tuxá, na fala do pajé, o "regime do índio", que é o "nosso costume", é a "dança", ou seja, o Toré, que pode ser apresentado às autoridades para legitimar sua condição étnica. Subjetivamente, por estabelecer uma conexão com o "gentio", os "encantos" contatados no ritual mais privado, os ancestrais verdadeiramente índios da aldeia original se relacionam com os seus descendentes, legitimando e aconselhando-os, apesar de não serem mais selvagens nem totalmente puros. A mesma situação encontramos em grupos vizinhos, que emergiram com ajuda Tuxá, os Truká e Atikum, e onde o regime do índio inclui uma pessoa como índio quando "regimado no toré". Nos dois casos havia "caboclos" e uma concepção de serem "descendentes de índios", e a reivindicação étnica de "índio" necessitava de uma ajuda para revigorar o Toré (onde entram os Tuxá), tanto subjetivamente para si mesmo como para legitimação perante o SPI (Grünewald, 1993; Batista, 1992). Nesses casos, percebem-se indícios da importância do sangue, da família e da raça. Uma mulher Truká disse que o "sangue grosso" do caboclo precisa se expressar – procurar seu sangue – na participação neste ritual dos índios, contrastando com o xangô dos negros[5]. Donde se conclui que o sangue do caboclo é diferente dos outros, mesmo dos negros, com quem se aliaram matrimonialmente, e predetermina-o para este ritual: o sangue mediando a base física e o fundamento cultural diacrítico.

Alguns grupos de caboclos, no entanto, foram reconhecidos pelo Estado, sem que o Toré, como sinal diacrítico proeminente, fosse exigido para tal. Os Kaimbé surgiram na esteira do reconhecimento dos Kiriri de Mirandela e quase que constituíram um caso-limite de "caboclos de x-lugar". Mesmo após a chegada do SPI, identificavam-se como *caboclos de Massacará*. Aliás, a base territorial e a conseqüente linha de continuidade histórica com o local dos antigos constituem outro importante elemento para a ressurgência étnica, já que esta geralmente dá ao grupo o seu sentido de legítimo dono de certa área e, saindo em sua defesa quando ameaçado, acaba numa estratégia de acionar uma identidade determinada na dialética entre o "caboclo" anterior e o "índio" exigido pelo órgão estatal (Carvalho, 1984; Sampaio, 1995). Os Truká e os Atikum se consideram como remanescentes de índios, porque "braiados" e não bravios. Ou seja, não "puro" em herança racial e cultura diacrítica, mas o "regime" lhes permite reivindicar o *status* jurídico de índio e a proteção do seu território. Para os Kaimbé e os Kiriri dos anos cinqüenta não foi necessário introduzir o regime de índio para ganhar a proteção oficial, mas eles sentiram um déficit simbólico. Os Kiriri buscaram

---

5. Ver Batista (1997) sobre os Turká (conhecidos como Truká). Ela lembrou como o vinho da Jurema se equivale ao sangue do velho Ka-Nenem, encantado mais destacado dos índios. Desse modo, beber Jurema significa ingerir sangue de índio antigo; nada mais apropriado para substancializar a "viagem de volta" (da qual fala J. Pacheco Oliveira Jr.), para reivindicar a identidade de índio que é legítimo para os velhos ancestrais, mas em disputa para as gerações atuais.

o apoio para, no seu entender, reaprender o Toré com os Tuxá, por uma série de razões, o que transformou o campo religioso do grupo e instrumentalizou-o na luta contra os estereótipos negativos dos posseiros (Reesink, 1995, Brasileiro, 1997). Apesar da pouca diferença cultural, os estigmas atingiam os caboclos profundamente.

Para os posseiros, os Kiriri possuíam ainda algumas práticas culturais diferenciadas. Os caboclos em Massacará, no entanto, eram estigmatizados, em 1975-1976, por não serem índios verdadeiros, mas "só caboclo com negro", implicando uma fusão entre dois tipos físicos desvalorizados, que só poderia ter um produto pior ainda. Isto é, interpreto a acusação de fusão como um agravamento racial que desqualifica mais ainda o grupo assim misturado[6]. Perguntados, alguns "brancos" ou "civilizados" responderam que não sabiam de costumes ou práticas sociais diferentes por parte dos caboclos. Não obstante, defendiam unanimemente que os caboclos diferiam deles: sempre se conhece um caboclo pelo "gênio bruto"; uma relação entre descendência e comportamento, que se aproxima da constelação de representações das quais estou tratando. Desse modo, um branco casado com uma índia (mesmo que tendo alguma ascendência indígena, não era considerado enquanto tal) explicou que o nome de "Kaimbé" veio de fora e não se conhecia na área. De fato, por iniciativa própria, ninguém mencionava este nome para o grupo, dificilmente se identificava "índio". O mesmo acrescentou que:

---

6. A mistura não é necessariamente desclassificatória, quando a mistura de sangue tenha sido estratégica para uma política anterior de diminuir o isolamento e contrair alianças sociais com outros grupos, como parentelas de negros em Conceição das Crioulas, vizinhos dos caboclos da serra, filhos do ancestral Atikum. No momento, no entanto, em que se procura impor uma outra estratégia de "buscar os direitos" da terra, a classificação "negros da serra" para os caboclos torna-se uma acusação estigmatizante, resolvido com o "regime de índio" que engloba negros, brancos e vermelhos, de modo análogo a Jurema, que funda o regime ritual, tenha variantes dessas mesmas cores (cf. Grünewald, 1997). O mesmo autor lembrou, também, que a descendência de sangue é definidora de "caboclo", base para a reivindicação étnica, ao contrário de outra relação fundamental, o compadrio. Este último se expressa no comportamento real da pessoa e na relação entre os compadres, dependendo, dessa maneira, da conduta real para ser reafirmado, podendo ser negado e cortado. Ao contrário da solidariedade construída ou negada na interação, a partilha de sangue é praticamente inegável.

"*A raça é fraca, raça ruim*", dando como exemplo que "*caboclo não sabe fazer negócio, é tolo*" (Reesink, 1977). Um índio Tuxá – e pode-se citar outros em vários grupos – classificou os antigos caboclos como "tolos", o que facilitou a espoliação da terra pelos brancos (Sampaio-Silva, 1997). Não saber lidar com bens materiais, em especial a relação com o mercado, é visto como uma característica inerente ao caboclo, o que confere, aliás, com o seu gênio não civilizado. Ao que parece, a raça das famílias caboclas é fraca e influi na sua capacidade prática de relacionar-se com a civilização. O reconhecimento desta "tolice" se verifica, então, nos dois lados étnicos, muito embora os caboclos não necessariamente aceitem possuir "sangue ruim".

Paradoxalmente, o único vetor de transmissão de "caboclicidade" é a descendência hereditária em que sangue, raça e família se entrelaçam. O substrato étnico virtual que possibilita a ressurgência como índio se encaixa numa constelação de representações e valores que vigoram na sociedade nacional, proveniente de uma longa tradição, sempre em mutação, de um conjunto de nível até indo-europeu. Ou seja, a noção de raça de família, com seu sangue, que opera no interior brasileiro (estendendo o caso mineiro sob reservas), quando se trata do processo de deslegitimação da condição étnica indígena por parte do grupo dominante, termina por manter o estigma de uma origem diferenciada. A desqualificação, na grande maioria das vezes, tem tido sucesso em limitar a pretensão de ser "índio" por parte de famílias que o grupo hegemônico somente reconhece como caboclo e remanescente (porque mais civilizado, não bravio e menos bruto). Ou seja, discriminado e diferente, mas não assimilado. Assim, os Atikum se definem como remanescentes e misturados por aceitarem a idéia de que índio seja somente o bravio e o puro, e o seu regime, como entre os Tuxá, os legitima para os outros, mas também para si mesmo. Há casos, em contrapartida, em que a ligação subjetiva com os ancestrais se manteve forte, a despeito da deslegitimação pelos não-índios hegemônicos. Desse modo, nos Kaimbé, certas famílias se identificam mais fortemente com a sua origem do que outras. Por exemplo, um dos líderes que buscava o reconhecimento oficial se declara índio com convicção, porque a mãe era índia e o avô um grande entendido do sobrenatural, o último a lidar diretamente com os encantados. O pai dele era negro, a avó não era índia, mas o sentimento de pertença e de origem sobrepõe-se à mistura dos não-índios.

Nesse caso, é um sentimento de forte ligação com a sua terra e os seus ancestrais que parece apoiar a identificação: identificação esta que é forte em si, mas também se vincula ao desejo de reaver as suas terras e viver para ver reparadas as injustiças do passado. Como disse um cacique Kaimbé no ano passado, ele vai *"atrás do nosso sangue"*, porque se buscasse o sangue de português, ninguém estaria reunido ali, nem ninguém iria atrás dos direitos. Mas, aqui também, há variações importantes. O velho líder citado casou com uma branca, mas imprimiu a sua adesão étnica aos filhos. O filho dele, líder atual de uma facção (do lado oposto do cacique citado), disse estar seguro de sua condição étnica *"porque eu conheço meus tronco"* (particularmente o sangue do velho Catarino, o bisavô). Tronco, aliás, é um conceito comum no campesinato, mesmo entre diferentes extrações étnicas, evocando até o caso do *stammhaus*, casa-tronco dos imigrantes alemães do sul (com relações entre qualidade da família e seu comportamento e moral; v. E. Woortmann, 1995). O tronco é a origem e o suporte da rama, como são descritas – documentado em vários casos – as gerações atuais. A mistura, no entanto, abre o leque para a incerteza. Um filho de casamento misto confidenciou, ao ser perguntado explicitamente, *"eu não sei o que sou"*. Afirmação passível de várias interpretações, mas, na época (1977), interpretei como dúvida real, porque a mãe era cabocla e o pai não era muito favorável aos caboclos, embora influenciado pelo pragmatismo da presença estatal e seus constrangimentos.

Os mesmos constrangimentos, no entanto, podem levar um camponês mais ambicioso, mas menos identificado subjetivamente ao grupo dos caboclos, com o qual tem uma relação de descendência, a migrar para fora da área para não viver "sujeito" (cf. Sampaio, 1995)[7]. Como a casa camponesa é uma unidade de reprodução da

---

[7]. De fato, este homem se tornou um líder na sua comunidade, bem ativo na política, como intermediário local no esquema clientelista de favores e votos. Ou seja, um empreendedor que não quis se submeter a um regime implantado pela presença estatal, buscando uma via mais individual de ascensão. Não é por acaso que o "regime" (do índio) conota uma submissão a certas regras impostas pelas exigências da "indianidade".

maior importância, pela lógica camponesa (e a lógica racial-familiar do caso mineiro), o pai de família deve ter maior peso, como ficou claro, neste cálculo decisório bem complexo. Souza (1995) constata isto e acrescenta que, por causa deste fato, os índios Kaimbé preferem que as mulheres indígenas não casem com homens de fora, pondo menos obstáculo para a direção inversa. Nem sempre, entretanto, isto ocorre, pois o próprio líder mais velho adquiriu seu forte sentimento de pertença através da mãe, não pelo pai, embora aqui, novamente, se constate uma descendência masculina através do avô, um ponto fulcral de legitimidade pela sua pureza e seu conhecimento[8]. Dessa maneira, tem-se um sentimento familiar forte e o reconhecimento social desta opção, apesar da mistura.

Outros casos de mistura, contudo, tornam a fronteira mais fluida, permitindo divergências, entre pessoas e facções, sobre a maior inclusão ou exclusão. O principal líder da facção do cacique citado não costuma ser reconhecido como pertencendo aos caboclos, apesar de ter descendência, e sua aceitação passa muito mais pela esposa, considerada legítima como tal. Ele, no entanto, no seu conflito com o outro líder já mencionado, reclama que ambos têm *"a mesma descendência"* e que *"o negro botou tudo a perder"*: dois casamentos mistos e um avô negro em comparação com uma idêntica seqüência de dois casamentos mistos (Souza, 1995). Seu argumento, todavia, não parece ser bem aceito, tendo em vista que o seu pai negara sua parte cabocla e afirmara seu pertencimento aos não-índios. A diferença reside, ao que parece, muito em função de escolhas e sentimentos em linhas familiares, mediadas pelas casas (grupos domésticos) constituídas pelos pais e os seus pais. No caso deste líder e sua pretensão parece faltar um ancestral que sirva de suporte referencial e legitimador, e de quem ele descende por linha direta, genealogicamente lembrada e imediatamente disponível. Ancestrais referenciais, fulcrais e memória genealógica são

---

8. O avô não passou o conhecimento de lidar com os encantados por falta de um homem apto, mas algum conhecimento passou para a sua filha (mãe do velho líder). Desse modo, neste campo religioso, ela não era sua sucessora mas também "não era tola" (ignorante). É possível pensar que esta situação especial influiu na inflexão étnica dos filhos dela, ainda mais porque o seu marido veio de fora de Massacará, obtendo-se as condições para a manutenção da pertença indígena.

fundamentais para as linhas de continuidade étnica familiares, particularmente para a manutenção de um sentido positivo, para si mesmo, para um sentimento subjetivo valorizado que desafia o valor imposto pelo grupo dominante.

Então, em Massacará, a raça fraca e o gênio bruto diferenciam: isso é o que faz "não gostar de índio"; por outro lado, o caboclo se entende como diferente exatamente por ser intrinsecamente "cismado" e "desconfiado", além de apontar indícios outros, tais como certo tipo de alimentação, alguns remédios naturais e, até mesmo, pobreza, que funcionam também como traços distintivos. Ou seja, parece que raça, família, sangue se associam a comportamentos fisicamente transmitidos e, já que são intrínsecos e expressos em conduta, articulam a continuidade de uma identidade: a cultura hegemônica do lado étnico dominante persegue e pretende assimilar totalmente o outro grupo étnico subordinado, mas sua própria fé na transmissão física de características acaba recriando as bases para uma transmissão de descendência que entrelaça o suposto genético com conduta, mesmo que fracamente ou, à primeira vista, pouco aproveitável para a manutenção da alteridade. Desse modo, mesmo quando não se concebe diferença cultural, ela existe de algum modo na forma de diferença em conduta relacionada ao físico e a constelação de conceitos perpetua famílias classificadas como inferiores. Por outro lado, existe a possibilidade de uma adesão sentimental positiva por parte de famílias assim estigmatizadas, baseadas na mesma constelação, mas sem aceitação de uma condição inferior, que também contribui para a manutenção de si mesmo, por assim dizer.

Conclusão

O que se observa nas monografias citadas (e algumas outras não citadas aqui) é a referência a indícios dessa mesma constelação de noções sobre transmissão de qualidades físicas e comportamentais. Nos casos discutidos rapidamente aqui, a evidência disso é mais ou menos clara, pois este tema não tem tido a atenção necessária. Só para mostrar como esta constelação parece subjacente a manifestações particulares em todo Nordeste, têm-se informações esparsas, não sistematizadas, dos Kariri-Xokó, coletadas numa visita de apenas um dia em Porto Real do Colégio, que apontam na mesma direção[9]. O casamento interétnico se realiza entre índio e negro, raramente entre índio e branco. Considera-se o Toré diferente daquele de Rodelas, sem deixar de nominá-lo com o mesmo nome. Normalmente, somente os Fulniô têm o direito de participar ativamente do Toré e, particularmente, do ritual secreto do Ouricuri. Mas, o civilizado, *"cabeça seca"* (porque oco), pode ser admitido, por interesse demonstrado, casamento e boa conduta, tudo o que supõe adesão étnica no sentido mais amplo. O cacique velho, ainda em 1978, ao falar de índios deste tipo, comentou que *"pela raça não é, mas dizem que é"*. Para ele, índio legítimo é filho de pais índios, quando o casamento é misto, o filho é de segunda categoria, mais uma vez misto, é de terceira categoria enquanto que depois de outra descendência mista, não é mais. Ainda disse que quem tem pai índio, não pode negar identidade.

Disso se depreende que as noções discutidas se encontram no Nordeste inteiro e em todos os grupos indígenas. O que se está a exigir é um trabalho de um modelo semelhante ao que foi desenvolvido por K. Woortmann sobre a "moral camponesa" (1990). Como tal, merece investigações mais aprofundadas, especialmente em função do papel significativo que esta constelação desempenha para a manutenção de uma identidade diferenciada de "remanescente de índio", que não seja mais tão "puro" em "raça" e cultura, justamente por se tratar de tendência contraditória ao processo assimilatório. Talvez esta ambigüidade seja fundamental, porque começa a explicar a razão deste complexo de diferentes opções familiares e pessoais, destes processos dinâmicos de variações de caboclo/índio, rapidamente esboçados aqui, não tenham sido entendidos ou interpretados suficientemente. E mais, por essa via de investigação de transmissão de qualidades físico-morais, podemos pensar numa

---

9. As informações servem somente como exemplo. Sem dúvida, mais informações estão contidas na dissertação de V. Calheiros e a tese de C. Mota, mas não pretendo aqui uma análise mais sistemática de cada caso.

ponte para constelações comparáveis na sociedade hegemônica, tanto no mais geral, como no que se refere, mais especificamente, à questão do racismo contra o negro. Uma identidade étnica (como indígena) não é uma identidade racial (como negro), como já visto; mas, no caso brasileiro, as suas similitudes e dessemelhanças ainda restam para serem exploradas mais profundamente (cf., por exemplo, trabalhos como o de Guimarães, 1995, sobre sangue e raça; Sansone, 1996, sobre a mistura e a classificação de cor). Nessa comparação, os estudos de racismo e etnicidade encontram um terreno em comum que lhes facilitará pôr em relevo o que os une e os diferencia, o que converge e diverge, abrindo um diálogo para o melhor entendimento de toda a problemática na sociedade brasileira.

Referências bibliográficas

BATISTA, M.R.R. De caboclos da Assunção a índios Truká. Rio de Janeiro: PPGAS-MN, 1992 (Dissertação de mestrado).

_____. Os caboclos da Assunção: questões raciais e identidade étnico-indígena no Nordeste. Trabalho apresentado ao V Congresso Afro-Brasileiro. Salvador, agosto de 1997.

BRASILEIRO, Sheila. "O toré é coisa só de índio": mudança religiosa e conflito entre os Kiriri. Trabalho apresentado ao V Congresso Afro-Brasileiro. Salvador, agosto de 1997.[10]

CARVALHO, Ma. R. A identidade dos povos indígenas no Nordeste. In: ANUÁRIO ANTROPOLÓGICO/82. Fortaleza/ Rio de Janeiro: Ed. UFC/Tempo Brasileiro, 1984.

CASCUDO, Câmara L. *Dicionário do folclore brasileiro*. Rio de Janeiro: Edições de Ouro, s.d.

DUBY, G. *O domingo de Bouvines*. Rio de Janeiro: Paz e Terra, 1993.

GRÜNEWALD, R. *'Regime de índio' e faccionalismo* : os Atikum da Serra do Umã. Rio de Janeiro: PPGAS-MN, 1993. (Dissertação de mestrado)

---

10. Este texto também compõe este volume, sendo apresentado a seguir.

_____. Apresentando: índios e negros na Serra do Umã. Trabalho apresentado ao V Congresso Afro-Brasileiro. Salvador, agosto de 1997.[11]

GUIMARÃES, A. S. 'Raça', racismo e grupos de cor no Brasil. *Estudos Afro-Asiáticos,* Rio de Janeiro, n° 29, 1995.

REESINK, E. Olhos miúdos e olhos graúdos em Massacará. Haia: Universidade de Leiden, 1977. (equivalente a dissertação de mestrado).

_____. Índio ou caboclo: algumas notas sobre a identidade étnica dos índios no Nordeste. *Universitas,* Salvador, n° 32, 1983.

_____. *O segredo do sagrado.* Salvador: Mestrado em Sociologia-UFBa, 1995.

SAMPAIO, J.A.L. Notas sobre o povo Kapinawá. In: REIS, E. ALMEIDA, M. H. T. de. FRY, P. (orgs.) *Pluralismo, espaço social e pesquisa.* São Paulo: Hucitec/Anpocs, 1995.

SAMPAIO-SILVA, O. *Tuxá, índios do Nordeste.* São Paulo: Annablume, 1997.

SANSONE, L. Nem somente preto ou negro: o sistema de classificação racial no Brasil que muda. *Afro-Ásia* , Salvador, n° 18, 1996.

SOUZA, B. Sales. *Fazendo a diferença.* Um estudo da etnicidade entre os Kaimbé de Massacará. Salvador: Mestrado em Sociologia — UFBa, 1996. (Dissertação de mestrado).

WOORTMANN, E.F. *Herdeiros, parentes e compadres.* São Paulo e Brasília: Hucitec e EdUnB, 1995.

WOORTMANN, K. "Com parente não se neguceia". In: ANUÁRIO ANTROPOLÓGICO/87. Rio de Janeiro: Tempo Brasileiro, 1990.

---

11. Este texto também compõe este volume.

"O TORÉ É COISA SÓ DE ÍNDIO"
Mudança Religiosa e Conflito entre os Kiriri

Sheila BRASILEIRO*

O processo de constituição do povo indígena Kiriri, localizado nos municípios de Banzaê e Quijingue, foi deflagrado no início da década de setenta a partir da articulação de um conjunto de ações orientadas à produção de uma ética singular, fundada no conhecimento e no reconhecimento de modos de agir especificamente indígenas, com ênfase na organização de um sistema de autoridade interna, no trabalho comunitário e na adoção do ritual Toré.

Em pesquisa realizada entre esses índios, ainda na década de sessenta, Bandeira (1972) ressaltou a existência de uma nítida "linha discriminatória" entre "a população mestiça cabocla, fenotipicamente de predominância indígena" (Ib, p.13) e "a população mestiça dita civilizada". Conforme percebeu, tal discriminação, assentada nas "diferenças raciais" e no conceito de "superioridade étnica" – crenças predominantes no imaginário regional, ao longo de três séculos de convivência com os Kiriri – nortearia a conformação de um "tipo ideal" caboclo. Alguns provérbios muito ilustrativos coletados pela autora na ocasião capturam a "essência" cabocla, traduzida em uma semântica social de predestinação e docilidade: "caboclo tem três futuros: um é perdido, dois são errados" (Ib, p.39), ou, "caboclo não maldiz a sorte, aconteça o que acontecer, não reclama da vida e nem põe a culpa em Deus" (Ib, p.40); que convive lado a lado com uma imagem de progressiva decadência — "caboclos bêbados e preguiçosos"—, fonte, portanto, de deslegitimação étnica.

---

* Mestre em Antropologia - FFCH/UFBa. Técnica Pericial em Antropologia do Ministério Público Federal.

Buscando concretizar a idéia de um projeto coletivo, inicialmente, todo o esforço das lideranças Kiriri se concentraria no objetivo de tentar erradicar esse estereótipo de "bêbados e preguiçosos". Todo o trabalho de representação política (Bourdieu, 1989) orientar-se-ia para o objetivo de procurar suplantar as especificidades sócio-econômicas de cada núcleo, que até então definiam mais claramente o grupo social de referência dos indivíduos, com vistas à construção de uma "consciência coletiva", mediante a eleição do critério de pertencimento étnico como aquele realmente definidor da integridade social de um povo. Portanto, não mais *"eu sou caboclo do Cantagalo,* [ou da Lagoa Grande etc.]", mas *"eu sou índio Kiriri".*

Intuindo representar o Toré um símbolo de união e de etnicidade entre os índios no Nordeste – foco privilegiado de poder, fornecedor de elementos ideológicos de unidade e de diferenciação e, portanto, fonte de legitimação de objetivos políticos – as lideranças predispõem o grupo a adotá-lo. Em 1974, organizam uma caravana com cerca de cem kiriris à terra Tuxá, em Rodelas, em princípio para realizar um jogo de futebol entre os dois povos, mas já com a clara intenção de assistir ao ritual Toré realizado por aqueles índios. Em seguida, convidam dois pajés tuxá a permanecer na Terra Kiriri o tempo requerido ao aprendizado do ritual.

> *"O Toré é coisa só de índio e nós estamos provando para os brancos que temos costumes diferentes, que, portanto, somos índios." (Lázaro, Sacão, março, 1991)*

O Toré é parte de um conjunto mais amplo de crenças — no centro do qual se encontra a "jurema"[1] — que, muito provavelmente, podem vir a ser agrupadas em um complexo ritual comum aos povos do sertão (cf. Nascimento, 1994). A sua incorporação às práticas xamanísticas e rituais vigentes no povo kiriri se afiguraria, portanto, como um fator de legitimação étnica. Tratava-se, por um lado, de demarcar, para os "de fora", aqueles critérios de comportamento sancionados positiva ou negativamente pelas

---

1. Jurema (Mimosa nigra) é uma planta de cuja entrecasca se extrai bebida alucinógena, de uso ritual muito difundido no Nordeste.

lideranças constituídas e, por outro, de deslegitimar as práticas de alguns desses líderes.

O processo de adoção do Toré entre os Kiriri é mais bem viabilizado no plano simbólico, por um lado, pela sua relação com essas práticas xamanísticas e mágicas tradicionais. Os Kiriri realizavam "trabalhos" nos moldes da tradição rural-sertaneja — isto é, práticas de caráter doméstico, de incorporação xamanística, eventualmente associadas a elementos da tradição africana, especialmente ao "Xangô" — atuando basicamente através de consultas individuais. Aqueles que não se adaptaram aos procedimentos utilizados no ritual, que não *"aliaram os seus guias aos guias do Toré"* foram marginalizados e, em alguns casos, compelidos a migrar. Com a entrada em cena do Toré, tais "trabalhos" ganham paulatinamente uma conotação negativa, respaldada pelos "ensinamentos" dos pajés tuxá então na área Kiriri. Como afirma o índio Carlito, que acompanhou todo o processo:

> *"As pessoas que trabalhavam naquele tempo eram Justino Preto, Pedro Caçuá, D. Romana, Cesário da Cacimba Seca, (...) esse trabalho não é trabalho de índio (...) aí ele [o pajé tuxá] disse que trabalho de índio tinha que se fazer era com jurema, era com outro não sei o que, tinha que pegar maracá, tinha que fazer uma tanga de caroá (...) esse trabalho de Xangô não se dá bem com o Toré."* (Salvador, junho, 1992)

A revitalização ou adoção de rituais, um fato recorrente, nas últimas décadas, entre povos indígenas no Nordeste, deve ser pensada à luz do seu papel fundamental de mediação entre o passado e o presente, viabilizando a aproximação de valores tidos como tradicionais e assim assegurando um direito legítimo e histórico de reconhecimento à condição indígena e às garantias que daí advêm. A sua relevância entre os índios no Nordeste extrapola o campo estritamente religioso, ramificando-se em outras esferas, notadamente a política, que, em certas situações sociais, assume preponderância sobre o elemento religioso (Turner, 1969). Configura-se, pois, o Toré, um locus privilegiado de expressão das relações de poder e, como tal, foco central de disputas.

O Toré era inicialmente realizado aos sábados à noite — com uma interrupção apenas nos períodos da quaresma — em amplos terreiros junto aos quais há sempre algum recinto fechado, onde se deposita o pote com a jurema e se desdobram as seqüências privadas do ritual. A cerimônia tem início com a concentração de pessoas nas imediações do terreiro e no recinto fechado onde principia a defumação que, em seguida, se estenderá ao terreiro, através de grandes cachimbos de madeira de formato cônico, com desenhos em relevo. Inicia-se também aí a ingestão da jurema, que se intensificará durante a dança, distribuída sempre pelo conselheiro local ou por outra figura de relevo na hierarquia ritual e política. Passando-se ao terreiro, prosseguem os trabalhos de "limpeza", comandados pelo pajé, quando então, através do uso de apitos, os "encantados"[2] são convidados a participar. Começam os cantos e as danças, inicialmente em fila indiana, com o pajé à frente, seguido pelos homens, mulheres e crianças, nesta ordem. A fila serpenteia pelo terreiro em movimentos progressivamente elaborados à medida que os toantes se sucedem, intensificando o envolvimento dos participantes, até o clímax que sobrevém com a "chegada" dos "encantos", perceptível nos evidentes sinais de incorporação apresentados pelas "mestras".

A esta altura, as disposições se alteram e a hierarquia horizontal da fila indiana cede lugar a movimentos em torno dos encantos, que ocupam posição central no terreiro e pouco se deslocam, enquanto principiam a falar numa língua pretensamente indígena, ritual que consiste numa seqüência de sons bastante recorrentes e incompreensíveis para os Kiriri de hoje. São, em seguida, conduzidos ao recinto — a "camarinha" — onde serão consultados com relação aos mais diversos temas, fornecendo conselhos de caráter genérico, que, via de regra, reproduzem os ideais de unidade do grupo. Os interlocutores e intérpretes principais das suas mensagens são as lideranças políticas dos Kiriri e, em especial, os pajés (Rocha Jr., 1983). Sobre essa estrutura física, os Kiriri foram, progressivamente, introduzindo novos elementos: seus "encantados", acrescentados àqueles tomados de em-

---

2. "Seres" sobrenaturais de papel crucial no sistema de crenças kiriri.

préstimo aos Tuxá, vêm, aos poucos, assumindo lugar de destaque; ao repertório melódico "original", adicionaram seus próprios "toantes" e, mesmo as bases coreográfica e de vestuário têm passado por inovações (Martins, 1985).

"*O Toré bota muita força na aldeia kiriri*", observa, muito apropriadamente, Zezão, pajé da Lagoa Grande.

De acordo com Lázaro, um dos caciques do grupo, nem todos os indivíduos podem pleitear o cargo de pajé:

> "*Maurício é pajé porque é aquela pessoa que é mais... tem mais uma cultura entre a comunidade, tem mais responsabilidade. Qualquer uma pessoa que Deus preparou pra ser responsável, ela já nasce com aquela cultura que Deus deu. Aquela pessoa não foi escolhida por gente, nasceu com o significado. Depois que ela participa a ser adulto, vira pajé.*" (*Lázaro, Sacão, dezembro, 1990*)

O cacique refere-se também aos seus antepassados, em cuja época o "significado" era facilmente alcançável:

> "*Eu não encontrei mais, então, fui iniciar. É o seguinte: eles [os encantos] me escolheram pra ser o cacique, fizeram o pronunciamento. Escolhi para cada comunidade uma pessoa responsável.*" *[um conselheiro] (Ib).*

Ele invoca, pois, uma origem "especial" para sua autoridade, aproximando-a, nestes termos, daquela conferida aos pajés. Aparece assim como porta-voz dos antepassados kiriris, os quais lhe teriam confiado a "missão" de restaurar as crenças, mitos e ritos do seu povo.

Progressivamente, o Toré viria a representar um dos principais espaços de articulação kiriri, por ele passando todas as alianças e disputas que lhes são próprias. Através das consultas aos "encantados" são realizadas discussões coletivas e tomadas as decisões que orientam a vida sociopolítica do grupo. Consolidados os objetivos iniciais dos Kiriri, a tentativa de homogeneização dos sujeitos sociais levada a efeito pelas lideranças, de relegar ao ostracismo aqueles que, em algum nível, persistiam em manter características distintivas ao grupo, acarretaria uma série de quebras e redefinições nas alianças e cadeias de lealdades constituídas, potencializando dissensões e, principalmente, hierarquizando ainda mais o acesso a bens e serviços. A disputa pelo controle do ritual constitui, como veremos, fator reputado como essencial ao processo que culminaria na divisão deste povo indígena em duas facções.

O cargo de pajé foi criado entre os Kiriri em decorrência da adoção do ritual Toré e suas funções incluem também responsabilidade pela sua coordenação e direção — isto é, o pajé deve acompanhar atentamente os desdobramentos das seqüências rituais — e a manutenção dos padrões de comportamento requeridos pela cerimônia. Inicialmente, três indivíduos foram "habilitados" para o exercício do cargo. Contudo, diante dos freqüentes questionamentos às ações centralizadoras promovidas na área pelas lideranças, estas buscariam ainda, por meio de uma delicada estratégia, reconquistar a hegemonia anterior. Localizando entre os mais poderosos focos de resistência, ou "linhas de fuga" (cf. Deleuze, Guattari, 1980), à sua autoridade aquele situado na esfera do ritual, haja vista a resistência ao Toré por parte dos oficiantes ou adeptos dos tradicionais "trabalhos" domésticos, e a própria presença de um Toré dissidente no Cantagalo, o cacique propõe, a título de restaurar uma pretensa unidade "original" do grupo, a eleição de um pajé geral, indicação concebível apenas no plano decisório do sagrado, o que elidiria possíveis imputações de manobra política centralizadora, ao tempo em que reafirmaria os valores de unidade do grupo, através da sua instância máxima de legitimidade, o mundo dos "encantados", conferindo assim determinação à ênfase na necessidade de expulsar da Terra Indígena os indivíduos que porventura se mostrassem contrários a essa unificação:

> "Há uma parte que eu acho que a gente não tá unido, é a principal, que nós devemos estar unidos, a parte do Toré. Vamos chamar todas as comunidades pra gente se unir na parte do Toré. Vamos eleger um só pajé em toda a tribo." (Lázaro, Sacão, dezembro, 1990)

NEGROS E ÍNDIOS: RELAÇÕES INTERÉTNICAS E IDENTIDADE

Contudo, inversamente às suas expectativas, seu oponente, Adonias, concorda em se submeter à "prova", sendo escolhido pajé geral dos Kiriri:

> *"Três candidatos a pajé e Lázaro queria um, parece que ele queria o do lado dele. Eu fui indicado pelo povo e pelos invisíveis. É uma história bonita e triste. Foi um tempo lá, nós vivia tudo unido. Os mais velhos tinham os costumes e quando entrou o cacique Lázaro ele fez umas coisas boas, procurou os costumes, veio os Tuxá, só fizeram indicar o costume da dança. Dançamos juntos o tal do Toré. Vamos juntar, disse o cacique. Sábado, fazer nossa devoção e quando chegar gente, fazer a representação. Passou um tempo, ele disse que na aldeia tem um cacique e um pajé. Tem três pajés, eu, o do Sacão e o da Lagoa. Fizemos reunião, discutimos, não foi decidido nada. Uma opinião era escolher na votação, pelos conselheiros, e outra, pela comunidade. E Lázaro quieto. Até que ele disse: não vai na votação, é coisa de política, e como nós temos os irmãos de luz, aqueles encantos que trabalham, eles vão dizer. Todo mundo confirmou a palavra dele. Começamos na Lagoa, um dia de sábado. As comunidades — Cacimba Seca, Sacão, Cantagalo — tudo na maior alegria. Com oito dias, no Sacão, a gente de novo. Com oito dias, Cantagalo, rodeando. Rodeando de novo, no Sacão, gente menos. Na Lagoa também. No Cantagalo. Chegou quaresma, paramos. Depois recomeçamos."(Cantagalo, dezembro, 1990)*

É interessante observar a preocupação do cacique em demarcar contrastivamente, e de forma bastante operacional, como veremos, o domínio do religioso em relação ao político. Voltemos ao relato de Adonias:

> *"Eu tenho uma alergia, inchei nesse dia, lá na Lagoa. Brincamos o Toré. Tem aquelas meninas que manifestam aqueles encantos [as 'mestras']. Naquele momento, manifestaram. Lázaro falou: vamos botar hoje. No dia que passa pra um pajé, tem que passar*

um rastro só. Quando o pajé pegar, ou Maurício, ou Zezão, ou Adonias, tem que seguir ele. Fizeram a reunião num quarto, os encantos chegaram, os conselheiros, os candidatos a pajé. Três velas dos pajés. Antes disso, eu expliquei que estava doente e não tinha condições de enfrentar esse trabalho, que devia ficar entre Maurício e Zezão. Eu não dou pra pajé, porque um cego não pode guiar outro, eu não tenho experiência, estou entregando. Lázaro não aceitou, da mesma forma, os conselheiros. Eles brincavam em Cacimba Seca, Sacão, Lagoa Grande. Vamos começar pela Lagoa Grande. Tem os preparos, fulano de tal? [os encantos indagavam]. Uns tinham, outros não. O encantado fez umas perguntas, umas coisas ele [o pajé da Lagoa] não soube responder. Eu sabia. O trabalhador tem que ter todos os preparos. Fez a mesma coisa com o seguinte. [os encantos repetem as perguntas ao outro candidato];

Até que chega a vez de Adonias. Ele prossegue o relato, afirmando a sua superioridade perante os demais candidatos:

"Todas as coisas eu tinha. Fez uma pergunta [o encanto], eu respondi. Nós não pode nem pedir mais, ele tem tudo [disseram os encantos]. O trabalhador é ele, os outros não são trabalhadores. Os encantos pedem as provas do trabalho que os outros pajés fazem com a luz. Não tinham as provas. Com a doença mais grave, o que faz? Eu tinha as provas. Três coisas que deixaram na história."

Adonias passa então a relacionar os "benefícios", provas máximas da sua eficácia enquanto pajé:

"Primeiro estava lá dançando o Toré. Romana teve uma doença, comendo por vida, nada chegava. No dia que vieram pra cá tinha vendido gado. Meu Toré é pouquinha gente, eu disse. Eu trabalho de três em três semanas. Tem mulher aí da Baixa da Cangalha, tá uma fera comendo, disse o povo quan-

do ela veio prá cá. O que vou fazer? Vamos pro Toré. O esposo dela pediu, chorando, um meio. Já tinha estado na casa de Dauta. Eu vou fazer uma caridade. Botei ela no quarto, pedi a Deus, bati na cabeça dela a fumaça, passei um banho e ela deixou de comer. Com três semanas, já veio no normal dela, passei mais banho.

Romana, irmã de uma das mais poderosas lideranças do grupo — prestigiosa "rezadeira" na Baixa da Cangalha, um dos núcleos de ocupação kiriri —, teve seu "trabalho" — realizado nos moldes até então vigentes — desqualificado após a entrada em cena do Toré. Esse fato ocasionaria certa resistência à plena incorporação do ritual por parte do referido núcleo, fiel às práticas xamanísticas tradicionais. Ser "curada" significou, para Romana, ter as "suas correntes amarradas", sendo doravante impossibilitada de "atuar".

Na segunda "prova", não se esclarece de que mal padecia o indivíduo antes de ser "curado":

"Homem da Picos, Albertino, todo mundo dizia que tava morto. Chegou lá [na casa do pajé, no Cantagalo] quase morto. Eu não quis fazer o trabalho, tinha trabalhado na roça. Mas fiz o trabalho e quando ele voltou, com as pernas dele, contou a história."

A última "prova" "ficou na história":

"Chico, que estava brincando com os colegas, detonou um tiro. Com três meses gritava a noite toda: o chefe do PI disse que ia levar pra Recife, cortar o braço dele. Dia de sábado, no Toré, ele chegou, pedindo uma caridade, morrendo de dor. Tem fé em Deus e abaixo de Deus neste trabalho. Se tiver fé neste trabalho e em Deus não vai nessa viagem. Passei uma fumaça, prece, chamei por Deus, banho, passei outros banhos. Mais dor. Na terça, manhãzinha, encostou na rede, madorna. Foi fazer força na rede, a bala pulou. Mandei fazer um curativo, no Posto Indígena, o homem ficou bom, tá aí ." (Ib)

Adonias conclui sua narrativa do processo de "eleição":

> *"Foram essas as três provas, uma coisa que deixou na história. Os encantos disseram: uma pessoa como esta, tem que ficar ele mesmo. Aí começamos. Ele vai ser o pajé, disse Lázaro. Todo mundo vai seguir ele. Eu não aceitei, vou entregar pros meninos. Os outros não aceitaram. Insisti, estava doente. Lázaro disse que era a palavra dele, quem fosse apontado tinha que ficar. Me deram os parabéns, eu não estava satisfeito."* (Ib)

Adonias aceitou permanecer no cargo de pajé por um período experimental de três meses. Inicialmente, solicitou um recesso de três semanas, a fim de se "preparar", e, ao cabo deste, convocou uma reunião com as lideranças para informar em que consistia o seu "trabalho". Na ocasião, disseram-lhe que os índios, desrespeitando o recesso, continuavam "brincando" o Toré no terreiro da "mestra" Dauta, a despeito do cacique Lázaro haver sancionado publicamente a escolha do pajé geral.

O relato final de Adonias dá conta de seus esforços para reunir as pessoas e explicar os seus "métodos de trabalho", tentativa a seu ver boicotada por Dauta e os candidatos derrotados. Neste ponto, a "desunião" lhe pareceu iminente. Ciente da realização de um encontro na casa do cacique, na Picos, ao qual a comunidade estaria presente, concluiu que, na condição de pajé geral, teria direito a "dar uma palavra". E assim aconteceu. Encerrado o dito encontro, um dos presentes indagou pela palavra do pajé e ele se apresentou:

> *"Ameacei deixar de ser pajé e o povo não aceitou. Perguntei a Lázaro se havia recebido meu recado, o escrito. Eu tinha marcado o terreiro, eu disse: já marquei o terreiro do Toré, onde vai ser. Vai ser na serra, Maçaranduba. Eu quero dividir os passos de vocês, todo mundo vai dividir o abacaxi. Lázaro disse que lá não ia, porque fez lá um remédio e não pode passar lá, salvo se carregado na rede. Os conselheiros disseram que iriam e pedi à comunidade um local pra mim, para fazer o terreiro. Marquei o local porque lá é um tabuleiro. Na ter-*

> ça-feira, faltou o Sacão e uma turminha de Lázaro,
> a família de Zé Batista [pai da mulher do cacique].
> Esperamos até meio-dia pra pegar todo mundo. Daí
> arrancamos o toco, marcamos para a próxima se-
> mana. Com oito dias, os mesmos conselheiros e a
> comunidade. Deixamos limpo o terreiro para nós
> aplainarmos e fazermos uma casinha. Do Sacão,
> nada, e nem a turminha de Lázaro. Terminamos.
> Na próxima semana, pisar um Toré. No sábado,
> faltou o conselheiro da Cacimba Seca e eles lá [ali-
> ados do cacique Lázaro, do Sacão e da Lagoa Gran-
> de], continuando com o terreiro deles. Fofoca. Os
> índios então revoltaram e cobraram do acordo fei-
> to. Nós vamos lá botar pra fora quem disse que não
> ia balançar o maracá. Queimaram a minha casa de
> trabalho, dificuldade de trazer a madeira das Picos.
> Nesse tempo, chamei a Polícia Federal, só quis
> mostrar que eu tinha poder. Eles já tinham matado
> gente da Baixa da Cangalha.

Adonias refere-se a Miguel, um kiriri desaparecido da Terra Indígena em circunstâncias obscuras. Segundo uma versão "nativa" muito recorrente, teria falecido em conseqüência dos maus-tratos infligidos por se encontrar alcoolizado. Ele continua:

> "Tentaram matar outro; amarraram um
> homem, Arturzinho. Chamaram a atenção de
> Lázaro, a partir daí o ataque diminuiu. Depois
> retomaram esses ataques e agora o negócio tá quente.
> A desunião foi assim."(Ib)

A esta altura, as disputas entre as facções haviam atingido um patamar intolerável. A ida da Polícia Federal para a área, após solicitação do pajé Adonias, reflete bem o clima de insegurança que ali reinava. Nesse contexto, é fácil compreender como as tensões latentes entre os grupos, divergências e uma série de acusações de parte a parte, referentes sobretudo à posse e usufruto da terra, até então contidas pelo exercício de atividades realizadas conjuntamente, que pressupunham uma unidade do povo indígena, eclodem em toda a sua magnitude, inviabilizando, daí por diante, o projeto de manutenção de um único cacique entre os Kiriri.

Referências bibliográficas

BANDEIRA, M. de Lourdes. *Os Kiriri de Mirandela, um grupo indígena integrado*. Salvador: UFBa, 1972.

BOURDIEU, P. A representação política. In: *O poder simbólico*. Rio de Janeiro: Difel, 1989.

BRASILEIRO, Sheila. A organização política e o processo faccional no povo indígena Kiriri. Salvador: FFCH/UFBa, 1995. (Dissertação de mestrado).

DELEUZE, Gilles. GUATTARI, Felix. *Mille plateaux*. Paris: Minuit, 1980.

MARTINS, Marco Aurélio A. F. *O Toré na Lagoa Grande*. Salvador: 1982 (datil.).

NASCIMENTO, Marco Tromboni. *O tronco da Jurema*. Ritual e etnicidade entre os povos indígenas no Nordeste: o caso Kiriri. Salvador: FFCH/UFBa, 1994. (Dissertação de mestrado).

ROCHA JR. Omar da. O índio é de menor: os Kiriri e o movimento indígena no Nordeste. Trabalho apresentado no Encontro Nacional da ANPOCS. Águas de São Pedro, 1983 (datil.).

TURNER, Victor. *O processo ritual:* estrutura e antiestrutura. Petrópolis: Vozes, 1969.

CAPÍTULO 5

POLÍTICA RACIAL

DILEMAS NADA ATUAIS DAS POLÍTICAS PARA OS AFRO-BRASILEIROS
Ação Afirmativa no Brasil dos Anos 60

Jocélio Teles dos SANTOS[*]

Os anos noventa revelam uma nova e ao mesmo tempo antiga faceta brasileira acerca da existência do preconceito racial e da sua possível superação. Se o atual momento pode ser visto pelo reconhecimento de que por essas plagas há racismo, também deve ser observado que algumas medidas a serem implementadas no combate ao preconceito racial têm encontrado resistências semelhantes às de décadas passadas. Refiro-me às políticas compensatórias que têm sido, ultimamente, apontadas como uma possível ação oficial capaz de proporcionar à população afro-brasileira uma inserção em domínios e espaços como universidades e setores do mercado de trabalho.

Este período parece ser um exemplo de que há uma tendência no Brasil a querer dar um caráter rejuvenescedor à nossa idiossincrática história. Observe-se que a retórica atual é a de que precisaríamos estabelecer a cidadania, principalmente aos historicamente marginalizados. Mesmo havendo esse denominador comum, que na mídia aparece, por exemplo, através de pesquisas, revelando uma hierarquização racial à brasileira, as possíveis soluções esbarram de frente com o conhecido e sempre reiterado discurso da nossa convivialidade racial. É o que se nota quando, a partir de um certo consenso de que há um racismo expressivo no país, e não um mero preconceito de classe, surgem reações às propostas da criação de leis que compensem a incontável dívida para com os afro-brasileiros.

---

[*] Professor da Universidade Federal da Bahia.

Gostaria de chamar a atenção para o fato de que medidas compensatórias não são algo novo no país. Em 1968, em pleno regime militar, técnicos do Ministério do Trabalho e do Tribunal Superior do Trabalho apontaram como única solução para impedir a discriminação racial no mercado de trabalho a aprovação de lei que obrigasse as empresas privadas a manter uma percentagem mínima de empregados de cor como única solução para o problema. Essa lei se assemelharia "à dos 2/3". Segundo o *Jornal do Brasil* "essa lei é a que estabelece que as empresas brasileiras têm de contar com um mínimo de 2/3 de empregados brasileiros". Dizia um técnico do Ministério do Trabalho:

> *"Depois de uma pesquisa para estabelecer a percentagem da mão-de-obra negra no mercado de trabalho, e destacados os ramos mais procurados por essa população, deveríamos partir para uma lei que regulasse o assunto (...) Essa lei poderia estabelecer, por exemplo, que certas empresas seriam obrigadas a manter em seus quadros 20% de empregados de cor, algumas 15% e outras 10%, conforme o ramo de suas atividades e respectivo percentual de demanda."*
> (Jornal do Brasil, *5/11/1968, p.3)*

Por que os técnicos de órgãos do governo chegaram a fazer essa proposta que causaria reações tanto de intelectuais, do ministro Jarbas Passarinho quanto do *Jornal do Brasil* – jornal que fazia oposição ao regime militar?

Desde o início dos anos sessenta havia denúncias de discriminação racial. Elas apareciam nas análises de intelectuais brasileiros e *brasilianists*, e nos jornais diários. Os casos de discriminação racial ocorriam nos mais variados espaços. Em 6 de maio de 1961, uma professora foi acusada de racista por ter insultado um cobrador de um ônibus coletivo. A professora que, empunhando um revólver, havia chamado o cobrador de "negro", alegava ter sido desrespeitada e insistia em declarar "não ser racista e não admitir discriminação racial de modo algum". O caso foi parar na delegacia, em função do uso da arma na discussão, e não pela acusação de discriminação racial, por mais que o destaque do jornal tenha sido por essa denúncia (*A Tarde*, 6/5/1961).

Outras denúncias de discriminação racial aconteciam nos espaços público e privado. Em Salvador, duas matérias, publicadas respectivamente em julho de 1967 e em dezembro de 1969, mostram que o preconceito racial era algo constante no cotidiano soteropolitano. A primeira matéria foi escrita na seção "Opinião do leitor", por uma senhora que denunciava ter sido o filho adotivo de 9 anos impedido de brincar no Parque de Ondina por ele "ter a pele escura". A denúncia chama a atenção para o fato de que o denunciado (o encarregado da roda gigante) também era negro. A sua cor tornava-se um agravante aos olhos da acusante: "o menino foi arrancado e humilhado publicamente, e o que é pior, por um tipo mais escuro do que ele." É relevante que na apresentação do texto o jornal ressaltasse a composição da população de Salvador. Isto pode parecer algo banal, já que a maioria da população negra era algo visível no cotidiano soteropolitano. Mas, o fato dos dois envolvidos terem sido negros chamava a atenção do jornal pelo percentual de indivíduos de "pele escura" na cidade. Visto de outro modo, pode-se dizer que, aos olhos da imprensa, não eram somente os brancos que podiam ser racistas. Os negros também demonstrariam preconceito. Como solução moral para a discriminação, o jornal destacava a não existência de preconceitos de raça "neste país, e, particularmente, na Bahia". Fundamentalmente, estava-se preconizando o nosso caráter e a nossa brasilidade:

> "O pobrezinho tem apenas 9 anos e, desde agora, sofre as conseqüências de possuir a pele escura, isto numa terra onde mais de 70 por cento da população a possuem nas mesmas condições. A chamada raça branca constitui apenas uma parcela dos baianos, sendo a outra numericamente dominante. Afortunadamente, não distinguimos, neste país e, particularmente, na Bahia, raça branca nem raça negra. Aqui somos todos brasileiros." (A Tarde, 26/7/1967)

Se existia preconceito racial na Bahia entre os próprios baianos, por que não haveria com negros estrangeiros? É o que transparece em uma matéria, publicada pelo *Diário de Notícias*, em 2/12/1969, falando sobre os "vexames" sofridos por um filólogo haitiano:

"Contou ainda, que qualquer informação lhe tem sido negada e, numa lanchonete, levantando-se para ceder o seu lugar a uma senhora, por cavalheirismo, Jean foi ofendido como se estivesse desrespeitando-a. A custo conseguiram hospedagem numa pensão na Piedade mas, atendendo a um convite de uma estudante de Filosofia para conhecer a sua faculdade, a bibliotecária da escola logo que viu o filólogo indagou se era o novo jardineiro." (Diário de Notícias, 2/12/1969)

Em outras cidades do país a discriminação racial era também noticiada pela imprensa. Em um clube esportivo, como a Associação Esportiva São José, em São José dos Campos, impedira-se o ingresso da Escola de Samba Unidos do Jardim Paulista, composta "na sua quase totalidade, de pessoas de cor", nos salões onde aconteciam os desfiles de blocos e cordões[1]. A denúncia que havia sido dirigida também ao governador de SP, Adhemar de Barros, parece ter provocado repercussões, visto que foi dita como "a primeira tentativa ostensiva de discriminação racial entre nós" (*A Tarde*, 21/3/1963).

O destaque dado pela imprensa e a solicitação de interferência do governador paulista para o fato devem ser compreendidos em duas direções. Desde os anos cinqüenta, através da lei Afonso Arinos, a prática de racismo era circunscrita às contravenções penais. Além disso, o contexto internacional, dando conta das constantes tensões raciais nos EUA e da política do apartheid na África do Sul, favoreciam o surgimento de denúncias sobre discriminação racial no Brasil. A imprensa constantemente noticiava a segregação racial na África do Sul e nos EUA. As respostas oficiais, mesmo que não diretamente relacionadas às denúncias, vinham pela constante reiteração da nossa "convivência" mestiça. Por outro lado, a imprensa, ao divulgar casos de discriminação racial, ia na mesma direção. Destacava a existência de preconceito racial ao mesmo tempo

---

1. A terminologia empregada pelos periódicos é bastante elucidativa na medida em que englobava as categorias negro e preto como uma classificação dos jornais para todos aqueles de "pele escura".

que ressaltava, mesmo que implicitamente, a nossa tolerância para com as diferenças raciais.

Um fato curioso que referenda essa premissa aconteceu em Salvador em julho de 1961: uma empregada negra esfaqueara a sua patroa branca. O caso tornou-se manchete na imprensa, principalmente por serem as envolvidas duas estrangeiras de tez distinta: a empregada, uma negra norte-americana e a patroa, uma branca, "alemã, uma vez que fala o inglês muito mal". A forma como foi noticiada a matéria aponta, em primeiro lugar, para o tratamento diferenciado dado às duas personagens: a empregada era chamada pelo simples nome, ou referida como a doméstica Ethel Brown, enquanto que a patroa era referida como Miss Chapman ou Sra. Laura Chapman. Isso implica notarmos que, na narração do fato, se demonstrava o lugar social que as duas ocupavam. Para posições sociais rigidamente hierarquizadas, os tratamentos eram nominalmente diferenciados. O designativo *miss* estaria, portanto, em completo contraste com a simples designação do nome da empregada doméstica. Apesar da condição social das envolvidas terem implicado essas distinções semânticas, o componente racial é o que se destaca tanto nos títulos das matérias, "Negra Americana esfaqueia Patroa: Barra", "Empregada Negra Feriu Patroa Branca na Graça", quanto nos seus conteúdos (*A Tarde*, 8/7/1961; *DN*, 8/7/1961; *DN*, 9 e 10/7/1961; *DN*, 20/3/1963). O jornalista de *A Tarde* chamava a atenção para o fato de que o "conflito racial", além de provocar "derramamento de sangue na Bahia", estava a reviver, em um bairro de Salvador, cenas comuns nos Estados Unidos. Torna-se claro que o contraste entre nós e os EUA, no que tange à questão racial, daria o tom das nossas diferenças. E isso era reforçado na informação da trajetória de Ethel Brown, "a preta voluntariosa", no Brasil. Ela estava no país há alguns anos e encontrava-se, em Salvador, trabalhando há seis meses naquela residência. Anteriormente, trabalhara com brasileiros, por um período idêntico, no mesmo bairro de classe média. Mesmo não-dito, infere-se que o tratamento dado pelos patrões brasileiros não tenha sido o mesmo que aquele dado pela patroa. Afinal, Ethel afirmara que a sua patroa era racista, visto que ela não só constantemente a maltratava e agredia como na "violenta discussão" que tiveram, fora chamada de "negra, vagabunda, relaxada" e "negra nojenta". Nas palavras do jornalista de *A Tarde*, "no mais autêntico *slang* americano". Uma outra acusação que destacava o jornalista do *Diário de Notícias* era que Ethel:

> *"Com poucos dias no emprego foi forçada a lavar, fazer serviços outros, e, o mais grave, convidada pela patroa para iniciar o seu filho Dick, de 15 anos, nos segredos do amor..."*

A construção do episódio pelos jornais revela que a imprensa, em todas as matérias, priorizou as acusações de racismo que envolviam o fato. O que fez com que a denunciada pudesse ser vista menos culpada do que como vítima no episódio, já que se tratava de uma "grave tentativa de homicídio". A punição ocorrera não somente pela prisão de Ethel Brown mas pelo exame de sanidade mental realizado por médicos do Hospital Psiquiátrico Juliano Moreira. Dois anos após o ocorrido, aparecera, em uma edição do *Diário de Notícias* de 20/3/1963, informações sobre o seu depoimento, realizado na Quarta Vara Criminal, corroborando as acusações de brutalidade e de racismo por parte da patroa, assim como a sua internação por ser "portadora de debilidade mental, apresentando-se um quadro delirante de esquizofreniforme".

Casos de discriminação racial aconteciam no âmbito do mercado de trabalho. Em 6 de maio de 1960, denunciava-se, na Câmara de Vereadores de Salvador, a "distinção racial" de uma empresa comercial que publicara um anúncio restringindo a "admissão de empregados aos que fossem brancos" (*Diário de Notícias*, 6/5/1960). É possível perceber um certo consenso entre os vereadores dos diversos partidos, visto que um protesto foi enviado à referida empresa. Essa ação, por parte da Câmara de Vereadores, revela que a questão racial era algo "inquietante" também no legislativo. Ali pode ser notada uma defesa veemente da nossa "tolerância racial", e por conseqüência, uma preocupação com a possível "implantação" do preconceito racial na Bahia. Na leitura dos vereadores, tratava-se de um fato completamente estranho aos nossos costumes. E, portanto, digno de ser criticado.

Ação afirmativa no Brasil?

Ao longo da década de sessenta, observa-se uma certa constância de denúncias envolvendo discriminação racial nos jornais nacionais e estrangeiros. O jornal americano *Los Angeles Times Service* chamava a atenção para o fato de que a discriminação racial era condenada pela Constituição Brasileira, entretanto considerava improvável que fossem eliminadas ou modificadas as dificuldades para os negros acharem trabalho nas empresas, visto que os empregadores insistiam em contratar somente indivíduos brancos (*A Tribuna*, Santos, 30/1/1969). Se esse era um fato que provocava reações de indignação, tanto na imprensa quanto no legislativo, de que modo os órgãos públicos respondiam a essa questão? Ressaltamos que a preocupação básica, ao nível oficial, era a reiteração da tendência brasileira à tolerância das diferenças raciais. Mas, se essa era a base ideológica que norteava as práticas, ações e respostas oficiais, isso não quer dizer que soluções não fossem apontadas para os casos de discriminação racial que estavam a aparecer na imprensa.

É o que se pode perceber em novembro de 1968, quando os técnicos do Ministério do Trabalho e do Tribunal Superior do Trabalho, a partir da denúncia da existência de discriminação racial no mercado de trabalho, revelavam-se "favoráveis a uma lei que poderia estabelecer, por exemplo, que certas empresas seriam obrigadas a manter em seus quadros 20% de empregados de cor, outras 15%, outras 10%, conforme o ramo das suas atividades e o respectivo percentual de demanda" (*Diário de Notícias*, 10 e 11/11/1968). Essa proposta pode ser interpretada como uma adequação da política de ação afirmativa, em vigência nos EUA, que promovia acesso à educação e emprego às minorias étnicas, raciais ou sexuais. O argumento era que seria mais conveniente estabelecer convênios com a iniciativa privada "aceitando a sua discriminação, do que encerrá-los como forma de pressão e prejudicar os que são beneficiados". Essa iniciativa visava atenuar os constrangimentos daqueles que estavam sendo impedidos de serem contratados em razão da cor.

É possível pensar que a proposta vinda dos técnicos vinha mais como uma possível solução perante algo que não era um mero episódio na sociedade brasileira. A propósito, a veiculação da proposta na imprensa aparecera no dia seguinte à denúncia de discriminação racial no mercado de trabalho na cidade do Rio de Janeiro. E é a partir dessa publicização que eu chamaria a atenção para a postura governamental tanto estadual quanto federal.

O governo fluminense admitia, através da Secretaria do Trabalho, a existência de casos de discriminação racial "em empregos de função especializada" nas empresas privadas; o que se tornava, para a ótica do governo fluminense, algo difícil de ser comprovado, "dado o sigilo imposto pelas firmas". As empresas, segundo o delegado regional do Trabalho, usavam "vários processos para recusar empregados, com os formulários de admissão contendo uma série de imposições, a começar pelo *curriculum vitae*, filiação e cor. A maioria delas chega mesmo a exigir que o candidato seja branco, em anúncios classificados nos jornais. O candidato de cor desiste de concorrer ao cargo, antes mesmo de preencher o formulário" (*Jornal do Brasil*, 6/11/1968).

Mesmo reconhecendo a existência de preconceito racial no mercado de trabalho brasileiro, o pensamento oficial, como o da Delegacia Regional do Trabalho, era de que a solução era menos trabalhista e mais circunscrita à polícia e à justiça.

Nessa direção, o governo do Estado da Guanabara se coadunava com o pensamento do governo federal. Jarbas Passarinho, então ministro do Trabalho, dizia ter "ficado chocado ao ler as informações de que pessoas negras, ainda que bem qualificadas, não conseguiam empregos", posto que esta discriminação, "além de ser condenada pela Constituição do país, contraria, também, e fundamentalmente, o próprio espírito da civilização brasileira" (*Jornal do Brasil*, 5/11/1968). As ações propostas pelo ministro foram a solicitação ao Departamento Nacional de Mão-de-Obra da adoção de providências e a determinação de "estudos urgentes" sobre o problema.

Penso que, além da sempre reiterada convivialidade racial brasileira que se depreende do discurso governamental – "no Brasil não existe e nem pode existir a discriminação racial" –, está subjacente o que eu chamaria de "estrutura da conjuntura" histórica[2]: todo o discurso elaborado, no período, perante situa-

---

2. Estou me inspirando em Sahlins (1990, p. 175).

ções de tensão, voltava-se não somente para o Brasil mas, fundamentalmente, para o contexto internacional. Por essa razão que a visão governamental se esclarece melhor quando se visualiza a política desenvolvida no Itamaraty desde os anos anteriores ao golpe militar. Isso fica mais claro quando, nos dias posteriores às denúncias de racismo no mercado de trabalho, o governo brasileiro se pronuncia na Assembléia Geral da ONU, que debatia a política racial da África do Sul. A posição brasileira era de rejeição ao racismo. Outro fato significativo, nessa conjuntura, era a visita de Sua Majestade, a rainha da Inglaterra, ao país. Pode-se depreender o que significavam as denúncias de racismo e a repercussão no contexto internacional. Vale salientar que estávamos ante um momento que antecedia a edição do Ato Institucional nº 5. Precisamente três meses antes do famigerado.

Gostaria de apresentar, além das reações governamentais à proposta de cotas dos técnicos, a postura de intelectuais e da imprensa. Mesmo que distantes ideologicamente, o *Jornal do Brasil*, por exemplo, fazia oposição ao regime militar, os discursos oficiais e não-oficiais se aproximavam mais que se distanciavam.

O estabelecimento de "cotas percentuais de emprego obrigatório para pessoas de cor" encontrava resistência em figuras da intelectualidade brasileira, como a escritora Rachel de Queirós. Seu argumento era que a existência da lei Afonso Arinos já mostrava que toda espécie de discriminação racial era considerada crime e, portanto, sujeita à sanção penal. Logo, uma possível regulamentação de cotas seria o reconhecimento da existência de discriminação do ponto de vista jurídico ilegal:

> *"No Brasil, discriminação racial é caso de polícia. Como pode então um ministério estabelecer convênios com o crime? Não há alternativa para as autoridades. E eu digo mais: é preferível que continue a haver discriminação encoberta e ilegal, mesmo em larga escala, do que vê-la reconhecida oficialmente pelo governo – já que qualquer regulamentação importaria num reconhecimento."*
> (Diário de Notícias, *10 e 11/11/68*)

A postura da escritora cearense revela uma profunda sintonia com a política oficial do regime militar instalado em 1964. Para combater a discriminação seria necessário recorrer aos órgãos de segurança do Estado. Afinal de contas, tratava-se de um "mal social" como outros tantos que estavam a tomar conta do país:

> *"se o Ministério do Trabalho não é órgão adequado para lidar com o problema que recorra à polícia, ao Ministério da Justiça, ao SNI. Sim, por que não o SNI? Este surto de discriminação que agora se descobre entre nós é, a longo alcance, muito mais grave do que a chamada ameaça comunista, o terrorismo urbano, as guerrilhas no interior e outros males sociais do momento (...) não, para esse mal, o único remédio é a repressão, até a mais brutal, se for preciso. Denúncia à polícia, processo, julgamento e cadeia para esses criminosos, para esses repugnantes plantadores da semente de Caim entre nós." (idem, ibidem)*

A discriminação racial no mercado de trabalho era tratada como uma descoberta recente no cotidiano brasileiro. Por isso, que as medidas requeridas encontravam-se lado a lado com os outros "males sociais". Ao mesmo tempo que dirigia seu discurso para o ministro do Trabalho, Rachel de Queirós vociferava em direção àqueles que questionavam o regime militar:

> *"cadê as esquerdas que não gritam? Cadê a Igreja que não condena? Cadê os estudantes que não fazem passeatas de protesto? Tudo o mais, corrupção, pobreza, atraso, por pior que seja, é mal menor que o racismo." (idem, ibidem)*

Chamava a atenção do ministro Jarbas Passarinho para as dificuldades "práticas" que se teria para classificar os indivíduos de "cor". Seu argumento era que, sendo o Brasil um país majoritariamente constituído de mestiços, seria difícil regulamentar as "cotas percentuais para as pessoas de cor". Ampara a sua retórica o contraste do Brasil com países como os EUA e África do Sul, onde haveria uma nítida separação racial:

> "e ainda há um argumento prático a dificultar a regulamentação da prostituição – desculpe, quero dizer a discriminação racial no Brasil! Como é que a gente vai distinguir entre nós quem é negro e quem não o é? Nos Estados Unidos, na África do Sul, há uma linha rígida de cor: nesses lugares se considera negro quem não é cem por cento branco. Aqui, a tendência é considerar branca toda pessoa que não for ostensivamente de cor. A maioria esmagadora da nossa população é constituída de mestiços: somos realmente um país de mestiços. E esses mestiços todos como é que seriam enquadrados? Seriam 'tecnicamente brancos' ou 'tecnicamente negros'? Quem de nós, senhor ministro Passarinho, quem de nós, brasileiros, não tem a sua pinta de cor, não é um pouco mulato, ou cafuzo ou mameluco? Pois não devemos esquecer que, para os racistas, índio também 'é de cor'!" *(idem, ibidem)*

O *Jornal do Brasil* fez um longo editorial, cujo título, *Democracia racial*, muito nos revela. Vejamos o conteúdo. O editorial foi aberto com a seguinte afirmação: "Antes de ser crime, o preconceito racial no Brasil é uma asneira". Todo o argumento contrário à política de cotas proposta pelos técnicos repousava na defesa de nossa singularidade: éramos em comparação com o resto do mundo um país mestiço; a maior contribuição que demos ao mundo era "exatamente a da nossa chamada Democracia racial".

Seria muito difícil estabelecer cotas, dizia implicitamente o jornal, já que somente os filhos de imigrantes poderiam ter certeza, na primeira geração, "da relativa pureza do seu sangue". Dizia adiante:

> "Pergaminhos antigos na família são o sinal seguro de raça misturada. No Brasil quem tem muita tradição, família, propriedade é mulato ou caboclo. Ou mameluco, curiboca, cafuzo. São Paulo está cheio de nisseis. A própria variedade dos termos

> *designativos do infinito espectro da cor da pele dos brasileiros demonstra a rica tessitura de uma raça que se forja na base de todas as raças e todos os sangues. É por isso que cometeremos um crime da indizível comicidade se adotarmos, dos Estados Unidos, que podem dar tão bons exemplos em outros terrenos, o pesadelo da discriminação racial."* (Jornal do Brasil, 10 e 11/11/1968)

Para combater as denúncias de discriminação racial no mercado de trabalho, "a megalomania racial", segundo o periódico, seria necessária a aplicação severa da lei. "Seria um erro funesto impor alguma paridade de brancos e gente de cor em escritórios. Isto constituiria uma cristalização do preconceito." Se fôssemos nessa direção, segundo o argumento do *JB*, estaríamos, "mestiços que somos", oferecendo o "espetáculo ridículo de bancarmos uma espécie de Suécia mulata, é o fim" (idem, ibidem).

Todas essas narrativas, a dos técnicos, a dos jornais, a do governo estadual do RJ, a do ministro, a da intelectual, nos revelam uma conjuntura, a dos anos sessenta, ou elas servem para atualizarmos o momento atual marcado por posturas tão iguais na forma quanto no conteúdo? Refiro-me às reações de intelectuais, escritores, jornais ou mesmo de militantes sobre as alternativas de ações afirmativas nos anos noventa, sejam elas as já adquiridas e não aplicadas, como o artigo 289 da Constituição do estado da Bahia, ou aquelas que se apresentam para as universidades – um número percentual para negros ou carentes. É curioso que as discussões atuais têm se pautado por um reconhecimento de que os acenos governamentais, a partir de 1995, são únicos na história do país, o que leva muitos a se entusiasmarem com possíveis ações oficiais. A pergunta que coloco é se, guardando as devidas "estruturas da conjuntura", não estaríamos, perante esses acenos oficiais, indo tal qual o herói grego Ulisses sendo seduzido por um canto simplesmente simbólico? Se assim o for, deveríamos deixar a epopéia de Ulisses, que nos é distante, e apelar para as peripécias e ações de Exu, que nos são bastante próximas.

Referências bibliográficas

ACUSADA de racista a professora presta esclarecimentos. *A Tarde*, 6/5/1961.

CARTA aberta ao ministro Jarbas Passarinho. *Diário de Notícias*, 10 e 11/11/1968.

DEMOCRACIA Racial. *Jornal do Brasil*, 10 e 11/11/1968.

DISCRIMINAÇÃO racial em São Paulo. *A Tarde*, 21/3/1963.

EMPREGADA negra feriu patroa branca, na Graça. *A Tarde*, 8/7/1961.

FIANÇA soltou negra dos EUA. *Diário de Notícias*, 9 e 10/7/1961.

GOVERNO fluminense admite discriminação racial no oferecimento de trabalho. *Jornal do Brasil*, 6/11/1968.

HAITIANOS dizem que há racismo sutil na Bahia. *Diário de Notícias* (DN), 2/12/1969.

JORNAL do Brasil, 5/11/1968, p.3.

NEGRA americana defendeu-se ontem na Justiça. *Diário de Notícias*, 20/3/1963.

NEGRA americana esfaqueia patroa: Barra. *Diário de Notícias*, 8/7/1961.

PASSARINHO inicia luta contra preconceito racial no mercado de trabalho. *Jornal do Brasil*, 5/11/1968, p.3.

PRECONCEITO racial no parque de Ondina. *A Tarde*, 26/7/1967.

RACISMO no Brasil. *A Tribuna*, Santos, 30/1/1969.

SAHLINS, Marshal. *Ilhas de história*. Rio de Janeiro: Zahar, 1990.

VEREADORES criticam distinção racial no Brasil: P.Filho. *Diário de Notícias*, 6/5/1960.

IDENTIDADE DO AFRO-DESCENDENTE E SENTIMENTO DE PERTENÇA A NETWORKS ORGANIZADOS EM TORNO DA TEMÁTICA RACIAL

Ronilda I. RIBEIRO *

Quem sou eu? Sou o indivíduo que integra este grupo e aqueles outros. O Severino de João Cabral de Melo Neto se identifica a partir da descrição de múltiplas pertenças grupais. Analogamente, cada um de nós se identifica como pertencente a determinada família, determinado grupo de trabalho, determinado grupo religioso e assim por diante. O desenvolvimento da informática e das telecomunicações possibilita, cada vez mais, que nos reconheçamos pertencentes a megagrupos organizados com vistas à consecução de objetivos comuns que, via de regra, ignoram limites geográficos.

Os megagrupos que se constituem enquanto networks (redes de conexões), com o objetivo de desenvolver estratégias e políticas de combate à discriminação racial e de valorização da África e dos africanos, não apenas favorecem, mas estimulam nos afro-descendentes o desenvolvimento de uma auto-imagem positiva, bem como promovem elevação de sua auto-estima.

Auto-imagem, autoconceito, auto-estima e ideal de ego[1]

Ao considerarmos diferenças raciais podemos constatar, logo de início, que os pontos de vista biológico e ideológico definem de modo distinto o lugar dos nascidos da parceria entre negros e bran-

---

* NEINB, Prolam, Instituto de Psicologia/ USP.
1. Esta introdução baseia-se em trabalho anterior (Ribeiro, Nogueira, 1992).

cos. Possuindo em igual proporção componentes genéticos dos dois grupos, estes são ideologicamente definidos como negros e igualmente expostos a tratamento discriminatório. Diferenças biológicas, tão insignificantes do ponto de vista genético, jamais poderiam dar suporte a afirmações discriminatórias. Sabemos, no entanto, que argumentos biológicos foram amplamente usados como explicação e justificativa de diferenças raciais, de modo a favorecer interpretações valorativas, justificar "cientificamente" processos de dominação e opressão e colaborar para a construção de toda uma "ciência racial". Afro-descendentes, sejam nascidos da parceria entre negros ou da parceria entre negros e brancos, encontram-se em idêntica situação no tangente ao preconceito e à discriminação social.

O indivíduo, afirma a psicanálise, constitui-se a partir de um modelo ideal, perfeito ou quase, constituído pela idealização dos pais ou seus substitutos e pela representação de ideais coletivos. O ideal de ego, instância estruturadora do sujeito psíquico, promotora da interação libido/cultura (Horstein, 1973), capaz de sujeitar indivíduos à Lei e à Ordem, recebe do superego a imposição de realizar-se, sendo tanto maior a tranqüilidade pessoal quanto mais próximo estiver o ego ideal do atual.

Como se constrói o ideal de ego entre afro-descendentes nascidos em sociedades onde ser branco é a palavra de ordem, dado que branco é bonito, rico, inteligente e bem-sucedido?

O clássico trabalho de Souza (1983) lembra que a construção de um ideal de ego branco estabelece como regra básica a negação, o expurgo de toda e qualquer mancha negra. Determina que se busque eliminar sinais de negritude: aliso os cabelos, prendo o nariz com pregador de roupas para que afine, sinto vergonha do corpo, não me olho no espelho... negando, para além do corpo biológico, o corpo erógeno, de que nos fala Leclaire (1983).

A construção do ideal de ego, iniciada em casa, prossegue na escola, no trabalho, nos espaços de lazer, em obediência sempre ao mesmo modelo – racista e capitalista – fundado na dupla opressão de classe e cor e, no caso das mulheres, na tripla opressão que inclui além das anteriores, a de gênero.

As relações entre ego e seu ideal mostram-se tensas, uma vez que o superego exige continuamente que o ego atinja um ideal, por sua natureza inatingível. Como o objetivo maior é o da aproximação entre ego e seu ideal, a insatisfação decorrente da distância entre ambos ocupa distintos degraus de insatisfação. Nesta tentativa de realização – tão imperiosa quanto impossível – o ego lança mão de táticas diversas, cujo denominador comum se faz representar por um redobrar permanente de esforços, por uma potencialização obrigatória de suas capacidades (Souza, 1983, p.39). Através de mecanismos de compensação, os afro-descendentes obrigam-se a responder a grandes desafios, a realizar tarefas quase impossíveis, a ser o mais em tudo. Entretanto, ser o melhor não garante a realização do ideal de ego que inclui ser branco, o que é impossível.

As decorrências são lamentáveis: sentimentos de culpa e de inferioridade, insegurança e angústia atormentam aqueles cujo ego caiu em desgraça diante do superego. A distância entre o ideal e o possível cria um fosso vivido com efeito de autodesvalorização, timidez, retraimento e ansiedade fóbica... Autodesvalorização e conformismo, atitude fóbica, submissa e contemporizadora... humilhados, intimidados e decepcionados consigo próprios por não responderem às expectativas que impõem a si mesmos, por não possuírem um ideal realizável de ego (Souza, 1983, p.41). O negro que elege o branco como ideal do ego engendra em si mesmo uma ferida narcísica, grave e dilacerante que, como condição de cura, demanda ao negro a construção de um outro ideal de ego, que lhe configure um rosto próprio que encarne seus valores e interesses, que tenha como referência e perspectiva a História. Um ideal construído através da militância política, lugar privilegiado de construção transformadora da História... Para que possa recuperar a auto-estima, afirmar sua existência, marcar seu lugar (Souza, 1983, p.44).

As metamorfoses pertinentes ao desenvolvimento do autoconceito são determinadas, em parte, pelas relações entre auto-imagem e ideal de ego e, nesse processo, a imagem do próprio corpo é de primordial importância. Altura, peso, cor determinam sentimentos de maior ou menor adequação pessoal.

Afro-descendentes que tenham internalizado compulsória e brutalmente um ideal de ego branco vêem-se obrigados a formular para si um projeto identificatório incompatível com as propriedades biológicas do próprio corpo. Tentando transpor o fosso criado entre ego e seu ideal paga altíssimo custo que inclui, muitas vezes, o sacrifício do equilíbrio psíquico. Da obrigação de definir um ideal impossível para a realidade do próprio corpo e da própria história pessoal e étnica, decorrem auto-imagem desfavorável e auto-estima rebaixada, ou seja, sérios problemas de identidade pessoal. Se o indivíduo reúne condições psicossociais para estabelecer uma relação dialética com seu grupo sócio-econômico-político-cultural maiores são suas chances de sobrevivência psicológica. Caso essa relação seja problemática, rígida, estereotipada, a tendência é a construção de uma auto-imagem distorcida que, em busca do afastamento da realidade física, dinamiza mecanismos de defesa do equilíbrio psíquico tais como a negação, compensação e projeção, incompatíveis com projetos pessoais de realização pessoal e social.

Ingênuo seria supor a existência, num país plurirracial, de dois "imaginários coletivos", um de euro-descendentes e outro de afro-descendentes, com expressivas diferenças entre si. O não-reconhecimento da beleza, dignidade e poder negros e a crença na suposta superioridade branca são, infelizmente, compartilhados por todos, num mesmo grupo social, o que contribui para tornar ainda mais difícil a ruptura das relações de dominação e jugo.

Os índices censitários têm cor

No dizer de Guimarães, M. P. (1996, p.1), o arcabouço legislativo brasileiro produzido após a Abolição da Escravidão sempre foi omisso em assegurar o princípio de igualdade entre as etnias formadoras da nação brasileira. Boletins estatísticos sobre a situação sócio-econômica dos grupos de cor no Brasil refletem isso. A análise da situação da população brasileira no mercado de trabalho evidencia que as taxas de participação na PEA (População Economicamente Ativa), indicadoras do crescimento econômico do país, apresentam significativas diferenças entre os grupos de cor. Segundo o Boletim *Os números da cor*, nas últimas décadas o Brasil experimentou um forte crescimento econômico, principalmente entre os anos 1960-1980. O número de pessoas economicamente ativas aumentou de 22.750.028 para 43.796.763 nesse período. Estudando-se as diferenças de participação na PEA segundo os grupos de cor e de gênero, constata-se não haver diferenças significativas nas taxas de participação masculina adulta. Entretanto, ao inserir a variável idade, observa-se alteração significativa nas faixas mais novas (10-14 e 15-19 anos), onde os índices de participação – 20,6% para os brancos, 27,2% para os pretos, e 28,1% para os pardos[2] – leva a constatar que o ingresso precoce no mercado de trabalho ocorre prioritariamente nos grupos de não-brancos.

Nas faixas etárias em que se registram os maiores índices de desemprego (15-19 e 20-24 anos), observa-se que os pretos apresentam maiores percentuais, chegando à taxa de 15,5% para o grupo preto masculino com idade entre 15-19 anos. As mulheres pretas também apresentam altas taxas nestas faixas etárias – 12,3% e 11,2%, respectivamente.

O grupo responsável pela elaboração do Boletim aqui mencionado denota preocupação com o fato de haver no Brasil um mercado de trabalho que absorve mão-de-obra infantil: 24,3% das crianças (10-14 anos) do sexo masculino e 10,6% do sexo feminino, que deveriam estar voltadas plenamente para o processo educacional, encontram-se na PEA e, entre essas, maiores são os percentuais relativos a crianças não-brancas (no grupo masculino, 27,2% de pretos e 28,1% de pardos). Tendência idêntica se observa na faixa dos 15-19 anos, fase de transição escola-trabalho, ocasião em que jovens obrigados a inserir-se no mercado de trabalho não têm escolaridade suficiente para esse ingresso: jovens pretos e pardos são os mais expostos a essa fase de desajuste e é esse grupo que apresenta as maiores taxas de desemprego.

---

2. Conforme jargão do Censo Demográfico de 1990.

Os números da cor (vol. 2), que trata dos índices na área da Educação, mostra que o crescente número de trabalhos na área de ciências sociais vem indicando que a população preta e parda está exposta a maiores desvantagens também nessa área. Observadas as taxas de analfabetismo, de escolarização, de anos de estudo e da relação estudo/trabalho, obtêm-se dados expressivos: apesar do significativo decréscimo dos índices de analfabetismo para a população preta e parda, são marcantes as diferenças em relação à população branca, tanto em 1976 como em 1990. Neste ano, as taxas de analfabetismo para os brancos giravam em torno de 10 e 11%, para os pretos 25% e para os pardos 28%. Estas diferenças se mantêm em todas as regiões do país.

Considerado o item "anos de escolaridade" observa-se que, em 1990, apresentam escolaridade que não ultrapassa os 3 anos: da população branca, 35,7% dos homens e 37,6% das mulheres; da população preta, 48,5% dos homens e 51,1% das mulheres; e da população parda, 48,2% dos homens e 48,1% das mulheres. A análise das diferenças mostra ainda como o acesso ao segundo e terceiro graus é mais difícil para pretos e pardos: escolaridade de 12 anos ou mais: 16,5% dos homens brancos, 3% dos pretos e 4,5% dos pardos; 16,3% das mulheres brancas, 3,7% das pretas e 4,9% das pardas.

Os autores desse Boletim sugerem que é preciso priorizar não só o acesso à escola, mas também investir nas trajetórias escolares, diminuindo repetências para aumentar o nível de escolaridade obtida pelas pessoas. O acesso ao ensino e os níveis de escolaridade da população brasileira mostram uma linha de cor que impede que pretos e pardos alcancem os percentuais do grupo branco na trajetória escolar, o que acaba refletindo diretamente na sua menor realização sócio-econômica. Quanto às diferenças regionais, observa-se que os progressos educacionais estão muito direcionados para as regiões mais desenvolvidas, mantendo-se o problema nas regiões onde a situação é mais grave. A população preta e parda que vive nas áreas do Nordeste brasileiro, principalmente nordeste rural, está exposta a uma situação de extrema pauperização.

A dinâmica das relações sociais, caracterizada por complexos processos de inclusão/exclusão, determina um jogo cujos perdedores e vencedores têm cartas marcadas. Santos (1994), ao esboçar uma teoria para a questão racial do negro brasileiro, refere-se ao mecanismo de exclusão dos afro-descendentes, por ele denominado "Trilha do Círculo Vicioso" e que poderia ser também chamado de "Circuito Maldito" ou "Circuito Perverso": aprisionados num inteligente circuito de exclusão para o qual concorrem agências educacionais, de trabalho, de comunicação, de saúde, apoiadas todas em representações sociais estereotipadas da África, dos africanos e de seus descendentes e impostas para serem compartilhadas por brancos e negros, os afro-descendentes encontram poucas chances – quando encontram – de inserção sociopolítico-econômica e de (re)construção de uma auto-imagem positiva que lhes possibilite auto-estima elevada.

Trata-se, no dizer de Santos, de uma centopéia de duas cabeças, pois além da conjuntura externa desfavorável, o afro-descendente compartilha de representações negativas inscritas no imaginário coletivo. O processo contínuo de sujeição a um bombardeio de imagens negativas em tudo o que se refere à África e o entorpecimento da consciência determinam que brancos e não-brancos interiorizem como "naturais" esses estímulos: bêbado, engole o verme e nem nota. Com pouca ou nenhuma possibilidade de (re)conhecimento dos valores tradicionais de seu povo de origem, vê-se na condição de desenvolver a própria identidade a partir de modelos brancos, de realização impossível, dada a condição biológica – conforme já mencionamos – e de realização indesejável, por implicar afastamento e negação da riqueza e beleza da cultura de origem.

Às implicações do rebaixamento da auto-estima nas esferas de poder econômico, político e social têm sido dada importância inferior à merecida: auto-estima rebaixada e auto-imagem negativa inibem qualquer movimento reivindicatório, seja no âmbito intelectual, seja no afetivo. Príncipes encantados em sapos, crêem-se capazes apenas de coaxar até que o encantamento se quebre e seja possível, então, reapropriar-se da realeza. Por exemplo, a força advinda da (re)apropriação dos valores de origem certamente propicia a passagem do medo e vergonha de não ser branco ao orgulho de ser negro e estimula o impulso de reivindicação de direitos humanos, entre os quais os de cidadania.

No Brasil, último país a abolir a escravidão e primeiro a declarar-se país de democracia racial, este mito associado à força da ideologia do branqueamento tecem o pano de fundo das relações raciais. A extinção da escravidão sem projeto de inserção social impingiu aos afro-descendentes a condição de subcidadania e a responsabilidade pelo fracasso passou a ser atribuída a uma suposta incompetência individual e não à conjuntura socioeconômico-política.

Um esquema gráfico traçado por Santos permite constatar que transformações nas relações raciais brasileiras demandam ação afirmativa nos campos da Educação, da Comunicação Social e do Mercado de Trabalho. A ação no cotidiano é que possibilita rompimento do círculo vicioso: no âmbito educacional, ampliação das consciências, estímulo à solidariedade e tolerância nas relações interétnicas e interraciais, desenvolvimento de programas especiais de capacitação[3]; no âmbito do trabalho, o mesmo e mais a introdução de fatores que alterem os índices de raça/renda; no âmbito da comunicação social, o uso de recursos que possibilitem a re-significação de conceitos como negro, África, africanos, de modo a transformar, no imaginário coletivo, representações negativas em positivas. Esta vista aérea de ações possíveis nos três âmbitos considerados apenas aponta para o quadro geral. Especificações e possíveis operacionalizações incluem-se no contexto do debate sobre políticas de ação afirmativa (PAA), desencadeado há bem pouco tempo no Brasil.

---

3. A capacitação educacional e profissional constitui um dos requisitos básicos para exercício dos direitos de cidadania. São necessários bons programas de capacitação para que não ocorra, conforme disse o rev. Jesse Jackson em visita recentemente feita ao Brasil, que os afro-descendentes passem apenas de coletores de bolas de algodão a coletores de bolas de beisebol.

Identidade e pertença a grupos[4]

Quem não conhece a história do Patinho Feio que, não sendo pato porém cisne, apodera-se da própria beleza e força ao reconhecer seu grupo de pertença? E quem não experimentou, pelo menos uma vez, em maior ou menor grau, uma vivência como a dele, de estar com pessoas de determinado grupo e descobrir-se pertencente a outro? A descoberta do próprio grupo de pertença permite ao indivíduo a reorganização perceptual que lhe possibilita perceber-se novo num mundo igualmente novo.

Para a construção de uma auto-imagem positiva, que se faça acompanhar de auto-estima elevada, é preciso que o ideal de ego se mostre realizável. A substituição do medo e vergonha de não ser branco pelo orgulho de ser negro ocorre necessariamente no processo de resgate da beleza, força e dignidade das diversas etnias africanas. Esse resgate dificilmente ocorrerá fora do âmbito da luta contra o racismo, fora dos grupos organizados para definir estratégias e políticas de combate à discriminação racial. Em outras palavras, a (re)construção da identidade do afro-descendente dificilmente ocorre fora de grupos organizados com o propósito de promoção de condições sociais justas, onde a igualdade de oportunidades acompanhe o discurso oficial e extra-oficial a respeito da igualdade de direitos.

Os grupos de pertença definem implícita ou explicitamente o perfil de seus integrantes, estabelecendo padrões próprios de ideal de ego. Grupos de pequeno, médio, grande ou, ainda, muito grande porte, como os megagrupos tornados possíveis graças ao desenvolvimento da informática e da telefonia, ao definirem o perfil de seus integrantes, as características pessoais que permitem que cada indivíduo seja reconhecido como um dos nossos, definem um modo ideal de ser e proceder, ou seja, definem um ideal de ego próprio.

Grupos organizados em torno da temática racial, seja qual for seu porte, indubitavelmente favorecem a (re)construção da

---
4. Estas reflexões apóiam-se em trabalhos anteriores (Ribeiro, R.I., 1996, 1997).

identidade de seus integrantes. Indispensável será lembrar que às mudanças individuais relativas à auto-imagem e auto-estima, associa-se, necessariamente, a certeza a respeito dos próprios direitos no processo de conquista da cidadania. No avesso, sentimentos de auto-estima rebaixada e concepção negativa de si impedem qualquer movimento de luta por direitos de cidadania. Há uma lógica nisso – não sou apreciável, não valho nada, logo, não mereço nada, não tenho direito a nada. Este dinamismo psíquico cumpre importante papel no jogo que sustenta o *status quo*, à medida que, a nível do individual, oferece suporte a toda a mecânica sócio-econômica que garante privilégios e prejuízos: o jogo social é, pois, sustentado pela omissão dos que aceitam valer pouco e não merecer mais do que têm.

Quando nós do GEAAC[5] definimos objetivos, local e ritmo de trabalho, papéis a desempenhar para atingir nossos fins e agarramos firmemente o propósito de não arrefecer, pronto! Estava criado o embrião de um grupo de pequeno porte capaz de favorecer a (re)construção da identidade de seus integrantes afro-descendentes. Muito bem. Isto é, de fato, quase palpável. Mas quero fazer o foco destas considerações incidir, não sobre peculiaridades dos pequenos, médios ou grande grupos e sim sobre peculiaridades dos megagrupos, os recentemente constituídos networks – redes de conexões.

Networks (redes de conexões) – o significado de network e um pouco da história desse conceito

A partir de 1970, antropólogos da Universidade de Minnesota, particularmente L. P. Gerlach e V. H. Hine, passaram a ocupar-se do estudo de grupos de escala mundial chamados networks (redes de conexões), compostos de pessoas autoconfiantes e grupos independentes, unidos por valores e interesses compartilhados. Segundo o Oxford Universal Dictionary, essa palavra foi usada já em 1560, significando trabalho no qual fios, arames ou

---

5. GEAAC – Grupo de Estudos Interdisciplinares Ancestralidades Africanas e Cidadania/USP.

assemelhados são arrumados em forma de rede ou estrutura complexa de rios, canais e ferrovias. Posteriormente, seu significado ampliou-se, determinando variações gramaticais do termo: to network – trabalhar em redes de conexões, participar de networks; networker – participante de networks; networking – participação em network ou estabelecer conexões com seus pares (Lipnack & Stamps, 1992, p.7).

Algumas imagens possíveis de networks são: sistema físico que se pareça com árvore ou rede; sistema de nodos (pontos) e elos (linhas unindo-os); comunidade não-geográfica. Trabalhar em network significa conectar-se com pessoas para reunir idéias, necessidades e recursos. Quando uma pessoa necessitada de algo contata outra possuidora de recursos, se estabelece uma conexão.

Conexões exigem, necessariamente, comunicação entre pares, o que não significa inexistência da rede antes de seus integrantes estabelecerem elos. Não. Segundo parece, a rede existe antes do network e nele se transforma a partir do momento em que conexões são estabelecidas, ou seja, a partir da formação de elos entre nodos constituídos por indivíduos ou grupos. Assim sendo, estabelecer conexões significa, antes de mais nada, ganhar consciência de pertença a um grupo de grande porte que inclui entre suas mais surpreendentes peculiaridades o impressionante fato de que pode-se atuar intensa e apaixonadamente num network durante toda a vida sem vislumbrar, nem por uma única vez, os rostos dos próprios pares. Esse fato impressionante para nossa acanhada experiência atual de realidade talvez não se mostre tão surpreendente para as gerações do futuro. Pelo contrário, pode-se entrever que a grande maioria das realizações futuras dependerá de conexões, como ilustra o poema do brasileiro João Cabral de Melo Neto, *Tecendo a manhã*, que podemos ouvir também como tecendo (o) amanhã:

TECENDO A MANHÃ

João Cabral de Melo Neto

Um galo sozinho não tece uma manhã:
ele precisará sempre de outros galos.
De um que apanhe esse grito que ele

> e o lance a outro; de um outro galo
> que apanhe o grito que um galo antes
> e o lance a outro; e de outros galos
> que com muitos outros galos, se cruzem
> os fios de sol de seus gritos de galo,
> para que a manhã, desde uma teia tênue,
> se vá tecendo, entre todos os galos.
>
> E se encorpando em tela, entre todos,
> Se erguendo tenda, onde entrem todos,
> Se entretendendo para todos, no toldo
> (a manhã) que plana livre de armação.
> A manhã, toldo de um tecido tão aéreo
> que, tecido, se eleva por si: luz-balão.

Dispersão dos povos africanos e sua possível organização em networks – possibilidades de organização em networks no âmbito do megagrupo constituído por africanos e seus descendentes, estejam eles em seu continente de origem ou nos países da diáspora

Os africanos e seus descendentes, quer se encontrem em solo africano ou não, constituem uma rede, embora não ainda um network. Mas quando Ruth Simms Hamilton, da Universidade de Michigan, lança a pergunta *Who we are and what we do?* – Quem somos e o que fazemos? – referindo-se à rede de africanos e seus descendentes dispersos por todo o mundo, realiza o primeiro movimento de um processo que poderá transformar a rede em rede de conexões. E não é por acaso que seu grupo de trabalho batizou com o nome *Conexões* a revista encarregada de ser o principal veículo de comunicação no interior dessa rede. Já em 1990, essa mulher divulgou preocupações e propostas, através de uma monografia intitulada *Criando um paradigma e uma agenda de pesquisa para estudos comparativos da dispersão dos povos africanos por todo o mundo*. Hamilton deu expressão, enquanto porta-voz dessa rede, a preocupações coletivas e esboçou um percurso possível para a necessária transformação da referida rede em network.

A ênfase depositada na palavra necessária aponta para o importante papel reservado à consciência na construção dos networks, dado que deles devem decorrer mudanças significativas a nível pessoal e grupal. Passo possível nesse megaprojeto é a articulação, inicialmente, do network constituído de grupos que se organizam em torno da temática racial. Conectar indivíduos a grupos e estes entre si é um processo de âmbito mundial que já vem ocorrendo. Além do trabalho de Hamilton, organizações internacionais com sede em vários países do globo articulam-se graças à Internet e os contatos via telefonia e informática são, vez ou outra, a intervalos maiores, consagrados pelo encontro físico de algumas das pessoas que compõem o net. Apenas para exemplificar, o Programa *Visiting Scholars* promovido pelo *African Center and Research Studies*, da Universidade de Cornell (Ithaca, New York), financiado pela Ford Foundation e realizado a partir de 1991, vem reunindo e articulando com muita eficiência expressivos representantes das atividades de estudo, pesquisa e ensino de vários países da África, Américas e Caribe. Os encontros (físicos), pouco freqüentes porque transportar e alimentar o corpo custa caro, reafirmam o sentimento de pertença grupal em seus integrantes: ainda que você queira, não vai conseguir se envergonhar de sua origem africana. Não dá para sentir vergonha e desejar outra identidade. Não é possível, ainda que fosse desejável e esse é o poder do grupo de pertença.

Constitui outro bom exemplo o projeto *Rota do Escravo*, da Unesco, órgão da ONU para a Educação e a Cultura e coordenado pelo senegalês Doudou Diène. Definindo como objetivo a luta pela valorização da diversidade humana e melhor convivência entre os povos, parte do fato de que à questão do tráfico negreiro não foi dada a importância merecida – a escravidão negra não foi suficiente nem adequadamente abordada nos livros pedagógicos ou de história nem nos sistemas educacionais, não foi estudada em profundidade nem devidamente narrada às gerações subseqüentes. A articulação internacional é imprescindível para a realização desse projeto, cujo objetivo é: 1) realizar o resgate histórico da (forçada) diáspora africana, para compreender suas causas profundas e sua moralidade; e 2) avaliar na atualidade as conseqüências desse fenômeno responsável pela promoção do maior encontro interracial da história da humanidade.

Quanto à veiculação de informações no interior dos networks

Segundo registrou Xavier (1995), no *Congresso Continental dos Povos Negros das Américas*, realizado em novembro de 1995 em São Paulo e que contou com a participação de representantes de 19 países das três Américas, foi realizado um diagnóstico do racismo contemporâneo, a partir da análise de indicadores sociais das práticas racistas – expectativa de vida, ingresso e condições no mercado de trabalho, mobilidade social, sistema de atenção social, vítimas privilegiadas da violência institucional, marginalização na rede de proteção social, indicadores na saúde, alimentação, moradia e acesso à terra. O consenso relativo ao diagnóstico da situação não se mantém na hora de definir passos para a desejada transformação social, o que sugere a necessidade e a importância do debate sobre estratégias e políticas de combate ao preconceito e à discriminação raciais. A organização de indivíduos, grupos e entidades, fundamental para responder ao desafio, demanda intenso intercâmbio de informações no interior de networks. Imperiosa e urgente é a necessidade de organização de bancos de dados da Comunidade Negra, que reúnam dados históricos, econômicos e sociais, que cadastrem centros de estudos e pesquisas, publicações de todos os tipos, entidades dos movimentos sociais negros, estudos e pesquisas não publicados, pesquisadores e estudiosos, personalidades negras e fontes de consulta bibliográfica. A coleta, constante atualização e ampla socialização dos dados tende a multiplicar as possibilidades de contato, diálogo e debates no interior do network.

Para além da identidade que define pertença familiar, regional e nacional, a identidade definida a partir da pertença a um network se fortalece apoiada em algumas certezas: tornam-se relativos alguns elementos da identidade que poderiam receber peso excessivo na composição daquilo que Pichón-Rivière denomina ECRO (esquema conceitual referencial operativo, quadro referencial que, baseado em conceitos, possibilita atuar sobre a realidade). Se tenho a oportunidade de reconhecer o bom, o belo e o verdadeiro na África, africanos e seus descendentes e, além disso, tenho a oportunidade de me associar a um net, minha concepção de relações humanas se transforma, minhas relações humanas se transformam, os recursos de comunicação com meus pares se transformam, eu me transformo. Comunicação à distância inclui, entre outras características, a da relativização das características biogenéticas e fenotípicas. Não conheço o rosto de todos os meus interlocutores, nem todos conhecem o meu. Mas sei que estamos irmanados num esforço solidário pelo ideal compartilhado, buscando superar interesses particulares, mesquinhos ou acanhados, em favor dos interesses do grupo a que pertencemos. A convicção dos meus pares fortalece minha luta e eu persevero. Porque o inimigo é feio, sim senhor. É cruel, sanguinário, desleal, inescrupuloso, impiedoso e serve-se de todos os meios para garantir-se. Transforma teus amigos em inimigos e faz com que teus irmãos te abandonem. Mas também isso pode ser compreendido, aceito e superado se o indivíduo reconhece sua pertença ao megagrupo: os mundos do eu-mesmo, do eu-na-minha-família, do eu-no-meu-grupo de-interação-face-a-face são pequenos importantes planetas, mas não são o universo. O universo é grande. Nele, as crianças se encontram nas praias dos mundos sem fim[6]. Inocentes, jogam conchas, cuidando para que não trinquem, cuidando para reuni-las todas na mão, cuidando para que não se estraguem e possam continuar refletindo estrelas.

A máxima negro-africana *"sou, por isso somos e por sermos, sou"* alcança universalidade na vivência dos networks. A identidade dos afro-descendentes que experienciam o sentimento de pertença a um network organizado em torno da temática racial em muito se beneficia e fortalece, garantindo-lhe meios de atuar mais eficientemente pela causa que o move e comove.

Referências bibliográficas

ANDERSON, D. E. *Civil rights*. Washington: Communication Consortium Media Center, 1984.

BILLIG, M. *L'Internationale raciste*. De la psychologie à la science des races. Paris: François Maspero, 1981.

---

6. De um poema de Rabindranath Tagore.

BRASIL. MINISTÉRIO DO PLANEJAMENTO E ORÇAMENTO (IBGE). *Cor da população*. Síntese de Indicadores 1982/1990. Rio de Janeiro: 1995.

BRASIL. Presidência da República, Secretaria de Comunicação Social, Ministério da Justiça. *Programa Nacional de Direitos Humanos*. Brasília: 1996.

FERNANDES, R. CAVALIERI, C. H. *Diferenciais de salários por gênero e cor*: uma comparação entre as regiões metropolitanas brasileiras. s.l.: ANPEC, 1994.

GRUPO DE POLÍTICAS PÚBLICAS. Documento: uma jornada pela justiça. Relatório – dezembro/1995. In: MUNANGA, Kabengele. *Estratégias e políticas de combate à discriminação racial*. São Paulo: Edusp, 1996.

GUIMARÃES, A. S. (coord.) Racismo e restrição de direitos individuais: a discriminação racial publicizada. Salvador: jun. 1996. (Segundo Relatório de Pesquisa, grant. 950-1218 da F. Ford, processo 300494/88-2 CNPq).

GUIMARÃES, A. S. *Políticas públicas para a ascensão dos negros no Brasil*: argumentando pela ação afirmativa. ENCONTRO ANUAL da ANPOCS, 20, Caxambu, out., 1996.

GUIMARÃES, M. P. *Políticas afirmativas e sua aplicabilidade*. São Paulo: OAB, 1996.

HORSTEIN, B.L. *Teoría de las ideologías y psicoanalisis*. Buenos Aires: Kargieman, 1973.

LECLAIRE, S. O corpo erógeno. In: SOUZA, N.S. *Tornar-se negro*: as vicissitudes da identidade do negro brasileiro em ascensão social. Rio de Janeiro: Graal, 1983.

LIPNACK, J. STAMPS, J. *Networks*. Redes de conexões. São Paulo: Ed. Aquariana, 1992.

MUNANGA, K. *Estratégias e políticas de combate à discriminação racial*. São Paulo: EDUSP, 1996.

NEVES, M. Entre subintegração e sobreintegração: a cidadania inexistente. *Dados*. Revista de Ciências Sociais, vol. 37, n° 2, Rio de Janeiro, IUPERJ, 1994.

NEVES, M. Estado democrático brasileiro e discriminação positiva: um desafio para o Brasil. In: SEMINÁRIO INTERNACIONAL MULTICULTURALISMO E RACISMO: o papel da ação afirmativa nos estados democráticos brasileiros. Brasília, jul. 1996.

OS NÚMEROS da cor. Boletim Estatístico sobre a Situação Sócio-Econômica dos Grupos de Cor no Brasil e suas regiões. Rio de Janeiro: CEAA (Centro de Estudos Afro-asiáticos), 1995.

PARÉ, M. O desenvolvimento da auto-estima da criança negra. In: TRIUMPHO, V. (org.) *Aspectos da negritude*. Rio Grande do Sul: Martins Livreiro/Ed. Porto Alegre, 1991.

PICHÓN-RIVIERE, E. *El proceso grupal*: del psicoanalisis a la psicología social. Buenos Aires: Nueva Visión, 1977.

POUSSAINT, A. F. Building a positive self-concept in the black child. *Black Family*, 1st Quarter, 1981.

RIBEIRO, R. I. Subsídios para discussão do item Educação do "Relatório Final do Grupo de Políticas Públicas da Pró-Reitoria de Cultura e Extensão da USP/95". (Documento elaborado por Ribeiro com a colaboração de OLIVEIRA, O. R. B. CAVALLEIRO, E. S. e FAUSTINO, O.). São Paulo, 1996. Inédito.

_____. *A mulher, o tempo e a morte*. Um estudo sobre envelhecimento feminino na Nigéria e no Brasil. São Paulo: IPUSP, 1988. (Tese de doutorado em Psicologia)

_____. *Alma africana no Brasil*. Os iorubás. São Paulo: Oduduwa, 1996.

_____. Convergindo esforços para a valorização dos brasileiros afro-descendentes (e para a construção de um amanhã radiante). SEMINÁRIO INTERNACIONAL MULTICULTURALISMO E RACISMO: o papel da ação afirmativa nos estados democráticos brasileiros. Brasília: jul. 1996.

_____. *Mãe negra*. O significado iorubá da maternidade. São Paulo: FFLCH/USP, 1996. (Tese de doutorado em Antropologia)

_____. Ação educacional na construção do novo imaginário infantil sobre a África. In: MUNANGA, K. *Estratégias e políticas de combate à discriminação racial*. São Paulo: Edusp, 1996.

_____. Políticas de ação afirmativa e a temática racial no projeto de educação para a paz. In: *A cor da Bahia – Educação e os afro-brasileiros:* trajetórias, identidades e alternativas. Salvador: 1997 (Série Novos Toques, 2).

RIBEIRO, R. NOGUEIRA, I. B. Auto-imagem e ideal de ego da criança negra brasileira. REUNIÃO ANUAL DA SOCIEDADE BRASILEIRA DE PSICOLOGIA, 22, Ribeirão Preto, 1992.

SANTOS, H. Uma teoria para a questão racial do negro brasileiro. A Trilha do Círculo Vicioso. *São Paulo em perspectiva*, Revista da Fundação SEADE, São Paulo, v. 8, n° 3, jul/set, 1994.

_____. Elenco de critérios básicos para uma política de AA na USP voltada para a população negra. São Paulo: out. 1996.

_____. Uma visão sistêmica das estratégias aplicadas contra a discriminação racial. In: MUNANGA, K. *Estratégias e políticas de combate à discriminação racial.* São Paulo: EDUSP, 1996.

_____. Apresentação. In: RIBEIRO, R. I. *Alma africana no Brasil.* Os iorubás. São Paulo: Oduduwa, 1997.

SILVA, D. M. Os afro-descendentes no Brasil hoje. Roma: In Poppoli, 1997 (no prelo).

SILVA, P. B. G. Socialização e formação da identidade: anotações para discutir a questão a partir do ponto de vista do Movimento Negro. In: TRIUMPHO, V. (org.) *Aspectos da negritude.* Rio Grande do Sul: Martins Livreiro/Ed. Porto Alegre, 1991, p. 185.

SOUZA, N.S. *Tornar-se negro*: as vicissitudes da identidade do negro brasileiro em ascensão social. Rio de Janeiro: Eds. Graal, 1983.

XAVIER, J. T. P. Considerações sobre o Congresso Continental dos Povos Negros das Américas. Artigo inédito, 1995.

ZOLLA, E. *The uses of imagination and the decline of the West.* Ipswich: Golgonooza Press, 1978.

AS RELAÇÕES ENTRE A ACADEMIA E A MILITÂNCIA NEGRA

*João Baptista Borges PEREIRA**

Talvez se possa, esquematicamente, distinguir três fases nas relações entre acadêmicos e militantes negros, após a proclamação da República: a primeira foi caracterizada pela absoluta falta de diálogo entre ambos; a segunda, pelo estabelecimento de um diálogo, cuja iniciativa coube aos estudiosos; finalmente, a terceira e atual fase em que acadêmicos e militantes procuram situar-se simetricamente uns em relação aos outros, embora com reclamações de ambas as partes.

Na primeira fase, nos começos da década de 10, os militantes negros, pelo menos em São Paulo, tinham como objetivo de suas lutas a conquista de espaços e visibilidade do grupo na sociedade brasileira. Para alcançarem tal objetivo usavam a "sua" imprensa – uma imprensa tipo "civilizadora" – que se propunha a ensinar os negros a se comportarem socialmente dentro de modelos da então classe média branca; daí a grande preocupação com a etiqueta, o modo de se vestir, a maneira de se comportar e com os padrões estéticos dos brancos (Pinto, 1993; Ferrara, 1986).

Por seu turno, a academia estava mergulhada naquela "conspiração do silêncio", frase que Arthur Ramos, na altura das décadas de 20/30, usou para expressar de forma feliz e sintética o desinteresse que os estudiosos revelavam pelo estudo do negro, logo após os trabalhos pioneiros de Nina Rodrigues no transcorrer dos séculos XIX e XX (Borges Pereira, 1987). Nesse período, a única e ignorada voz próxima do que se pode chamar atualmente de liderança se fez presente no trabalho do tipógrafo Manuel Querino, voz que não

---

* Professor da Universidade de São Paulo.

foi ouvida na época e só foi resgatada posteriormente por Ramos, na década de 30 (Querino, 1938). O próprio Arthur Ramos, autor a quem os estudos sobre o negro devem e muito, nunca se preocupou em dialogar com os negros para saber de suas reivindicações, suas aspirações, suas lutas, suas condições existenciais. Seus livros são, indiscutivelmente, feitos de pesquisas laboriosas e sérias, bem fundamentadas empiricamente. Porém, seus dados e reflexões dispensavam a interlocução direta que colocasse em primeiro plano o lado político do sujeito de suas investigações. Os dados chegavam-lhe através de alguns informantes, mas acima de tudo de uma profunda convivência com a população negra da Bahia, tal como fizera anos atrás seu mestre Nina Rodrigues (1945).

A segunda fase tem início, de forma sistemática, com Roger Bastide e Florestan Fernandes, na década de 50, em São Paulo, no famoso projeto da Unesco, que levou a cabo a recuperação das lutas dos negros na história recente do país, trabalho de resgate que continua até os dias de hoje (Bastide, Fernandes, 1959; Valente, Farah, 1984).

Naquele instante, o diálogo entre estudiosos e estudados se deveu à iniciativa daqueles sociólogos da USP, pois traziam as personalidades negras, transformadas em informantes-chave da pesquisa, para dentro da universidade. O depoimento de Florestan Fernandes, transcrito a seguir, revela com minúcias este procedimento, ou técnica de investigação:

> *"Não é caso de repetir aqui o que foi o desenrolar da pesquisa. Graças ao prestígio de Bastide na comunidade negra, contamos com uma maciça colaboração de negros e mulatos de várias categorias sociais e das diferentes gerações em contato. A primeira reunião foi celebrada na Biblioteca Pública Municipal, com uma massa notável de ouvintes e participantes. As demais foram realizadas no auditório da Faculdade de Filosofia, Ciências e Letras da USP. Tínhamos a intenção de coligir documentos pessoais, elaborados pelos próprios sujeitos. O nível médio de escolaridade e de maturidade intelectual mostrou que só alguns sujeitos estavam em condições*

de nos proporcionar os materiais desejados. Isso nos obrigou a uma tática rica de investigação. Substituímos o documento pessoal (mantido para um número pequeno de sujeitos) pela observação participante em situação grupal (o que aumentou o interesse daquelas reuniões e dos materiais estenográficos resultantes). E logo empreendemos reuniões paralelas com as mulheres (que se revelaram mais maduras que os homens na percepção da realidade ambiente) e com os intelectuais negros (que se tornaram também pesquisadores, elaborando estudos de casos especiais). Assim, tínhamos a grande reunião formal, de mês em mês; o seminário com as mulheres (de quinze em quinze dias) e o seminário com os intelectuais (todos os sábados, em uma associação cultural negra localizada na rua Formosa). A bateria de materiais era completada pelo recurso ao questionário, aplicado por estudantes; por entrevistas formais e informais (eventualmente, com sujeitos recrutados naquelas três situações); e pela observação direta de situações concretas e estudos de caso (sobre personalidades negras e mulatas; cortiços, bairros etc.). Os brancos e as barreiras raciais foram focalizados por recursos proporcionados por essas técnicas de investigação e pela colaboração de estudantes mais avançados na elaboração de estudos de caso (famílias tradicionais, empresas de grande e médio porte, serviços de seleção de pessoal etc.). A reconstrução histórica ficou sob meu encargo, com a elaboração de Renato Jardim Moreira; uma importante sondagem quantitativa sobre incongruências de atitudes e valores na esfera das relações raciais foi conduzida por Roger Bastide, com a colaboração de Lucila Herrmann. Os materiais referentes à lei Afonso Arinos, por sua vez, além de uma coleta paralela de opiniões e reações espontâneas, foram arrolados através de uma seqüência de debates."
(Borges Pereira, 1996)

A terceira fase, que é a atual, ganha corpo com o surgimento de uma intelectualidade negra ligada à academia e recrutada de uma classe média, já bem visível, que, independentemente ou não de movimentos organizados, procura manter forte esse diálogo, tomando às vezes a iniciativa, ao defender teses e colocar questões sobre o grupo negro nas agendas dos estudiosos. Nesse tipo de relação militância-academia, o negro deixa de ser apenas o informante de experiências históricas e cotidianas do seu grupo para ser até mesmo o condutor, direto ou indireto, da própria reflexão acadêmica. Ainda que timidamente já se encontra hoje, o que não ocorria (a não ser excepcionalmente) (Barbosa, 1997)[1] – na segunda fase: um negro que é ao mesmo tempo militante e acadêmico, que pode ser militante por que é acadêmico ou é acadêmico por que é militante. Esse novo tipo de relacionamento, com todas as suas nuanças e virtualidades, gera problemas e coloca questões novas tanto para a militância como para a academia. Transformá-lo num encontro fecundo e positivo para ambas, é um dever moral que a ambas se impõe.

Referências bibliográficas

BARBOSA, Irene Maria F. Enfrentando preconceitos. Campinas: UNICAMP/USP, 1997. (Coleção Tempo e Memória)

BASTIDE, R. FERNANDES, F. *Brancos e negros em São Paulo*. São Paulo: Cia. Ed. Nacional, 1959.

BORGES PEREIRA, J. B. Estudos antropológicos e sociológicos sobre o negro no Brasil. In: HARTMANN, T. COELHO, V. P. *Contribuições à Antropologia em homenagem ao professor Egon Schaden*. São Paulo: Museu Paulista/USP, 1987.

_____. A questão racial brasileira na obra de Florestan Fernandes. *Revista USP*, São Paulo, nº 29, 1996.

FERRARA, M. N. *A imprensa negra paulista*. São Paulo: FFLCH/USP, 1986.

---

[1]. Nesse estudo, a autora focaliza a trajetória excepcional do "negro Cesarino Junior, Professor Catedrático da Faculdade de Direito e da Faculdade de Economia e Administração (USP), e um dos fundadores da OIT".

NINA RODRIGUES, R. *Os africanos no Brasil.* 3.ed. São Paulo: Ed. Nacional, 1945.

PINTO, Regina P. *O movimento negro em São Paulo*: luta e identidades. São Paulo: FFLCH/USP, 1993. (Tese de doutorado)

QUERINO, M. *Costumes africanos no Brasil.* Rio de Janeiro: Civilização Brasiliense, 1938.

VALENTE, Ana Lúcia. FARAH, E. *Política e relações raciais.* São Paulo: FFLCH/USP, 1984. (Coleção Antropologia)

CAPÍTULO 6

AFIRMAÇÕES DA CULTURA NEGRA

NEGROS DE TODAS AS CORES
Capoeira e Mobilidade Social

Sonia Duarte TRAVASSOS[*]

Viena, Jerusalém, Chicago, Copenhague, Berlim, Milão, Londres, Lisboa, Barcelona, Nova Iorque, Melbourne, Honolulu... Essas são apenas algumas das centenas de cidades, espalhadas por cerca de cinqüenta países em todo o mundo, onde se ensina e se aprende capoeira atualmente[1]. Os anos 80 e 90 assistiram a um verdadeiro *boom* daquilo a que os folcloristas da primeira metade do nosso século se referiam como a nossa "forma nacional de luta" (Carneiro, 1982). Sobretudo nesses últimos 60 anos, com a volta da capoeiragem à legalidade, temos podido perceber cada vez mais e com maior nitidez os diferentes matizes nos usos e significados atribuídos à capoeira por segmentos sociológica e etnicamente bastante diferenciados da população. Mestres e capoeiristas em geral têm sido capazes de articular discursos de enorme riqueza e eficácia simbólicas, levando um saber e uma prática que nasceu em meio à população negra e escrava no Brasil, há talvez uns três séculos, para as camadas mais brancas e elitizadas de vários países nos dias de hoje. Praticada, sobretudo, por jovens, a capoeira parece fazer parte de um modo de vida particularmente interessante, por agregar indivíduos de camadas sociais, meios culturais e origens étnicas bastante diferenciados. É evidente, todavia, que essa condição não se dá senão através de uma lógica sociocultural sobre a qual é preciso indagar.

---

[*] Professora da Pontifícia Universidade Católica do Rio de Janeiro. Doutoranda pelo Programa de Pós-Graduação em Antropologia Social do Museu Nacional / UFRJ.

[1]. Dados parcialmente retirados de *Super Interessante* (1996).

Símbolos e signos os mais diversos podem ser acionados na hora de se enunciar a filiação a um ideário da capoeiragem ou de se contar aquilo que se pensa ser a sua "verdadeira" história. As músicas, as roupas, os apelidos, os instrumentos musicais, os locais dos treinos e rodas, tudo, enfim, é ou pode vir a ser utilizado não só para marcar diferenças nas visões que se têm da capoeira, como, no limite, para realçar distintas visões de mundo e marcar diferentes estilos de vida. Dividir a mesma roda de capoeira não quer dizer que o peso e o significado atribuídos a ela ou que a forma de expressá-la sejam sequer semelhantes. É um pouco sobre essas diferentes maneiras de se conceber e expressar a capoeira entre negros e brancos que estaremos tratando aqui. Nesse trabalho, especificamente, vou fazer referências aos capoeiristas que tenho acompanhado no Rio de Janeiro, assim como a algum material da imprensa e a trabalhos, de cunho acadêmico ou não[2].

No caso da capoeira é bastante comum, embora isso, absolutamente, não ocorra em todos os grupos, que os capoeiristas lancem mão de alguns traços diacríticos específicos, na tentativa de construção de uma identificação de caráter étnico negro. São elementos como camisetas com estampas de Bob Marley, calças e toucas nas cores do Congresso Nacional Africano (verde, vermelho e amarelo), cabelos rastafári, apelidos em dialetos africanos e vários outros. Evidentemente, a simples utilização de um ou mais desses traços não significa uma adesão a qualquer ideário em torno da causa negra ou algo assim. Da mesma forma, a não utilização desses símbolos não necessariamente aponta para uma falta de compromisso com as questões étnicas negras. Simplesmente o que se está chamando a atenção aqui é para o conteúdo dos discursos que enfatizam a etnicidade, assim como para as formas através das quais eles são comumente transmitidos no mundo da capoeira.

Os capoeiristas negros, a princípio, são detentores de características fenotípicas que, dentro da lógica do apelo à distinção étnica, pode depor a favor deles, pois, em virtude dessas marcas de origem, com freqüência veiculam que são eles os herdeiros

---

2. Essa comunicação faz parte de uma pesquisa em andamento para o curso de doutoramento no Programa de Pós-Graduação em Antropologia Social do Museu Nacional / UFRJ, sob a orientação do Prof. Dr. Gilberto C. A. Velho.

legítimos da tradição da capoeira. Não é tão incomum assim, no mundo da capoeira, encontrarmos discursos eivados de concepções biologizantes ou místicas, em algum sentido, onde se pensa poder passar uma dada tradição cultural arquetípica ou geneticamente. Um dos mestres que tenho acompanhado certa vez me disse:

> *"Você não pode ensinar capoeira dessa maneira que estão fazendo hoje, uma capoeira cartesiana, 1-2-1-2-1-2. Não existe movimento certo ou errado. Você tem que deixar vir de dentro do aluno o movimento que ele sabe, que está dentro dele, que veio geneticamente até ele. Você deixa ele livre e aquilo vem."*

Ainda um outro mestre, estudioso da capoeira, escreveu em um de seus livros:

> *"Creio que a única explicação é imaginar a capoeira como uma corrente através do tempo, cada jogador do passado e do presente sendo um dos elos: o aprendiz, ao imergir nessa verdadeira corrente energética, adquire uma força e um magnetismo que atraem pessoas e situações normalmente fora de seu alcance, muito além do que se esperaria, tendo em vista apenas as alterações ocorridas nele, como indivíduo."* (Capoeira, *1992, p.127*)

Como se vê, o que fica claro nessas falas, e em muitas outras, é uma visão substancializadora da capoeira, que faz inclusive com que muitos capoeiristas insistam para que eu participe dos treinos sob pena de não chegar jamais a compreendê-la em sua "essência". É como se eles a considerassem um fenômeno trans-histórico, para além das vicissitudes impostas pelo tempo, pelo espaço e pelos indivíduos concretos que a vivenciam. Não é que não tenham a percepção clara das mudanças pelas quais a capoeiragem já passou, mas acreditam que algo de essencial dela permanece. A alusão freqüente a uma certa "energia" ou "axé" presente nas rodas não parece ser senão a referência explícita a esse estatuto ontológico que conferem à capoeira.

Não é, certamente, à toa, que a memória da capoeiragem é alvo de tantas e tão ricas elaborações e disputas. É seu passado que se faz eternamente presente através de uma história ainda pouco documentada, possibilitando as muitas especulações acerca de suas origens, dos capoeiristas considerados ilustres ou das *maltas* e de suas lutas sangrentas pela cidade. Memória que pode ser, e com freqüência é, perfeitamente manipulada, não apenas em situações que escapam ao controle dos capoeiristas, mas também de forma absolutamente consciente e programada. Na medida mesmo em que essa memória da capoeira integra, tanto no nível individual quanto no coletivo, um sentimento de identidade, ela constrói uma sensação de unidade entre os capoeiristas, de continuidade no tempo e de coerência interna dos grupos. Baseando-se sempre no contraste de um "nós" em oposição a todos os virtuais "outros", a identidade dos capoeiristas e, por conseguinte, a memória da capoeira, é alvo de negociações e conflitos que visam definir os limites de atuação de cada indivíduo e de cada grupo[3].

Nesse sentido, se, por um lado, os grupos de capoeira podem, com ênfases variadas, constituir-se em unidades englobantes e altamente significativas para muitos capoeiristas, por outro, a figura dos mestres relaciona-se a posturas mais marcadamente individualistas, onde suas trajetórias pessoais ganham um relevo fundamental. Constituindo-se como uma espécie de mediadores entre uma "tradição" cultural secular e a modernidade, eles constróem e reconstroem a cada momento, para eles próprios e para os grupos, projetos de vida que se ancoram não apenas em suas biografias mas também nas genealogias às quais se dizem indelevelmente ligados. Ao remexerem no "baú de lembranças" da capoeira, os mestres e capoeiristas elegem alguns fragmentos e não outros e, numa espécie de "bricolage mnemônica", inventam, cada qual, a sua capoeira (Ver: Velho, 1994).

Desse modo, por exemplo, numa seção chamada justamente "Memória", de um periódico que se auto-intitula *A Revista dos Negros Brasileiros* (revista *Raça*, 1997), há uma matéria sobre a vida de um dos mais renomados mestres de capoeira, o negro

---

3. Uma discussão inicial sobre a construção social da memória foi feita em Travassos (1997). Trabalho final do curso *Métodos de análise em Antropologia Social*, ministrado pelo Prof. Dr. Gilberto Velho.

AFIRMAÇÕES DA CULTURA NEGRA

baiano Pastinha. Ele, juntamente com outro baiano, mestre Bimba, são pontos de referência fundamentais na construção das linhagens dos capoeiristas dos dias de hoje. Na referida reportagem faz-se uma rápida alusão a um africano que teria lhe ensinado a capoeira no início desse século, no que se segue uma lista de nomes de mestres hoje famosos que foram formados por Pastinha, dando continuidade a uma certa "tradição" da capoeira. O que a matéria procura enfatizar é a luta de um negro na preservação de um bem cultural de origem negra. O fato de ter-se aprendido capoeira com um dos dois, Pastinha ou Bimba, ou mesmo apenas de se ter jogado capoeira com um deles alguma vez, constitui-se num fortíssimo argumento de autoridade entre os mestres. Em geral o tom das falas a eles referidas é a um só tempo de reverência e nostalgia. A época, nem tão distante assim, do auge de suas atividades como capoeiristas, aparece, então, como muito mais prazerosa e feliz do que a dos dias atuais. É assim que numa outra matéria de um jornal exclusivo sobre a capoeira (*O berimbau*, 1996), o entrevistador de um dos alunos e sucessores de mestre Bimba, assim apresenta o entrevistado ao público leitor:

> *"Poucas pessoas tiveram a oportunidade de vivenciar a capoeira com todas as suas 'mumunhas' em uma época áurea, e ter a oportunidade de conviver com um dos maiores nomes que a capoeira já teve, que foi mestre Bimba. Um dos poucos que viveram isso foi o conceituado mestre Itapoan." (p.3)*

Mas o curioso é que não são apenas os capoeiristas negros que podem se ver e ser vistos como aqueles que têm a capoeira na sua "memória corporal" (Tavares, 1984). São "negros" de todas as cores que, dependendo do contexto, podem se dizer atavicamente ligados a uma ancestralidade negra africana. Assim, indivíduos normalmente considerados brancos, podem em nome, por exemplo, de uma nacionalidade brasileira comum, construir uma forte identificação étnica negra. O mestre e presidente de um dos maiores grupos de capoeira do país, com sede no Rio de Janeiro, sem qualquer dúvida, branco, expressa claramente sua identificação com as manifestações culturais de origem negra africana, embora sua argumentação final aponte para o Brasil como o berço da capoeiragem. Ele diz:

> *"A minha identificação com a cultura negra é muito grande, eu fui criado no interior da Bahia, onde os costumes africanos eram muito fortes. Quando fui para Salvador, fui morar na Liberdade, o maior bairro negro de Salvador. (...) Nós somos um povo mestiço. Possuímos maiores informações do europeu e do índio; da África, só temos o imaginário. Uma viagem até lá possibilita um melhor entendimento do que significa este sangue africano em nossas veias. Nossa alegria, nosso misticismo, nosso lado emocional tão exacerbado, o aconchego e o suingue do povo, o nosso jogo de cintura, tudo isso é África."* (Jornal da Associação Brasileira de Apoio e Desenvolvimento da Arte Capoeira, *1996*)

Aqui também pode-se perceber como é atribuído um caráter imanente a certas qualidades morais e comportamentais de um povo ou raça. A mestiçagem ocorrida já em solo brasileiro teria, então, segundo o mestre, possibilitado a passagem dessas qualidades via sangue, para o todo da sociedade, não importando a essa altura quão branca ou mestiça ela seja. A lógica aqui é clara: se somos todos mestiços, temos todos um pouco de sangue negro nas veias, o que torna legítimo para todos nós a prática dessa invenção dos negros.

Ocorre que o interessante é que parcela significativa dos capoeiristas vive exatamente das aulas de capoeira que dá em academias, em colégios particulares, em clubes e em espaços não oficializados. Esse é o trabalho deles, trabalho que depende de uma clientela disposta a pagar o custo das aulas. Desse modo, esse discurso que atribui aos negros o verdadeiro saber sobre a capoeira não se constrói senão sob o signo da ambigüidade. Como se poderia ensinar algo que está inscrito no sangue, nos corpos e nas mentes de uns e não de outros? É assim que a ginga, a malícia, a malandragem, a esperteza, a manemolência, o jogo de cintura, enfim, a mandinga, essa representação tão cara aos capoeiristas sobre eles próprios, têm de tornar-se o conteúdo mesmo das aulas. Conteúdo, é bem verdade, sobre o qual não se fala ou fala-se muito pouco, numa linguagem pedindo para ser decifrada: "Quebrem o corpo; acabem com esses movimentos retilíneos." "Não faz que nem ginástica olímpica não; bota molho no movimento." "A ginga tem que ser bonita; não vai gingar que nem robô não." E é evidente, por outro lado, que essas frases enigmáticas são enunciadas em meio a exaustivos treinos, onde técnicas corporais elaboradíssimas são repetidas numa mimese que parece não ter fim. Técnicas que precisam, de alguma forma, ser incorporadas ao ponto de que já não se tenha delas consciência ou sobre elas não se consiga mais refletir.

Compondo esse quadro de reafirmação e valorização permanentes de uma identidade negra da capoeira, outras manifestações culturais com freqüência vêm juntar-se a ela. Tem-me parecido até agora que quanto mais os membros de um determinado grupo pertencem às camadas mais elitizadas e, por conseguinte, mais brancas da população, mais a capoeira aparece como um bem cultural isolado. Por outro lado, entre os indivíduos mais pobres e mais negros, a tendência é que ela seja praticada, pelo menos, junto com o maculelê e o samba de roda, como numa festa em Acari, subúrbio distante do Rio de Janeiro, onde quase todos eram negros e certamente a maioria vivia uma situação de pobreza. A capoeira acabou depois de horas e a roda sequer se desfez, sendo imediatamente invadida por rapazes que dançaram o maculelê e, ato contínuo, foi tomada pelo samba de roda de homens e mulheres.

O que não impede, por outro lado, a existência de casos como o de um mestre negro que dá aulas para alunos, quase em sua totalidade brancos e filhos de camadas médias e altas, e que inclui, por conta própria, no meio das aulas de capoeira, o maculelê. Esse mestre tem claramente definido para ele, e explicita isso sempre que pode, que é preciso divulgar a cultura negra. Aliás, uma das rodas mais divertidas e interessantes que tive oportunidade de assistir aconteceu numa pista de patinação no final da praia do Leme, Zona Sul da cidade, puxada por ele e por um outro mestre. Ela foi marcada para as 16 horas de um domingo, horário sabidamente freqüentado por um grande número de pais com seus filhos. A movimentação dos capoeiristas na preparação dos instrumentos, por si só, já chamou a atenção de todos ali. Não por acaso, o mestre iniciou a roda chamando primeiro as crianças que são alunas de um dos seus alunos, o que só fez aumentar a curiosidade e o encantamento geral. Além disso, convidou as crianças assistentes a brincar de capoeira com as que estavam na roda. Somente depois delas, os rapazes e moças começaram a entrar na roda. Nesse momento, enquanto os adultos faziam suas performances e o público ainda se sentia inebriado com a apresentação dos pequenos, o mestre percorreu a multidão em volta distribuindo panfletos com o reclame de seus treinos. Uma verdadeira aula de *marketing* que ele me disse necessária para a divulgação e sobrevivência da capoeira.

Pode-se perceber também uma tendência de longa data no sentido da normatização e da esportização por parte de certos segmentos da capoeira. O caso das roupas parece ilustrar bem esse movimento, nada homogêneo, que alguns acusam de "lamentável processo de institucionalização da capoeira" (Lopes, 1996). O que eu tenho visto é que os grupos majoritariamente brancos e mais elitizados tendem a dar outro tratamento a essa questão de uniformes para a prática da capoeira. Há como que a produção de um estilo entre eles que procura demonstrar uma certa despreocupação com a indumentária e, assim, o uso de roupas bem largas, surradas ou sem bainha é bastante comum. A capoeira, nessa vertente, parece fazer parte de uma certa "cultura alternativa" ou de "contracultura", ou ainda de "resistência ao sistema", como me disse um dos mestres. Já entre os grupos que valorizam mais o componente étnico negro, a preocupação com as roupas e uniformes visivelmente se acentua e as pessoas usam mais aquelas calças brancas de cós baixo, o abadá, e as camisetas com estampas dos seus próprios grupos. A hipótese para mim é que essas diferentes posturas no que diz respeito ao modo de se trajar tem algo a ver com a possibilidade de mobilidade e ascensão por parte dos que estão mais embaixo na escala social. Não estou dizendo com isso que os negros lidam com a capoeira de uma forma mais profissional ou organizada, mas sim que os indivíduos pertencentes às camadas mais baixas da sociedade – e, sem dúvida, os negros e mestiços aqui estão em maior número – tendem mais a ter na capoeira um modo de sobrevivência e mesmo de mobilidade social. Daí a preocupação com uma certa apresentação de si que se assemelha com aquela da esfera do trabalho. O que não anula, por outro lado, a existência de alunos das camadas sociais mais altas que também buscam a profissionalização através da capoeira.

A questão da crescente mobilidade, referida aqui no início, tem a ver com ascensão social, mas também com um certo trânsito entre diferentes meios culturais. Nesse sentido, revestem-se de enorme importância as redes sociais formadas em torno da capoeira. Os mestres ou professores que conheço e que já estiveram fora do país por algum tempo, ou mesmo aqueles dos quais só sei indiretamente, via de regra migraram através de uma verdadeira rede de contatos, aqui e lá fora, que costuma colocá-los em seminários e palestras sobre a capoeira, ou em *shows*, desses que os estrangeiros gostam de ver sobre culturas "exóticas" como a nossa, e que misturam samba, mulatas, capoeira e Carmem Miranda. Um exemplo desse contato permanente, via capoeira, entre os que permanecem no Brasil e aqueles que estão fora, pode ser visto no comentário do cronista do jornal *A Notícia*:

> *"Chega mais um número do jornal 'IÊ', publicado na França, por mestre Iran Custódio e pela jornalista Ana Lúcia C. Magalhães. Recomendamos a leitura, sobretudo, pelo paladar ecumênico, abrindo espaço para todo e qualquer estilo de capoeira. São excelentes matérias sobre a Capoeira Angola, Regional, Abadá etc., enfatizando o crescente interesse do europeu pela brasileira arte da capoeiragem."*

Alguns capoeiristas, em circunstâncias das quais ainda sei pouco, acabam conseguindo ficar em outros países, estabelecendo residência e local fixo de trabalho, ensinando capoeira em academias e em universidades. Parece bastante comum, por outro lado, o trânsito desses migrantes entre diferentes países, inclusive voltando ao Brasil periodicamente. Um dos casos mais curiosos, nesse sentido, é o do mestre que tem feito, juntamente com sua equipe, sucessivas viagens à África não só para levar a capoeira como também para pesquisar suas origens mais remotas. Justamente a África, reiteradamente anunciada como o berço da capoeira, não a conhece, segundo ele, tal como vem sendo praticada aqui. Assim, diz o mestre, "já estive lá em 1992 e encontrei diversos rituais ligados a lutas e danças, mas nada semelhante ao que existe no Brasil. A capoeira engravidou na África mas nasceu aqui." (*Jornal do Brasil*, s/d).

Essa discussão sobre as origens da capoeira e, conseqüentemente, sobre quem tem a "verdadeira mandinga" correndo em suas veias, já é bastante recorrente entre os grupos aqui mesmo no Brasil. Quanto a essa necessidade que os grupos têm de marcar suas diferenças soma-se o fato de se estar no estrangeiro, a ênfase na brasilidade da capoeira tem parecido se acirrar. Isso tem aparecido num material já bastante grande que tenho pesquisado nas páginas gráficas da rede mundial de computadores, a Internet. Essas páginas contêm não somente os endereços onde muitos mestres brasileiros dão aulas, com os horários e preços das mesmas, assim como textos explicativos sobre a capoeira. Quase que em sua totalidade eles remetem aos primórdios da escravidão negra no Brasil, quando não à própria África de tempos imemoriais. Ou seja, a proposta de ensino da capoeira para quem na origem nada tem a ver com ela, não se dá senão sob a reafirmação permanente de "ela é coisa nossa", aqui misturando-se as identidades étnicas e nacionais de forma bastante complexa. Os "exóticos" somos nós, brasileiros e negros de todas as cores, o que nos confere o direito de exclusividade sobre a mandinga da capoeira. A diáspora brasileira que se verifica hoje no mundo talvez passe, em boa medida, pela divulgação e ensino da capoeira nesses termos. Através dela, centenas de brasileiros têm saído do país vendendo um dos nossos produtos mais "autênticos".

Referências bibliográficas

CAPOEIRA, Nestor. *Capoeira*: os fundamentos da malícia. Rio de Janeiro: Record, 1992.

CARNEIRO, Édison. *Folguedos tradicionais*. Rio de Janeiro: Funarte, 1982, pp. 113-20.

ENTREVISTA de Mestre Camisa. *Jornal do Brasil*, Rio de Janeiro, Revista Domingo, s.d., p. 16.

ENTREVISTA de Mestre Camisa. *Jornal da Associação Brasileira de Apoio e Desenvolvimento da Arte Capoeira*, Rio de Janeiro, ano I, n° 2, agosto de 1996, p. 5.

JORNAL O BERIMBAU, Rio de Janeiro, dezembro de 1996, p. 3.

LOPES, André Luiz Lacé. Sinhozinho. *Jornal dos Sports*, Rio de Janeiro, 25 de fevereiro de 1996, p. 10.

REVISTA RAÇA, Rio de Janeiro, ano 2, n° 12, agosto de 1997, pp. 96-97.

SUPER INTERESSANTE, Rio de Janeiro, ano 10, n° 5, maio de 1996, pp. 46-57.

TAVARES, Júlio César de Souza. *Dança de guerra*: arquivo-arma. Brasília: UnB/Dept. de Sociologia, 1984. (Dissertação de mestrado)

TRAVASSOS, Sonia. *Do caráter social da memória*. Rio de Janeiro: PPGAS/MN/UFRJ, 1997.

VELHO, Gilberto. Memória, identidade e projeto. In: _____. *Projeto e metamorfose*: antropologia das sociedades complexas. Rio de Janeiro: Jorge Zahar, 1994.

A MÚSICA NO PROCESSO DE LEGITIMAÇÃO DA CULTURA NEGRA CONTEMPORÂNEA

Antonio Jorge Victor dos Santos GODI [*]

Em entrevista a um dos mais lidos jornais da Bahia, o músico, compositor e cantor Lulu Santos afirma que a música negra está entre as grandes invenções do século XX (jornal *A Tarde*, 1996). O artista brasileiro, reconhecidamente um fusicionista *pop* de sucesso em seu país, acostumado a beber nas fontes cristalinas da música negra internacional e ultimamente de ouvidos abertos para as raízes musicais locais, em nada exagera. Curiosamente, outros artistas da mesma geração elétrica do *pop-rock* brasileiro, a exemplo de Lobão e Fernanda Abreu, da antiga Banda Blitz, têm se dobrado à irresistível sedução do samba, mesclando esse estilo emblemático de nossa tradição às falas afro-musicais mais insinuantes da contemporaneidade. Esses fatos são, em si, reveladores da importância social que a música negra conquistaria no século XX, representada pelas raízes multiplicadoras do samba brasileiro, da salsa caribenha, das expressões americanas do *jazz, blues, rhythm and blues, rock, soul, funk, rap*, e ainda do *ska, ragga* e *reggae* jamaicanos e, por que não dizer, do *samba-reggae* e da *axé-music* da Bahia.

Esses estilos estético-musicais têm se constituído em espoletas sociais prioritárias na explosão comportamental da cultura mundializadora do século em final de curso. O sucesso planetário de expressões já consagradas da música negra norte-americana e o recente surgimento e cristalização da denominada *World Music* no mercado discográfico internacional, representada pelas falas musicais dos *ethos* de culturas não-européias têm nas expressões de origem africana uma forte presença. Se levarmos em conta o

---

[*] Professor da Universidade Estadual de Feira de Santana.

poder e a importância que a música, enquanto expressão estético-comportamental e principalmente como produto cultural, conquistou no decorrer desse século, poderemos deduzir o quanto a mesma tem sido determinante para o reconhecimento e legitimação da cultura negra nos últimos tempos. Afinal, no cerne das escolas acadêmicas de caráter social e humano, os descendentes de africanos que até final do século passado habitavam o mundo dos "senhores" na condição de "escravos", sob o estigma de produtores de uma cultura inferior, construíram ao largo do último século expressões culturais que seriam legitimadas e adotadas por descendentes desses mesmos "senhores"; e a música foi e tem sido a fala primordial dessa virada social durante o século XX.

Segundo as proposições contemporâneas de Rodrigues (1990), o processo de legitimação dos sujeitos sociais se opera na dimensão da "esfera pública", onde "o jogo das interações sociais ganha visibilidade". Como nosso foco de atenção é a música negra e seus variados desdobramentos estético-comportamentais, supomos que o processo de sua legitimação social relaciona-se também a uma crescente auditibilidade e conseqüente perceptividade de suas ações sócio-rituais, como conseqüência de uma crescente inserção de novas possibilidades tecnocomunicacionais. Quanto a isso, ressaltamos que McLuhan (1969) dissecou o século XX com uma análise histórica contundente sobre o surgimento de dispositivos tecnocomunicacionais a determinarem mudanças cruciais tanto no homem de seu tempo quanto nos ambientes de sua sociabilidade, apontando para o surgimento de uma "era eletrônica". Chama a nossa atenção que, ao estudar a insurgência do cinema, do rádio e do fonógrafo, o autor dedique grande interesse ao *blues, ragtime* e *jazz*, expressões emblemáticas da música negra norte-americana.

Aliás, o cruzamento teórico entre música, tecnologia e sociedade já havia sido ventilado em 1938, num relato acadêmico de Theodor W. Adorno (1983a), um dos protagonistas da reconhecida Escola Filosófica de Frankfurt, pioneira na discussão da chamada "comunicação de massas". O mesmo autor retomaria esse cruzamento ao apontar uma discussão que indicaria a expressão musical como possível foco de análises e estudos de uma sociologia explicativa de seu tempo, com um texto de 1959 (Adorno, 1983b).

Importante informar que a "música ligeira" a que se referia Adorno era representada pelo *jazz* negro americano, que inusitadamente transitaria com sucesso dos espaços públicos das multidões carnavalescas de New Orleans para uma infinidade de lugares oportunizados pela dimensão elétrica da indústria de comunicação de massas.

Estudos mais recentes – a exemplo do trabalho de Billard (1990) sobre a construção cotidiana da estética do *jazz* americano, e ainda o relato histórico sobre o movimento da cena sociocomportamental dessa mesma presença, escrito por Eric J. Hobsbawm (1990), ambos editados em 1989, respectivamente na França e na Inglaterra, e rapidamente traduzidos e publicados no Brasil – revelam que na última década do século XX, o interesse pela música negra vem aumentando substancialmente no que diz respeito a sua influência estética e comportamental, e também no que se refere ao foco analítico que a academia vem dedicando à mesma. Logo, a ambição teórica de Adorno com vistas a uma maior compreensão do social, a partir da música, tem sido adotada por estudiosos contemporâneos, não só visando expressões que se legitimariam na emergência de uma cultura eletrônica mediatizadora com o surgimento do mercado discográfico e radiofônico, a exemplo do *jazz*, mas também de olho nas falas musicais recentes da chamada diáspora negra.

Sobre esse último ponto, o ambicioso estudo de Constant (1982), enfocando as fontes e a contemporaneidade do *reggae* jamaicano, hoje um estilo de música negra, que tem seu pertencimento em *loci* variados do planeta, é para além de interessante, exemplar e, conforme arriscamos anteriormente também, revelador e sintomático do papel que a música tem representado para a aceitação social da cultura negra. Nessa mesma direção o trabalho de Davis e Simon (1983) é outro exemplo de estudos sobre a fala estético-musical do *reggae*, no que diz respeito à sua importância no processo de legitimação social da cultura negra. O exemplo do *reggae* é duplamente significativo, haja vista que além de representar uma forma estética composta por elementos afromusicais tradicionais e contemporâneos, expressa em suas letras um discurso social que aponta para a luta de emancipação do negro, ressaltando sua história e seus valores culturais. Isto pode ser especialmente verificado na formatação fundadora do *reggae roots* jamaicano, que tem em Bob Marley, Peter Tosh, Denis Brown, Burning Spear, Rita Marley, Burning Waillers, entre outros, seus principais representantes.

No Brasil, o estudo de Silva, C. (1995), apontando o *reggae* como elemento essencial na construção de uma identidade negra na dimensão do lazer e da cultura na capital do estado do Maranhão, é um outro exemplo. Infelizmente não existe aqui espaço para uma análise mais substanciosa do conceito de identidade no contexto contemporâneo abordado pelo autor brasileiro. Nesse sentido, a noção de pertencimento e cumplicidade que o conceito de identidade expressa, ganharia um novo redimensionamento nessa ambiência eletrônica de fim de século, que é de uma certa forma desprezada pelo autor. Pode-se levar em conta também que a presença do *reggae* em Salvador, não só proporcionou um certo sentido de pertencimento à distância como influenciou o surgimento de novas mesclagens afro-carnavalescas, a exemplo dos blocos afro-carnavalescos Muzenza do Reggae e Amantes do Reggae, assim como uma inusitada fruição musical que oportunizaria a construção do *samba-reggae* soteropolitano, que teria no Olodum um de seus protagonistas históricos (Godi, 1997).

Estudos recentes têm constatado a importância da música na construção de uma nova etnicidade negra em nossos tempos. Sansone (1991), por exemplo, produziu um interessante artigo discutindo o surgimento de uma "subcultura negra" elaborada por jovens "creoles" descendentes de surinameses oriundos de "classe baixa em Amsterdam". E segundo o autor, a expressão musical do *reggae, do hip-hop* e do *rap* foram determinantes para a emergência desse fenômeno, não só proporcionando estilos comportamentais de vida como oportunizando a criação de ajuntamentos sociais alternativos e inesperados. Silva, S. (1995) aponta para uma determinada "sociabilidade e identidade", a partir da presença inusitada de uma festa *funk* no bairro suburbano de Periperi, na capital baiana. Para a autora, "não se pode afirmar que a identidade étnica e de classes seja determinante no que diz respeito ao sentimento de pertencimento do grupo". Haja vista que durante a festa os mesmos não assumem conscientemente estas identidades, "embora seja impossível dissociá-los da sua identidade de cor e da condição de serem moradores do subúrbio".

Connor (1989), preocupado em mapear as novas produções acadêmicas da contemporaneidade, destaca o trabalho de Dick Hebdige, que, estudando a música caribenha, aponta os estilos do *ska, dub, rap* e *hip-hop* como oportunizadores de uma certa afirmação da "identidade cultural de grupos sociais subordinados", assim como a presença elétrica do *rock* e do "cosmopolitismo das ondas radiofônicas" como a "personificação da mobilidade cultural pós-moderna" (Dick Hebdige apud Connor, 1989). Nessa linha, pode-se questionar se diante de um novo contexto social – marcadamente cosmopolita e eletrônico – os conceitos de *classe* e *identidade* não carecem também de um cuidadoso redimensionamento epistemológico?

Cosmopolitismo e pertencimento eletrônico no Brasil

Eric Hobsbawm, em um estudo recente, afirma que a expressão estético-comportamental do *rock* é indicadora de uma "nova autonomia da juventude como uma camada social separada" (Hobsbawm, 1995). Ou seja, para o autor, a disseminação social da fala musical identificada como *rock* no seio da juventude, poderia indicar que desde a década de 50 até a contemporaneidade, os paradigmas de uma representação teórica da estrutura social se deslocariam do econômico-social para o estético-social e, mais que isso, para o etário-social: "os jovens das classes alta e média (...) que cada vez mais dava a tônica global, começaram a aceitar a música, as roupas e até a linguagem das classes baixas urbanas (...) como seu modelo." Para o autor, o *rock* e seus desdobramentos, inicialmente "dirigidos aos negros pobres dos EUA", passariam progressivamente a se tornar "o idioma universal dos jovens, e notadamente dos jovens brancos" (Hobsbawm, 1995).

Hobsbawm acrescenta ainda que "essa guinada para o popular", por parte de jovens bem situados na escala econômica das sociedades ocidentais, teria eco também no "Terceiro Mundo, como a defesa do samba pelos intelectuais brasileiros", citando, como exemplo, a obra de Chico Buarque de Holanda, indiscutivelmente um defensor e disseminador da estética comportamental do samba, apesar de ser descendente de uma família reconhecidamente intelectual e socialmente bem estabelecida (Hobsbawm, 1995). O que o autor parece desconhecer é que, no Brasil, a adoção da música afro-brasileira pelas camadas médias da sociedade faz parte de uma história que é anterior à geração musical de Chico Buarque de Holanda. Afinal, com base nos relatos antropológicos e historiográficos produzidos no Brasil, pode-se verificar que desde o início da colonização até a construção de uma nação brasileira, a música dos africanos e seus descendentes, não só produziria mesclas estético-sociais inusitadas como se legitimaria a ponto de se transformar num dos maiores emblemas culturais dessa mesma nação.

Longe de recusarmos as proposições teóricas de Hobsbawm, somos levados a afirmar que no Brasil da década de 60, época da emergência do sucesso de Chico Buarque de Holanda e de outros cantores e compositores jovens, a exemplo de Paulinho da Viola, o samba já havia se legitimado e consolidado, a ponto de se constituir numa espécie de tradição moderna da então denominada Música Popular Brasileira (MPB). Adalberto Paranhos, discutindo "a tradição e a contemporaneidade na MPB", ressalta que as influências da música negra americana nas décadas de 50 e 60 no Brasil, em particular do *jazz*, motivam o surgimento de novas mesclagens musicais, a exemplo da bossa nova. Isto, segundo o autor, geraria um acirrado debate entre os velhos defensores da tradição do samba e da MPB e os jovens criadores da nova leva musical, que tiveram em João Gilberto, João Donato e muitos outros seus principais protagonistas. Para Paranhos,

> *"tradição e contemporaneidade, nacionalismo ou cosmopolitismo tiveram suas relações refeitas ou desfeitas no período posterior à bossa nova (...) Sem perder de vista que, com freqüência, ambos estão fundidos no presente, a tradição compondo também as paisagens contemporâneas e o velho integrado, de algum modo, ao novo." (Paranhos, 1990)*

No que se refere à trajetória de legitimação da música afro-carnavalesca baiana, a aplicação de uma dualidade teórica apontando para uma relação de circularidade entre "o velho e o novo", ou a tradição e a contemporaneidade, é pertinente e francamente observável na presença atual do sucesso da *axé-music*, do *samba-reggae* e dos atuais grupos de samba, reconhecidos no mercado discográfico como a nova música baiana. Mas, voltemos à luta estética-social, e por que não dizer também etária-social, que tomaria novas proporções no ambiente cultural brasileiro da década de 60, com o surgimento e sucesso do movimento musical denominado Jovem Guarda e posteriormente com o movimento Tropicalista, encabeçado por artistas baianos. E aí é possível reconhecer a expressão estética do *rock,* representando uma geração marcada por um ambiente eletrônico a reafirmar as proposições teóricas de McLuhan, assim como as proposições de Hobsbawm no que diz respeito ao fortalecimento e autonomia social da juventude nas últimas décadas. Enfim, novas fruições culturais revelariam a existência de novos sentidos de convivência e partilhamento social.

Novos sentidos e concepções teóricas na paisagem soteropolitana

Os escritos contemporâneos de Risério (1981) têm destacado a música e a estética comportamental afro-baiana como elementos essenciais na construção de um sentido e noção de baianidade que guardam conexões entre a tradição, o cosmopolitismo, a juventude e a ambiência eletrônica. O autor demonstra que, a partir da década de 70, a juventude negra de Salvador inventa os blocos afro-carnavalescos, com a criação do Ilê Aiyê, instalando uma tradição recente na ambiência soteropolitana. Esse fenômeno étnico e estético-social, apontado pioneiramente pelo visionário escritor baiano, desdobrar-se-ia nas décadas seguintes – como podemos atualmente testemunhar – oportunizando o sucesso da música afro-carnavalesca através da *axé-music* e do *samba-reggae*. Isto, numa dimensão em que a tradição afro-brasileira namoraria as falas sonoras afro-internacionais e conquistaria um sucesso musical, para além de seu território.

Demonstrar que a reconhecida legitimação da cultura negra na ambiência contemporânea, e especialmente o sucesso alcançado pela música de origem afro-carnavalesca, seria resultado do cosmopolitismo e da disseminação de variáveis tecnocomunicacionais a determinarem uma nova sociabilidade em Salvador não representa exagero. Vale lembrar também que, a partir de fins da década de 60, a capital da Bahia, não só atravessaria mudanças radicais na sua estrutura urbana, através da construção das avenidas de vales[1], como conviveria com a abertura de um mercado de trabalho, através da implantação do Centro Industrial de Aratu e do Pólo Petroquímico de Camaçari. Esses acontecimentos metropolizariam mais a morna e lenta cidade de Salvador, assim como oportunizariam o surgimento de um número maior de consumidores ávidos pelas novidades tecnológicas que o comércio da época passa a oferecer.

Pode-se considerar que tudo isso proporciona o crescimento de um mercado radiofônico, discográfico e ainda televisivo, que colocaria Salvador numa dimensão sócio-relacional de ordem mais eletrônica, onde os sentidos existenciais se transformariam substancialmente. Quanto a isso, a compreensão de tradição que sustenta a presença contemporânea de uma estética negra de sucesso guarda explicação em uma história recente que tem nos herdeiros das *escolas de samba* baianas, a saber, os *blocos de índios* e os *blocos afros* da década de 70, suas instituições heróicas e míticas originárias (Godi, 1991). Vale lembrar que essas agremiações se caracterizaram por uma vasta produção de músicas inéditas e originais, criadas e interpretadas por compositores e cantores que alimentaram o repertório do samba nacional, a exemplo de Batatinha, Ederaldo Gentil, Nelson Rufino, Edil Pacheco, Tião Motorista, Riachão, Panela, Balbino do Rojão, Chocolate da Bahia, Roque Fumaça, Celso Santana, Almir do Apache, Zé Pretinho, só para citar alguns artistas populares que triunfaram nas quadras de ensaios e nas festas carnavalescas desse período.

Nesse novo ambiente, pode-se constatar que o sentido de lugar que, até fins da década de 60, motivava a criação de entidades afro-carnavalescas com a finalidade de representar e defender simbolicamente o território social de seus bairros, tenderia gradativamente a se dissolver nas décadas seguintes. Curiosamente, hoje as agremiações carnavalescas já não carregam em seus

---

1. Chamam-se "avenidas de vales" as novas avenidas implantadas na gestão do então prefeito Eduardo Magalhães.

nomes referências aos seus territórios de origem, como as antigas escolas de samba que triunfaram na década de 60: Juventude do Garcia, Filhos do Tororó, Diplomatas de Amaralina, Filhos da Liberdade etc. Ou ainda, os blocos de índios, presenças de sucesso popular no carnaval da década de 70: Caciques do Garcia e Apaches do Tororó, só para citar os historicamente mais importantes e expressivos. Afinal, o Ilê Aiyê do Curuzu, o Olodum do Pelourinho, o Malê de Balê de Itapoã e o Araketu de Periperi, representações cruciais da atual presença afro-carnavalesca, não ostentam em seus nomes os seus lugares originários, e isso é um dado revelador.

Por outro lado, pode-se perceber que tanto a festa carnavalesca quanto a sociabilidade soteropolitana conviveram com mudanças radicais nas últimas décadas, haja vista que a estética do carnaval se deslocou de seu período tradicional para todo e qualquer tempo do calendário baiano. E, por que não dizer, para todo e qualquer lugar do território brasileiro, com a exportação do carnaval baiano para Fortaleza, São Paulo, Recife, Brasília etc. Quanto a isso, deve-se levar em conta que a disseminação elétrica do sucesso da música baiana tem sido a vertente exponencial desse fenômeno propiciador de novas temporalidades e espacialidades da estética carnavalesca baiana. E, antes de tudo, que os mercados discográficos e radiofônicos se constituem em variáveis cruciais desse acontecimento. Logo, é urgente estudar a implantação desses mercados em Salvador e a importância dos mesmos na constituição de uma contemporaneidade que aponta para novos sentidos de tempo e território (Harvey, 1989).

Paradoxalmente, apesar da cultura negra ter alcançado uma indiscutível legitimação social nos últimos tempos, tendo a música como principal alavanca, não se pode afirmar que esse fenômeno tenha propiciado uma ampla ascensão social dos segmentos negros, considerando que no novo contexto a ascensão se dá de forma acelerada e particularizada. Ou seja, tanto acontece rapidamente quanto particulariza poucos atores afro-sociais, geralmente relacionados à dimensão do esporte e do lazer, na qual se incluem o mercado do futebol e da música. De qualquer sorte, é importante apontar o poder de aceitação e legitimação alcançado pela cultura negra, ressaltando o papel social da música enquanto poderosa moeda de negociação cultural nesse processo.

Para além da discussão sobre o movimento de uma ascensão social verticalizada, com base num modelo estrutural piramidal, urge perceber também a importância de uma certa dinâmica social horizontal que o mercado do lazer, particularmente da música, tem proporcionado aos atores sociais negros, no que diz respeito à crescente mobilidade de suas presenças e de sua cultura. Esse dado não deve ser desprezado, uma vez que o campo mediatizado da contemporaneidade se apresenta como "uma entidade abstrata e onipresente, cujo horizonte não é o de um território concreto de pertença, mas uma espécie de diagrama constituído sob a forma de uma rede de circulação informativa" (Rodrigues, 1990), configurando de forma decisiva a importância de uma mobilidade social, de ordem horizontal e comunicacional, com base na circulação de produtos culturais e informacionais, sustentados pela determinante presença de dispositivos eletrônicos onde o produto musical poderosamente se inclui.

Finalizando, é importante chamar a atenção para o fato do contexto contemporâneo, seja local ou mundial, exigir um exercício teórico que contemple uma realidade em que novas variáveis remetem nossos estudos na direção de paradigmas que se compatibilizem com essas novas paisagens sociais. Nesse sentido, conceitos como classe social, estrutura social, ascensão social e identidade social e cultural devem ser revistos e redimensionados na atual conjuntura histórica. Afinal, segundo a clássica teoria do conhecimento, o homem e o conhecimento por ele produzido são caracteristicamente dinâmicos e contínuos, logo factíveis de mudanças profundas e de direções inusitadas.

Referências bibliográficas

ADORNO, Theodor W. Fetichismo na música e a regressão da audição. In: *Os Pensadores*. São Paulo: Abril, 1983a, pp. 164-191.

_____. Idéias para a sociologia da música. In: *Os Pensadores*. São Paulo: Abril, 1983b, pp. 260-268.

BILLARD, François. *No mundo do jazz*: das origens à década de 50. São Paulo: Companhia das Letras,1990.

CONNOR, Steven. *Cultura pós-moderna:* introduções às teorias do contemporâneo. São Paulo: Loyola, 1989.

CONSTANT, Denis. *Aux sources du reggae:* musique, société et politique en Jamaique. Marseille: Parentheses, 1982.

DAVIS, Stephen. SIMON, Peter. *Reggae:* música e cultura da Jamaica. Coimbra: Centelha, 1983.

ENTREVISTA com Lulu Santos, jornal *A Tarde*, Salvador, 4/9/96, Cad.2, p.1.

GODI, A.J.V.S. De negro a índio, ou o reverso. *Cadernos CRH*, Salvador, n° 15 (Suplemento), 1991, pp. 51-70.

_____. Reggae, cristalização e mundialização de um estilo. In: VIRGINIA, N. CABEDA, S. (org.) *O mal-estar no fim do século.* Feira de Santana: UEFS, 1997.

HARVEY, David. *A condição pós-moderna:* uma perspectiva sobre as origens da mudança cultural. São Paulo: Loyola, 1989.

HOBSBAWM, Eric J. *Era dos extremos:* o breve século XX: 1914-1991. São Paulo: Companhia das Letras, 1995.

_____. *História social do jazz.* Rio de Janeiro: Paz e terra, 1990.

MCLUHAN, Marshall. *Os meios de comunicação como extensões do homem.* São Paulo: Cultrix, 1969.

PARANHOS, Adalberto. Novas bossas e velhos argumentos: tradição e contemplação na MPB. *História e Perspectivas*, Revista do Curso de História UFU, Uberlândia, n° 3, Jul./Dez. 1990, pp. 5-95.

RISÉRIO, Antonio. *Carnaval ijexá:* notas sobre afoxés e blocos do novo carnaval afro-baiano. Salvador: Corrupio, 1981.

RODRIGUES, Adriano Duarte. *Estratégias de comunicação:* questão comunicacional e formas de sociabilidade. Lisboa: Editorial Presença, 1990.

SANSONE, Livio. A produção de uma cultura negra (da cultura 'creole' à subcultura negra. A nova etnicidade negra dos jovens 'creoles' surinameses de classe baixa em Amsterdam). *Estudos Afro-Asiáticos*, Rio de Janeiro, junho de 1991, pp.121-134.

SILVA, Carlos Benedito Rodrigues da. *Da terra das primaveras à ilha do amor*: reggae, lazer e identidade cultural. São Luís: EDUFMA, 1995.

SILVA, Suylan Midlej e. Sociabilidade e identidade: domingos de funk no "Black Bahia" do Periperi. In: BRAGA, José Luis. PORTO, Sérgio Dayrell. FAUSTO NETO, Antonio. (orgs.) *A encenação dos sentidos*: mídia, cultura e política. Rio de Janeiro: Diadorim, 1995, pp.289-304.

Este livro foi composto na tipografia Footlight MT Light corpo 11/13,2.
O papel de miolo é Chamois Fine Marfim 70g/m², e o de capa, Cartão Supremo 250g/m².
Foi impresso nas oficinas da Gráfica Palas Athena, em São Paulo, em janeiro de 2007.